KB166350

대한민국을 발칵 뒤집은 헌법재판소 결정 20

대한민국을 발칵 뒤집은 헌법재판소 결정 20

초판 1쇄 발행 | 2019년 8월 28일

지은이 | 김광민
펴낸이 | 조미현

편집주간 | 김현림
편집장 | 윤지현
책임편집 | 김희윤 김영주 이수호 백민혜
디자인 | 씨오디 color of dream

펴낸곳 | (주)현암사
등록 | 1951년 12월 24일 제10-126호
주소 | 04029 서울시 마포구 동교로12안길 35
전화 | 02-365-5051
팩스 | 02-313-2729
전자우편 | law@hyeonamsa.com
홈페이지 | www.hyeonamsa.com

ISBN 978-89-323-2004-5 03360

이 도서의 국립중앙도서관 출판예정도서목록(CIP)은 서지정보유통지원시스템 홈페이지
(http://seoji.nl.go.kr)와 국가자료종합목록 구축시스템(http://kolis-net.nl.go.kr)에서 이용
하실 수 있습니다.(CIP제어번호:CIP2019031266)

한국 사회를 뒤흔든 사건 합헌에서 위헌까지

대한민국을 발칵 뒤집은 헌법재판소 결정 20

김광민 지음

현암사

차례

머리말 · 8

추천사 조효제 교수 (한국인권학회장, 성공회대학교) · 11
       조희연 교육감 (서울특별시 교육청) · 12

01 동성동본의 족쇄가 풀리다 · 15

헌법재판소 1997.7.16. 95헌가6 결정

02 아직도 밝혀지지 않은 5·18의 진실을 찾아서 · 33

헌법재판소 2002.10.31. 2000헌바76 결정

03 '관습 헌법'의 수도 서울 · 55

헌법재판소 2004.10.21. 2004헌마554 결정

04 '호주'에서 '가족'으로 · 77

헌법재판소 2005.2.3. 2001헌가9 결정

05 헌법 위에 군림한 '긴급 조치' · 93

헌법재판소 2013.3.21. 2010헌바132 결정

06 친일 청산에 시효는 없다 · 115

헌법재판소 2013.7.25. 2012헌가1 결정

07 여성에게 병역의무를 부과하는 것이 성 평등인가 · 139

헌법재판소 2014.2.27. 2011헌마825 결정

08 '집회의 자유'에 밤과 낮이 있는가 · 153

헌법재판소 2014.3.27. 2010헌가2 결정

09 재외국민의 참정권을 둘러싼 갈등 · 171

헌법재판소 2014.7.24. 2009헌마256 결정

10 헌정사상 최초의 정당해산 · 187

헌법재판소 2014.12.19. 2013헌다1 결정

11 네 번의 위헌과 한 번의 합헌 결정 끝에 폐지된 간통죄 · 207

헌법재판소 2015.2.26. 2009헌바17 결정

12 인터넷 실명제를 둘러싼 기나긴 논쟁 · 223

헌법재판소 2015.7.30. 2012헌마734 결정

13 성매매는 자유의 영역인가 · 243

헌법재판소 2016.3.31. 2013헌가2 결정

14 선거구를 나누는 이해타산의 변증법 · 255

헌법재판소 2016.4.28. 2015헌마1177 결정

15 국회선진화법으로 국회가 선진화될 것인가 · 275

헌법재판소 2016.5.26. 2015헌라1 결정

16 김영란법이 불러온 나비효과 · 293

헌법재판소 2016.7.28. 2015헌마236 결정

17 사법시험 폐지는 기회의 박탈인가 · 309

헌법재판소 2016.9.29. 2012헌마1002 결정

18 피청구인 대통령 박근혜를 파면한다 · 325

헌법재판소 2017.3.10. 2016헌나1 결정

19 양심적 병역거부는 국방의 의무 회피인가 · 343
헌법재판소 2018.6.28. 2011헌바379 결정

20 임신한 여성의 자기결정권과 태아의 생명권 사이 · 357
헌법재판소 2019.4.11. 2017헌바127 결정

대한민국헌법 · 377

6월 민주항쟁을 거쳐 6 · 29선언 이후 제9차 개헌의 결과물로 1988년 9월 「헌법재판소법」이 시행되었다. 이렇게 설립된 헌법재판소는 이제 30주년을 넘어섰다. 지금도 마찬가지이지만 우리 사회는 대법원 중심의 사법체계가 매우 공고했기에 많은 이들이 헌법재판소가 설립되어도 제 역할을 충분히 수행해 나갈 수 있을지 걱정한 것이 사실이다. 더욱이 그동안 정권으로부터 그리 자유롭지 못했던 사법부의 모습을 보아왔기에 국가권력 행위가 과연 헌법에 위배되는지까지 결정해야 하는 헌법재판소의 임무에 대한 우려는 더 클 수밖에 없었다. 그러나 그런 걱정과 근심, 비관적 시선에도 불구하고 현재 헌법재판소는 자신의 소임을 다해 나가고 있다.

헌법재판소는 법률이 헌법에 부합하는지, 권력 행위가 헌법에 위배되지 않았는지, 국민의 기본권을 침해하지는 않는지 등 헌법에 근거한 결정이 필요한 모든 사안에 대해 다룬다. 그 결정은 작게 보면 사건 당사자에게 영향을 미치지만 크게 보면 우리 사회 전체를 뒤흔들기도 한다. 예컨대 간통죄 위헌 결정은 우리 사회의 가정과 성에 대한 담론의 변화를 보여주었고, 친일 재산 환수에서 친일 청산에는 시효가 없다는 것을 분명히 함으로써 제대로 청산되지 못한 친일 잔재에 대한 반성을 오롯이 담고 있다. 또한 헌정사상 처음으로 정당 해산 결정과 대통령 탄핵심판에 대해 파면 결정을 내렸다. 그런 이유로 헌법재판소 결정문은 단순히 몇 장 또는 몇십 장의 문서로 남는 헌법재판관 9명의 의견으로만 받아들여서는 안 된다. 그 안에 품고 있는 변화 과정과 우리 사회 집단의 생각 그리고 그것을 바꾸기 위해 노력해 온 구성원들의 수많은 땀방울을 찾고 기억해야 한다.

『대한민국을 발칵 뒤집은 헌법재판소 결정 20』은 지난 30년간 내려진 헌법재판소의 결정 중에서 대한민국에 큰 영향을 준 사건을 중심으로 그 결정이 가지는 역사적·사회적 의미에 대해 이야기하고 있다. 법률을 기술적으로 해석하는 데 익숙해진 변호사로서 법리적 관점의 해석에 치우치는 것을 완전히 피하지는 못했지만, 독자와 함께 우리 사회를 좀 더 깊이 이해하는 소통의 장을 만들어보고자 노력했다.

끝으로 묵묵히 기다려 마침내 정돈된 모습으로 완성해 주신 현암사 조미현 대표와 공동저자라고 불러도 전혀 손색없는 법전팀에 큰 감사를 전한다. 더불어 임신과 출산 과정에서도 부족하고 게으른 저자와의 작업에 단 한 번의 불만도 없이 큰 도움을 준 김영주 편집자에게 고마운 마음을 전한다.

2019년 8월
김광민 변호사

추천사

조효제 교수(한국인권학회장, 성공회대학교)

흔히 법은 윤리의 최저선을 규정한다고 한다. 그러나 적어도 사람의 기본권에 있어서만큼은 법이 윤리의 마지노선을 지킬뿐 아니라 그것을 꾸준히 개척해 나가는 자세가 필요하다. 살아있는 생물과 같은 인간 사회가 끊임없이 변한다는 점을 인정한다면 인간의 기본권 역시 계속해서 진화, 발전해야 함은 너무도 당연한 일이다. 그런 점에서 대한민국 헌법재판소는 이 땅에서 살아가는 모든 사람들에게 기존의 기본권을 방위해 주었을 뿐만 아니라, 필요한 기본권의 프런티어를 확장해 왔다. 이는 민주주의 체제를 보호하는 최종 심급 기관으로서의 핵심적인 기능이라 할 수 있다. 헌법재판소 자체가 민주화의 직접적 산물이라는 점을 기억한다면 우리가 이 기관에 거는 기대와 소망의 크기는 남다를 수밖에 없다.

『대한민국을 발칵 뒤집은 헌법재판소 결정 20』은 헌법재판소의 활동을 통해 대한민국의 민주주의와 인권이 공고화되고 신장되어온 발자취를 기록한 민주인권의 사법 역사로 읽을 수 있다. 모든 민주시민의 필독서가 되어야 할 이유다.

추천사

조희연 교육감(서울특별시 교육청)

30해… 사람으로 치면 인생이라는 긴 항로에서 가장 멋지게 삶을 디자인해 나갈 시기이다. 처음 설립 당시에는 그 이름조차 낯설었던 헌법재판소가 어느새 30년이 넘는 시간이 흘러 당당하고 성숙한 모습으로 국민속에 자리매김하였다.

1987년 6월 민주항쟁의 산물인 1987년 개정 헌법에 따라 설립된 헌법재판소는 그 자체로 국민과 함께한 대한민국 민주주의 성숙화 과정의 역사적 산물이라고 할 수 있다. 설립 당시에는 대법원을 정점으로 하는 사법시스템이 강하게 자리 잡은 현실과 권위주의 정부가 사법시스템에 영향을 미친 오랜 경험이 있는 한국에서 과연 헌법재판소가 그 뿌리를 내릴 수 있을까라는 우려와 비관적 전망이 많았지만 그간 헌법재판소는 수많은 결정례를 만들어내면서 훌륭히 자기 역할을 수행하였다. 특히 우리사회의 주요 제도에 대한 헌법적 판단은 때때로 대한민국의 근본 질서를 바꾸었을 뿐 아니라 우리네 삶에 직접적 영향을 미치기도 하였다. 그렇기에 헌법재판소의 주요 결정례를 살펴보는 것은 우리 사회가 어떠한 질서를 가지고 있었고, 그것이 어떠한 문제점을 지녔으며, 어떠한 갈등과 노력을 거쳐 바뀌어 왔는지를 읽어내는 기회를 준다. 이러한 관점에서 주요 결정례를 역사적 맥락 속에서 다양한 사례를 제시하며 풀어낸『대한민국을 발칵 뒤집은 헌법재판소 결정 20』의 발간은 그 제목만큼이나 신선하다. 30여 년에 걸친 헌법재판소 결정의 역사가 그동안의 정치적·사회적 변동과 그 과정에서의 법적 인식 및 사회적 상식의 변화를 보여주듯 이 책은 지난 30여 년 간 우리 사회의 변화를 읽어내는 훌륭한 안내서가 되리라 기대하며, 자칫 무거울 수 있는 이야기를 흥미롭게 풀어낸 작가의 지성과 감성에 감사의 박수를 보낸다.

동성동본의 족쇄가 풀리다

01 동성동본의 족쇄가 풀리다

● 헌법재판소 1997.7.16. 95헌가6 결정

헌법재판소 결정 주문

1. 「민법」 제809조 제1항(1958.2.22. 법률 제471호로 제정된 것)은 헌법에 합치되지 아니한다.

2. 위 법률조항은 입법자가 1998.12.31.까지 개정하지 아니하면 1999.1.1. 그 효력을 상실한다. 법원 기타 국가기관 및 지방자치 단체는 입법자가 개정할 때까지 위 법률조항의 적용을 중지하여 야 한다.

법률의 이름으로 결혼을 금지 당해야 했던 동성동본 금혼 시대

1980년대 서울 쌍문동을 배경으로 그려져 인기를 모았던 tvN 드라마 〈응답하라 1988〉에서는 '여주인공의 남편 찾기' 못지않게 선우와 연상의 동네 누나 보라의 러브라인이 시청자들의 가슴을 졸이게 만들었다. 남몰래 키워가던 선우와 보라의 사랑은 부모에게 들키면서 문제가 위기를 맞았다. 양가 부모는 선우와 보라를 서로 마음에 들어 했지만 둘의 교제만은 완강히 반대했다. 그 배경에는 동성동본 금혼이라는 당시의 시대상이 있었다.

다른 예도 있다. 대한민국 힙합 1세대 DJ DOC가 1995년에 발표한 〈머피의 법칙〉은 각종 음악 차트를 석권하면서 큰 인기를 얻었다. 가사 중에 '사랑할 수 없는 사람'의 유형이 나오는데, '내가 맘에 들어 하는 여자들은 꼭 내 친구 여자 친구이거나 우리 형 애인, 형 친구 애인, 아니면 꼭 동성동본'이다. 나온 지 20년이 넘은 노래다 보니 동성동본을 좋아해서는 안 될 사람으로 그리고 있다.

누구나 자유롭게 만나서 연애하고 결혼하는 지금과 달리 〈응답하라 1988〉과 〈머피의 법칙〉 발표 시기에는 연애와 결혼에서 남녀가 동성동본이 아니어야 한다는 것이 전제 조건이었다. 도대체 동성동본이 무엇이기에 젊은 남녀가 만나서 연애하고 사랑하는 마음을 가지는 것조차 금기시되었을까?

2005년 개정되기 전 「민법」 제809조 제1항에는 '동성동본인 혈족 사이에서는 혼인하지 못한다.'라고 규정되어 있다. 한국사람에게는 저마다 성씨가 있는데 성씨는 본과 성으로 구성된다. 한국에서 가장 많은 성씨인 김해 김씨의 경우 본관은 '김해'이고 성은 '김'으로, 동성동본 금혼은 이처럼 본과 성이 모두 같은 사람들 간에는 혼인할 수 없다는 규정이다.

동성동본 금혼 규정은 1997년 헌법재판소의 헌법 불합치 결정으로 40년 만에 폐지되었다. 폐지될 때까지 많은 동성동본 커플들은 법률의 이름으로 결혼을 금지 당해야 했다.

일본 영화를 보면 누군가를 부를 때 "~상"이라고 하는 것을 쉽게 볼 수 있다. '상さん'은 우리말 '씨'에 해당한다. 이때 '상さん' 앞에는 성씨만 넣어 부르는 경우가 많다. 예를 들어 한국의 "김씨"가 일본에 가면 "기무상キムさん"으로 불린다. 일본에서 성씨를 호칭으로 사용할 수 있는 것은 성씨의 종류가 한국과는 비교할 수도 없을 만큼 많기 때문이다. 한국에서는 김, 이, 박, 최 4개의 성씨가 인구의 절반 가까이 된다. 반면 일본은 성씨의 종류가 3만 개가 넘을 정도로 많아 학교에서 한 학급에 같은 성씨가 거의 없다. 그렇기 때문에 일본에서는 성씨만으로 출석을 불러도 동시에 두 명이 대답하는 일은 극히 드물다. 하지만 한국은 다르다.

한국의 성씨가 일본처럼 다양했다면 동성동본 금혼이 그렇게 큰 문제가 되지는 않았을 것이다. 한국은 성씨의 종류도 많지 않은 데다 특정 성씨에 쏠려 있기까지 하다. 김해 김씨는 약 412만 명, 밀양 박씨는 약 303만 명, 전주 이씨는 약 260만 명, 그리고 경주 김씨는 약 173만 명에 달한다.[1] 김해 김씨는 결혼 상대를 찾을 때 국민 중 약 10퍼센트를 배제해야 했다는 것이다. 이렇다 보니 동성동본이어서 결혼을 포기해야 하는 경우가 상당히 많았다.

1995년 일곱 쌍의 부부가 동성동본임에도 혼인신고를 강행했다. 예상대로 행정관청은 수리를 거부했고 동성동본 부부들은 소송을 제기했다. 사건을 담당한 서울가정법원은 「민법」 제809조 제1항 동성동본 혼인 금지 규정이 헌법에 적합한지 헌법재판소에 위헌 법률 심판을 제청하였다.

성씨는 진짜일까?

동성동본 금혼의 제도적 정당성을 생각해보기 전에 먼저 검토할 사실이 있다. 우선 현재 모든 이들의 성씨가 진짜인지 여부이다. 조선 제9대임금 성종은 보위에 오르기 전 자을산군 者乙山君이라 불렸다. 자을산군이 아니라 잘산군 �山君이라는 반론도 꾸준히 제기되고 있다. 『조선왕조실록』에는 자을산군이라 표기되어 있지만 『오주연문장전산고 五洲衍文長 箋散稿』 등에는 잘산군이라 표기되어 있기 때문이다. 세로쓰기를 하던 당시 표기법에 의해 자者 자와 을乙 자가 겹쳐져 잘乹로 읽혔다는 해석도

---

1 헌법재판소는 1985년 자료를 검토하였으나 결정 시점인 1997년과 가장 근접한 통계는 통계청 2010년 인구총조사
다. http://kosis.kr/statHtml/statHtml.do?orgId=101&tblId=DT_1IN0OSB&conn_path=I2

있다. 하지만 '잘산군'으로 불리었고 다만 공식적 기록에는 '자을산군'이라 표기했다는 주장이 좀 더 타당해 보인다. 잘乻은 '봉호'라는 뜻이 있는데 '왕이 봉封하여 내려준 호號'라는 뜻이다.

'잘乻' 자는 '잘'이라는 음을 표기하기 위해 만들어진 한자로 표의문자로서의 뜻은 없다. '잘'에 해당하는 한자가 없어 '자者' 자에 'ㄹ' 기능을 하는 '새을乙' 자를 붙여 우리식 한자 '잘'을 만든 것이다. 이와 같이 한자의 음과 훈을 빌려 우리말을 표기한 문자를 이두문자라고 한다. 바둑기사 이세돌李世乭은 중국에서는 이세석李世石으로, 일본에서는 음을 따라 이세도루李世ドル로 표기한다. '돌乭' 자가 중국이나 일본에는 없는 한국만의 한자이기 때문에 나타난 현상이다. 잘乻과 마찬가지로 돌乭은 중국 한자에는 없어 동일한 뜻의 '석石' 자에 'ㄹ' 기능의 '새을乙' 자를 붙여 만든 이두문자다.

지금은 사람 이름에 이두문자를 사용하는 경우는 거의 없다. 하지만 조선시대까지만 해도 이두문자는 널리 사용된 것으로 보인다. 특히 노비 이름에 많이 사용되었는데 '돌쇠乭釗'가 대표적이다. 노비들은 한자식 성과 이름 없이 우리말 이름으로만 불리곤 했다. 다만 그들의 이름을 문서에 기록하기 위해서 한자 표기가 필요했고, 그때 이두문자가 많이 사용되었다. 이두문자는 한자식 성과 이름이 보편화되지 않았던 시기 우리말 이름과 한자식 표기 사이의 공백을 메워주었다.

더 거슬러 올라가면 한반도에서는 6세기까지만 해도 한자식 성과 이름을 사용하는 경우가 거의 없었다. 대다수 사람들은 성 없이 이두식 이름만 가지고 있었다. 한자식 성과 이름이 조금씩 사용되기 시작한 것은 7세기에나 들어서였고, 그로부터도 한동안은 성 없이 우리말 이름만을 이두문자로 표기해왔던 것으로 보인다. 본격적으로 언제부터 성씨가 사용되기 시작했는지에 대해서는 이견이 있지만 고려시대에 접어들면서부터라는 게 일반적이다. 태조 왕건은 후삼국을 통일하고 지방세력인 호족에게 성과 본관을 지정했는데 지역에 따라 성을 정해주었다고 하여 토성분정土姓分定이라 한다. 한국의 성씨 제도는 왕건의 토성분정 정책 시행 이후 본격적으로 본관에 따른 성씨가 사용되면서 점차 확대되어 온 것이다.

조선 중기인 17세기까지도 성씨를 가진 사람은 인구의 절반을 약간 넘는 수준이었다. 나머지 사람들은 여전히 이름만 가지고 살았으나 조선 후기에 들어 양반의 수가 급증하면서 많은 사람들이 성씨를 갖게 되었다. 인구학적으로 특정 신분 계층이 단기간에 급속도로 증가하는 것은 불가능하다. 양반이 급증한 이유는 돈을 받고 족보에 이름을 올려주는 일이 성행했기 때문이다. 성이 없던 많은 사람들이 다른 집안의 성씨를 돈으로 사들였다고 볼 수 있다.

이후 1905년 을사늑약이 체결되고 조선을 강제로 병합한 일제는 1909년 식민 통치 기반을 공고히 하기 위해 지금은 폐지된 호적법의 효시가 되는 민적법을 시행했다. 민적법을 통해 조선의 모든 백성을 관리하고자 했던 일제는 그때까지도 성과 본 없이 살아가던 사람들에게 임의적으로 성과 본을 지정해버렸다. 이로써 한반도의 모든 사람들이 성과 본을 갖게 되었다.

현재 한국사람의 성씨 중 상당수는 본래 해당 성씨가 아님에도 어느 시점엔가 자기 성씨가 되어버린 것이다. 우리나라 사람들 중 절반 이상은 조선 후기 이후에야 성씨를 갖게 된 셈이다. 반면 김수로대왕(김해 김씨)이나 박혁거세(밀양 박씨) 등을 시조로 하는 성씨는 대부분 조선시대보다도 훨씬 이전에 탄생한 것으로 전해오고 있다. 우리의 성씨가 모두 진짜라면 많은 이들이 성씨를 처음 가지기 시작한 조선 후기와 그들의 족보상 시조 사이에 엄청난 시간적 공백이 생긴다. 결국 한국의 성씨에 따른 가문은 생물학적 계보가 아닌 사회·문화적 계보에 가깝다고 보아야 한다. 그러하기에 성씨가 생물학적 계보라는 것을 전제로 한 동성동본 금혼은 전제 자체에 무리가 있었다.

사실상 와해된 제도-「혼인에 관한 특례법」

제도는 사회의 필요에 따라 만들어지고 필요가 없어지면 사라진다. 하지만 간혹 필요가 있지만 제도가 만들어지지 않거나 필요가 없어졌음에도 제도가 폐지되지 않는 경우가 있다. 제도와 필요성이 상응하지 못할 때 문제가 발생한다. 결혼이 개인 간 결합이 아닌 가문의 결합이었고 같은 성씨가 씨족 집단을 이루어 살던 시대에는 동성동본 간 결혼을 제한할 필요가 있었을 것이다. 그러나 점차 연애결혼이 보편화되면서 결혼은 더 이상 가문의 결합이 아닌 개인의 결합이 되었다. 또한 핵가족이 늘어나 씨족 집단은커녕 대가족도 찾아보기 어려워진 때에 이르러 동성동본 금혼의 필요성은 존재하지 않는다. 필요성이 없어진 제도가 여전히 남아 많은 이들의 결혼에 개입하여 문제를 일으켰다.

동성동본 금혼 시대에 동성동본인 사람들이 만나 결혼하고 가정을 이루어 살아간다는 것은 엄청난 고난이 예상되는 길이었다. 1977년 가정법률상담소는 동성동본혼인신고센터를 세웠는데, 한 달 만에 161쌍의 동성동본 부부의 사연이 접수되었다. 인터넷 등 정보통신수단이 발달하지 않았던 당시의 환경을 고려해보면 상당한 수치였다. 신고된 내용에 따르면 이들이 겪고 있는 가장 큰 고통은 자녀 문제였다. 호적 제도가 유지되고 있던 당시에는 남녀가 결혼하여 일가―家를 이루고 남편이 호주가 되어야 자녀를 입적할 수 있었다. 혼인신고조차 할 수 없었던 동성동본 부부는 당연히 법적인 일가를 이룰 수도 없었고, 자녀를 낳아도 호적에 올리지 못했다. 자녀의 출생신고도 하지 못해 학령기임에도 입학통지서를 받지 못해 학교도 보내지 못한 경우도 있다. 어쩔 수 없이 혼외자나 사생아로 신고해 키웠지만 자녀가 성장해 혼담이 오가다 호적기록부를 떼어 본 상대방 부모가 자기 자식을 사생아나 혼외자와 결혼시킬 수 없다며 반대해 파혼당하는 경우도 있었다고 한다.[2]

이외에도 의료보험과 같은 공적 보험은 부부가 따로 가입해야 했고 가족을 대상으로 하는 사보험에는 가입조차 할 수 없었다. 부양가족이 있지만 법적으로 인정받지 못해 각종 세제 해택이나 직장의 다양한 수당에서 배제되어 경제적 손실을 입기도 했다. 하지만 무엇보다 힘들었던 것은 사회적 시선이었다. 당시 사회는 동성동본 간 결혼을 매우 비윤리적 행위로 간주했다. 당사자들 스스로 죄의식을 가지고 살아가는 경우도 많았다. 어떻게든 아이를 낳고 살다 보면 구제될 것이라는 막연한 기대로 결혼했지만 살아가면서 받는 고통이 너무 커 가정이 파탄에 이르는 경우도 많았다. 심지어 혼인신고가 거부되자 이를 비관한 부부가 온몸에 석유를 뿌리고 분신한 사건도 있었다.[3]

동성동본 부부가 겪어야 하는 고통을 악용한 불법 행위도 성행했다. 동성동본 혼인은 무효가 아닌 취소 사유로, 담당 공무원의 실수로라도 신고가 수리되기만 하면 유효했다. 이 점을 노려 담당 공무원이 돈을 받

●●●

2 동아일보 1977.7.9. 「호적에도 못 오른 자식들이 불쌍하다. 동성동본혼 사례」
3 경향신문 1981.3.13. 「봉천동화재 부부분신으로 판명, 일가 파탄 부른 동성 금혼」

고 실수를 가장해 혼인신고를 수리해주는 일도 있었다. 1977년 기사에 따르면 공무원에게 주는 뒷돈이 적게는 3만 원에서 많게는 20만 원까지 되었다고 한다.[4] 당시 짜장면 한 그릇이 500원 정도였던 점을 감안하면 상당한 금액이다.

이처럼 한국에서 동성동본 부부로 살아간다는 것이 매우 힘든 일이었음에도 이를 선택한 부부들은 꾸준히 증가했다. 동성동본 부부가 겪는 고통이 사회적 문제가 되자 정부는 1977년과 1987년, 그리고 1995년 세 차례에 걸쳐 「혼인에 관한 특례법」을 시행했다. 특례법은 1년 동안 한시적으로 동성동본 부부의 혼인신고를 수리해준다는 내용이었다. 특례법을 통해 구제된 부부는 1978년 4,577쌍, 1988년 1만 2,443쌍, 그리고 1996년 2만 7,807쌍으로 총 4만 4,827쌍에 달했다. 대략 10년에 한 번 꼴로 특례법이 시행될 때마다 구제된 동성동본 부부의 수는 두 배 이상 증가했다. 이는 동성동본 혼인 금지 제도를 따르지 않는 국민이 계속해서 늘어났음을 보여준다. 특례법이 반복적으로 시행되자 동성동본 부부들은 사는 데 어려움을 겪는다고 해도 몇 년만 참으면 특례법에 따라 혼인신고를 할 수 있다고 기대하게 되었다.

예외 없는 원칙은 없다고 한다. 그러나 예외가 빈번하다면 그것은 더 이상 원칙일 수 없다. 동성동본임에도 결혼하여 가정을 이루고 살아가는 이들이 점차 많아졌고, 정부도 10년에 한 번 꼴로 특례법을 통해 이들을 구제해주었으며 담당 공무원이 뒷돈을 받고 혼인신고를 수리해주기도 하니 동성동본 금혼은 더 이상 유지하기 어려운 원칙이 되어버렸다. 제도는 사실상 와해되어 가고 있었다.

● ● ●

4 경향신문 1977.12.10. 「서러운 동성동본혼 … 생활의 벽이 두껍다」

동성동본 결혼이 유전병을 발생시킨다?

이번에는 동성동본 금혼을 주장했던 이들의 논리를 살펴보자. 동성동본 금혼을 지지했던 이들이 제도의 폐지에 반대했던 이유는 크게 유전학적 문제와 도덕성이다. 유전학적으로 동성동본 금혼이 필요하다는 주장에는 성씨가 같은 이들은 같은 집안사람들로 서로 유사한 유전자를 가졌다는 전제가 있었다. 유사한 유전자 간 결합은 유전적 다양성을 훼손시켜 유전 질환의 발병 위험성을 높이기 때문이다. 하지만 이 주장은 매우 비과학적이다.

인간은 아버지와 어머니로부터 반반씩 유전자를 물려받아 태어난다. 인간의 몸은 약 60조 개의 세포로 이루어진 거대한 세포 덩어리다. 세포는 세포핵을 세포질이 감싸고 있는 형태로 되어 있는데 세포핵에는 23쌍의 염색체로 구성된 DNA가 자리잡고 있다. 유전자는 DNA의 염색체에 들어 있다. 아버지와 어머니로부터 물려받은 각각 하나의 염색체가 한 쌍을 이루어 사람의 유전적 특성이 결정된다.

어머니와 아버지로부터 절반씩 DNA를 물려받기 때문에 유전학적으로 집안 또는 가문이라는 개념은 성립하기 어렵다. 아들은 아버지의 DNA 중 50퍼센트를 물려받는다. 손자는 다시 아버지의 유전자 중 50퍼센트를 물려받아 할아버지의 DNA로부터는 25퍼센트만 물려받는다. 이렇게 세대를 거듭해서 내려갈 때마다 아버지의 DNA는 절반씩 줄어든다. 몇 대만 내려가도 아버지의 DNA는 큰 의미를 가질 수 없다. "내가 아무개 어르신의 10대손이오."라고 말한다면 이는 그 아무개 어르신의 DNA 중 1,024분의 1을 물려받았다는 뜻이 된다. 그렇다면 유전적 유사성은 0.1퍼센트도 되지 않는다. 한 가문이라고 하기엔 너무나도 낮은 수치다.

만약 0.1퍼센트 미만의 유사성까지 걱정될 정도로 예민하다면 부계 혈통만이 아니라 모계 혈통 또한 고려하여 금혼 제도를 정비해야 한다. DNA는 어머니에게서도 절반을 물려받기 때문이다. 그렇기 때문에 모계 혈통의 유전자는 무시하면서 유의미한 유사성도 없는 부계 혈통만 따지는 것은 억지 주장일 뿐만 아니라 부계 혈통 중심 성씨 문화의 당위성을 희석시켜 동성동본 금혼의 근거를 약화하는 데 오히려 힘을 실어주는 격이 될 뿐이다.

어머니의 DNA 역시 아버지와 동일하게 세대를 거듭해 내려갈 때마다 절반씩 줄어든다. 하지만 모계 유전자를 통해서는 부계와 달리 계보를 형성할 수 있다. 그 이유는 세포의 세포질에 있는 미토콘드리아DNA mtDNA 때문이다. 인간의 미토콘드리아DNA는 100퍼센트 난자에서 유래하기 때문에 미토콘드리아DNA는 철저히 모계 유전 방식으로 그다음 세대로 전달된다. 이러한 현상은 남성의 정자 구조에서 그 원인을 찾을 수 있다. 정자는 올챙이와 비슷한 모습으로 머리와 꼬리로 구성된다. 좀 더 구체적으로는 머리, 중편, 꼬리로 나뉜다. 머리에는 정핵이 들어 있고 머리 위쪽에는 첨체尖體가 자리하고 있다. 첨체에는 난자의 주위막을 용해시키는 가수분해효소가 있어 정핵이 난자 안으로 들어갈 수 있도록 도와준다. 정자는 중편이 열심히 꼬리를 흔들어 난자까지 이동한다. 꼬리를 흔들기 위해서는 아데노신 3인산ATP이라는 에너지원이 필요한데 아데노신 3인산은 미토콘드리아가 만들어낸다. 미토콘드리아는 꼬리 운동을 하는 중편에 위치한다. 그런데 정핵이 난자의 주위막을 뚫고 들어가면 중편과 꼬리는 버려진다. 이때 미토콘드리아 역시 중편과 함께 버려진다. 그래서 인간의 미토콘드리아는 난자, 즉 어머니의 미토콘드리아로만 구성된다.

미토콘드리아DNA는 아버지의 것과 섞이지 않으니 세대가 거듭한다고 해도 달라지지 않는다. 다만 DNA는 변이를 일으키는데 미토콘드리아DNA는 DNA보다 변이 과정이 짧은 것으로 알려져 있다. 할머니, 어머니 그리고 딸로 이어지는 미토콘드리아DNA는 모두 같은 형태를 가지고 있고 돌연변이 때문에 유전적 계보마다 미토콘드리아DNA의 모습이 약간씩 다를 뿐이다. 가문을 따지려 한다면 부계보다는 오히려 모계로 따지는 것이 타당한 이유가 여기에 있다.

이론적으로는 미토콘드리아DNA를 추적해가면 인류 최초의 어머니를 찾아낼 수도 있다. 실제로 유전학계에서는 미토콘드리아DNA의 추적을 통해 인류 최초의 어머니를 찾아내는 작업이 진행된 바 있다. 이를 인류 최초의 어머니, '미토콘드리아 이브_{Mitochondrial Eve}'라고 하는데 지금까지 알려진 바에 따르면 '미토콘드리아 이브'는 약 20만 년 전 아프리카에 살았던 한 여성이다. 굳이 가문을 따지고 조상을 모시고자 한다면 나와 1,024분의 1만의 유사성을 가진 10대조 할아버지보다 10대조뿐만 아니라 인류의 기원까지도 찾아갈 수 있는 모계 조상을 모시는 것이 훨씬 타당하다.

동성동본 간 결혼은 부도덕한 행위다?

유전적 유사성이 세대를 거듭해갈수록 희석된다고 해도 여전히 가까운 친척 간에는 유전병을 우려할 정도의 유전적 유사성이 존재한다고 주장할 수 있다. 이에 더해 가까운 친척 간 결혼은 도덕적으로도 옳지 않다는 주장도 있을 수 있다. 그러나 그 때문에 동성동본 결혼에 반대한다면 그것은 기우에 불과하다. 동성동본 금혼 규정인 「민법」 제809조 제1항이 폐지된다고 해도 같은 조 제2항은 '남계혈족의 배우자, 부의 혈족 및 기타 8촌 이내의 인척이거나 이러한 인척이었던 자 사이에서는 혼인하지 못한다.'라고 하여 친족 간 결혼을 금지하고 있었기 때문이다.

8촌은 삼종손인데 이는 할아버지의 형제(큰할아버지나 작은할아버지)의 고손자에 해당한다. 보다 더 윗대로 올라가면 삼종형제나 삼종조가 이에 해당한다. 나와 8촌의 유전적 유사성은 128분의 1로 0.8퍼센트도 되지 않는다. 8촌까지는 혼인이 금지되고, 혼인이 가능한 9촌과의 유전적 유사성은 8촌의 절반인 0.4퍼센트 미만이다. 동성동본 금혼 규정을 폐지하여 유전적으로 유사한 사람 간 혼인이 이루어진다 해도 그 유사성은 0.4퍼센트 미만이라는 뜻이다. 0.4퍼센트로 유전적 문제를 걱정한다는 것은 설득력이 없다. 실제로 앞의 가정법률상담소 동성동본혼인신고센터의 조사에 따르면 구체적 질문에 응답한 136명 중 8촌은 2명, 14촌·18촌 그리고 52촌은 각 1명이었고 나머지 131명은 몇 촌인지도 알 수 없었다.

윤리적 문제를 제기한다고 해도 나와 9촌은 삼종질이나 삼종백부 등인데 이 정도 되면 아무리 큰 종갓집이라고 해도 평생 마주치기도 힘든 사이이다. 「민법」에서도 친족을 8촌 이내의 혈족이나 4촌 이내의 인척으로 규정(제777조)하여 9촌이면 친족의 범위도 아니다. 동성동본 금혼을 폐지하면 가족 간에 혼인이 이루어져 윤리적 문제가 발생한다고 주장하는 이들은 평생 살아가면서 얼굴 한번 보기도 어려운, 촌수를 계산하는 것조차 쉽지 않은 9촌 이상 먼 친척과의 결혼까지 걱정하고 있는 것이다. 아무리 멀어도 친척은 친척이라고 주장할 수는 있다. 9촌 정도면 가깝다고 생각할 수도 있다. 하지만 이러한 주장과 생각이 보편적이지 않은 것은 확실하다. 소수의 예외적인 생각 때문에 사랑하는데도 동성동본이라는 이유로 헤어져야 하는 것은 옳지 않다.

발칵 뒤집힌 유림과 동성동본 부부들

1997년 7월 16일 헌법재판소는 동성동본 금혼에 대해 헌법 불합치 결정을 내렸다. 다만 사회의 혼란을 피하기 위해 효력을 즉시 상실시키지는 않았다. 헌법재판소는 입법자(국회)에게 동성동본 금혼 규정을 1998년 12월 31일까지 개정하도록 명령하고, 만약 개정되지 않을 경우 그다음 날부터 효력이 상실되도록 했다. 국회는 헌법재판소가 지정한 기한까지 해당 규정을 개정하지 않았고 이로써 동성동본 금혼 규정은 효력을 상실했다.

동성동본 금혼 규정에 대한 헌법 불합치 결정이 내려지자 나라가 발칵 뒤집혔다. 우선 유림의 반발이 거셌다. 수십 년간 동성동본 금혼을 유지하기 위해 노력해온 유림이었기에 충격은 매우 컸을 것이다. 헌법 불합치 결정이 있기 훨씬 오래전부터 동성동본 금혼을 둘러싼 사회적 갈등은 계속되어 왔다.

대한민국 「민법」은 1958년 제정되었는데 이미 이때부터 동성동본 금혼 규정을 삭제해야 한다는 주장이 있었다. 1957년 국회의 법제사법위원회에서는 제정되는 「민법」에 동성동본 금혼 관습을 삽입할지 여부에 대한 논쟁이 있었다. 삭제 주장도 강했지만 도입해야 한다는 주장이 워낙 강해 동성동본 금혼 규정은 제정 「민법」에 삽입되었다. 이후 1970년대와 1980년대에도 동성동본 금혼을 폐지하려는 움직임이 있었다. 특히

1970년대에 '범여성가족법개정촉진회의'까지 결성되어 동성동본 금혼의 폐지를 매우 강력하게 추진했다.[5] 하지만 동성동본 금혼의 폐지는 번번이 실패했다. 이때 법률 개정을 좌절시킨 핵심 세력 중 하나가 바로 유림이다. 헌법 불합치 결정에 몇몇 유림들은 갓까지 쓴 전통 복장 차림으로 상경하여 헌법재판소 앞에서 시위를 벌이기도 했다.[6] 하지만 헌법재판소의 결정은 더 이상 다툴 방법이 없는 최종심이었다. 아무리 반발이 거세다 해도 헌법재판소의 결정을 되돌릴 수는 없었다.

발칵 뒤집힌 것은 동성동본 금혼에 반대해왔던 이들도 마찬가지였다. 혼인신고를 하지 못했던 이들은 곧장 혼인신고서를 들고 관청으로 뛰어갔다. 사회적 시선이 두려워 결혼식도 올리지 못한 채 지낸 이들은 부랴부랴 결혼식을 준비했다. 전국합동결혼식추진운동연합회는 올림픽 공원에서 50쌍의 부부 합동결혼식을 올려주었고[7] MBC라디오 방송인 〈여성시대〉는 동성동본 등을 이유로 결혼식을 올리지 못한 부부 100쌍의 합동결혼식을 제주도에서 열어주기도 했다.[8]

인간의 존엄성과 성 평등 원칙

헌법재판소가 제시한 헌법 불합치의 주요 이유는 인간의 존엄성과 성 평등 원칙이었다. 결혼은 사람의 인생에서 매우 중요한 결정이다. 결혼을 하는 사람 중 많은 이들이 오랫동안 부부관계를 유지하고 가족이라는

● ● ●

5 매일경제 1975.9.15. 「가족법 이대로 좋은가. 개정시비」

6 한겨레 1997.7.17. 「유림 항의시위」

7 동아일보 1997.8.29. 「'눈물의 세월을 넘어' 동성동본부부 50쌍 합동결혼식 올린다」

8 경향신문 1997.6.12. 「동거부부 초청 합동결혼식」

틀 안에서 자아를 실현해나간다. 그러므로 국가가 국민의 결혼 상대를 금지 또는 허가한다는 것은 국민 개개인의 인생에 대한 개입이고 간섭이다. 또한 그 자체로 인간의 존엄성을 침해하는 일이다. 그렇기에 인간의 존엄성에 기반한 헌법재판소의 판단이 그리 놀라운 것은 아니었다.

헌법재판소의 판단에서 놀라운 점은 성 평등 부분이다. 부계 혈통 중심의 성씨에 따른 동성동본 금혼이 성 평등에 위반한다는 것이다. 금혼 제도 자체는 가치 중립적 개념이다. 다만 부계 혈통의 성씨가 금혼의 기준으로 적용되었기 때문에 동성동본 금혼은 성 평등에 어긋나는 것이었다.

앞서 살펴보았듯 성씨 문화가 보편화된 것은 조선 후기 정도다. 하지만 부계 혈통 사회는 그보다 훨씬 오래된 관습이었다. 헌법재판소는 이와 같은 부계 혈통에 따른 성씨 자체에 대해 문제를 제기한 것이다. 대법원이 자녀가 아버지의 성만 따라야 하는 것이 성 평등에 위반한다고 판단한 것은 헌법재판소의 동성동본 금혼에 대한 헌법 불합치 결정 이후 10년이 지난 2008년이었다. 성 평등 원칙에 어긋나는 대표적 법률로 언급되던 혼인빙자간음죄에 대한 위헌 결정은 2009년에 내려졌고 간통죄에 대해서는 2015년이 되어서야 위헌 결정이 있었다. 그런데 헌법재판소는 이미 1997년에 동성동본 금혼에 대해 판단하면서 부계 혈통 중심의 성씨 문화가 성 평등 원칙에 위반된다고 했던 것이다.

성 평등을 향한 발걸음

1957년 국회의 법제사법위원회 논의에서 시작된 동성동본 금혼을 둘러싼 갈등은 40년 만인 1997년 헌법재판소의 헌법 불합치 결정으로 종결되었다. 제도의 유지를 원했던 이들은 동성동본 금혼이 폐지되면 유전병이 발병하고 도덕적 타락이 일어날 것이라고 주장했다. 동성동본 간 결혼이 허용된 지 20년이 되었지만 우리나라에서 유전병이 급증했다는 보고는 찾아볼 수 없다. 도덕이 땅에 떨어졌는지는 주관적 판단이라 확인하기는 어렵지만 특별한 징후는 보이지 않는다. 오히려 아이를 낳은 부모는 아빠와 엄마 성 중 어느 성을 아이에게 물려줄지 같이 논의하여 결정할 수 있게 되었다. 순결을 잃었으면 합의금이라도 받으라는 성격이 강했던 혼인빙자간음죄와 부부의 안방 생활까지 국가가 간섭하던 간통죄도 폐지되었다. 사회는 점차 한 걸음씩 성 평등을 향해 나아가고 있다. 성에 따른 차별이 없는 것을 도덕적이라 평가할 수 있다면 우리 사회의 도덕은 도리어 더욱 고양되었다.

헌법재판소의 헌법 불합치 결정이 있고 그로부터 8년이 지난 2005년 3월 2일에야 「민법」 개정안이 국회 본회의를 통과해서 동성동본 금혼은 우리 법제에서 완전히 사라졌다. 헌법재판소의 결정은 법을 바꾸게 만들었고, 법이 바뀌면서 우리의 삶도 달라지게 되었다.

아직도 밝혀지지 않은
5·18의 진실을 찾아서

02 아직도 밝혀지지 않은
5·18의 진실을 찾아서

● 헌법재판소 2002.10.31. 2000헌바76 결정

헌법재판소 결정 주문
청구인의 심판청구를 각하한다.

아직도 아물지 못한 상처 5·18

1980년 5월 우연히 외신기자를 태우고 광주로 들어가 5·18을 목격한 택시운전사와 그 외신기자의 이야기를 담은 장훈 감독의 영화 〈택시운전사〉(2017)는 개봉일부터 박스오피스 1위를 달리며 흥행몰이를 했다. 송강호라는 국민배우의 주연작인 데다가 여전히 해결되지 않은 채 대다수의 사람들의 가슴에 상처로 남아있는 5·18의 이야기를 당시 택시운전사 김사복의 실화를 바탕으로 그려낸 영화였기에 개봉 전부터 한껏 관심이 쏠린 상황이었다.

1980년 5월에 발생한 5·18은 이미 수십 년이 지난 과거의 일이다. 그러나 37년이 지났음에도 많은 사람들이 〈택시운전사〉를 보기 위해 극장을 찾았다. 마치 수십 년 전 5·18이 아직도 진행되고 있는 듯했다. 5·18이 끝나지 못하고 여전히 진행 중인 이유는 무엇일까?

한쪽에서는 그 5·18을 잊기 위해 부단히 애써온 이들이 있다. 1980년 5월 이후 한국사회는 5·18을 기억하려는 이들과 잊히기를 원하는 이들

간에 갈등이 지속되어 왔다. 2002년 10월 31일 헌법재판소가 각하 결정을 내린 「5·18민주화운동 등에 관한 특별법」 제4조 제1항 위헌소원 역시 그러한 갈등에서 비롯된 사건이었다.

5·18광주민주화운동은 어떻게 발생했나

박정희 전 대통령에 대해서는 긍정과 부정의 평가가 양극단에서 맞서고 있다. 다만 유신헌법과 긴급조치로 얼룩진 박정희 정권 후반은 권위주의 독재 정권이라는 평가가 지배적이다. 1970년대 중반에 들어 박정희 정권은 독재 타도와 민주주의를 요구하는 국민의 거센 저항을 받았다. 특히 1979년 이른바 '부마항쟁'으로 불리는 부산과 마산 지역을 중심으로 일어난 국민 저항은 박정희 정권이 계엄령과 위수령까지 발동한 대규모 반정부 시위였다.

독재 정권에 대한 국민의 저항이 극에 달할 즈음 박정희 전 대통령은 뜻밖의 죽음을 맞이했다. 1979년 10월 26일, 당시 중앙정보부장 김재규는 박정희에게 부마항쟁의 상황을 파악하고 올라와 궁정동 안가에서 사태의 심각성을 설명하던 중 박정희와 경호실장 차지철에게 각 두 발의 총격을 가했다. 이 사건으로 18년간 이어온 박정희 정권은 막을 내렸다.

절대권력이었던 박정희의 갑작스러운 죽음은 대한민국을 권력 공백 상태에 빠뜨렸다. 독재 타도를 외쳤던 국민은 박정희의 죽음이 민주주의 정권의 수립으로 이어질 것이라 기대했다. 하지만 군은 박정희 암살 다음 날인 10월 27일 곧바로 계엄령을 선포했다. 계엄사령관은 육군참모총장이었던 정승화가 맡았는데, 사건 수사와 군 인사권 문제를 두고 합동수사본부장이었던 보안사령관 전두환과 갈등을 빚었다. 그러던 중 전두환은 군 내 사조직인 하나회를 중심으로 1979년 12월 12일 계엄사령관 정승화를 강제로 연행하고 국방부와 육군본부를 장악하는 쿠데타를 일으켰다. 12·12 군사반란이다. 쿠데타를 일으킨 세력은 박정희의 군사 정권과 구분하여 신군부라 불렸고, 핵심은 전두환과 노태우였다.

신군부의 쿠데타는 민주 정권 수립에 대한 국민의 기대를 단번에 물거품으로 만들었다. 재야인사, 야당 의원 그리고 국민은 계엄 해제와 민주주의의 이행을 요구했다. 그러나 계엄은 지속되었고 국민은 가두시위로 신군부에 저항했다. 가두시위는 1980년 5월 15일 서울역 집회로 정점에 달했다. 국민의 저항이 거세지자 신현식 당시 국무총리가 직접 시위 자제를 요구하는 대국민담화를 발표하며 사태 수습에 나섰다.[1] 그러나 저항은 쉽게 누그러지지 않았고 야당 지도자들은 정부에 19일까지 시국 수습 대책을 내놓으라는 최후통첩을 했다. 하지만 신군부는 5월 17일 24시를 기해 계엄령을 전국으로 확대하고 야당 인사 김대중 등을 소요 조종 혐의로 연행하며 국민의 요구에 반하는 방식으로 대응했다.[2]

신군부는 일련의 비상조치를 통해 모든 국정을 장악하고 국회를 봉쇄했다. 포고령 10호를 발령하여 모든 언론을 검열했고 일체의 정치적 발언과 활동을 금지시켰다. 대학에는 휴교령이 내려졌고 포고령 위반자는 영장 없이 체포·구속될 수 있었다. 신군부는 국민의 저항을 억압하

• • •

1 동아일보 1980.5.15. 「政府·各政派 戒嚴해제·政治日程 단축 검토」
2 경향신문 1980.5.18. 「戒嚴司발표 不正蓄財·騷擾조종혐의 26명 조사 金鍾泌·金大中씨 連行」

고 국가보위비상대책위원회를 가동시켜 완전한 정권 장악에 다가섰다. 이 같은 군대의 엄청난 위세에 눌린 사람들이 침묵을 지키고 있을 때 광주는 움직이기 시작했다. 광주 시민들은 일제히 거리로 나와 민주주의를 외쳤다. 이에 신군부는 공수특전단으로 구성된 진압군을 광주에 투입했다. 공수특전단과 시민들이 정면으로 충돌하는 상황이 벌어졌다. 군대의 발포와 이에 대한 시민의 무장으로 상황은 걷잡을 수 없이 악화되었고 대규모 살상이 빚어지고 말았다.[3]

5·18기념재단은 광주민주화운동을 "1980년 5월 18일부터 27일 새벽까지 열흘 동안, 전두환을 정점으로 한 당시 신군부 세력과 미군의 지휘를 받은 계엄군의 진압에 맞서 광주 시민과 전남 도민이 '비상계엄 철폐', '유신세력 척결' 등을 외치며 죽음을 무릅쓰고 민주주의 쟁취를 위해 항거한 역사적 사건"이라고 정의한다.[4]

1980년 5월 이후의 5·18, 미문화원 점거 농성

1980년 5월 27일 계엄군은 전남도청에서 최후의 저항을 하던 시민들을 모두 진압하고 광주 시내 전역을 장악했다. 작전명 '화려한 휴가', 광주 진압 작전은 마무리되었다. 이렇게 진압 작전은 끝났지만 5·18민주화운동은 끝나지 않았다. 신군부의 정권 장악 과정에서 국민을 무력으로 탄압한 사건으로서의 5·18은 신군부의 정권 장악 완성의 기점이 되었다. 그렇기에 5·18민주화운동은 1980년 5월 열흘 동안 광주라는

●●●

3 이보영, 「5·18민주화운동 가해자와 피해자에 대한 형사법적 평가」, 한국법학회, 법학연구 27, 281~303쪽, 2007
4 5·18기념재단 홈페이지 참조

특정 지역에서 발생한 사건에 국한되는 것이 아니다. 그것은 정당성을 상실한 신군부 권력에 대한 국민의 저항이었다. 신군부의 광주 진압은 1980년 5월 27일로 마무리지었지만 5 · 18민주화운동은 5 · 18의 진상 규명과 책임자 처벌이 이루어질 때까지 끝날 수 없는 일이다.

신군부 권력에 대한 심판으로서 5 · 18의 진상 규명과 책임자 처벌을 요구하는 국민의 저항은 신군부의 광주 진압 작전 종료 직후 시작되었다. 특히 신군부와 미국과의 관계에 대한 문제 제기는 1980년 5월 이후 5 · 18 운동의 한 축을 이루었다. 5 · 18에 대한 미국 책임론은 한국군의 작전통제권을 가지고 있었던 미국이 주도하는 연합사가 지원하거나 묵인하지 않았다면 공수특전여단과 20사단이 광주 진압 작전에 투입될 수 없었다는 주장을 근거로 한다.

1980년 12월 9일 가톨릭농민회 전남연합회 광주분회장 정순철과 전남대 학생 임종수는 광주 미국문화원 철조망을 넘어 건물 지붕에 올라갔다. 그들은 지붕을 뜯어내고 석유를 부은 뒤 불이 붙은 신문지를 던졌다. 미국문화원은 순식간에 불길에 휩싸였다. 5 · 18에 대한 미국의 책임을 묻는 방화였다. 5 · 18 문제가 불거지는 데 부담을 느낀 전두환 정권은 단순한 전기 누전 사건으로 덮으려 했다.[5] 이 사건의 재판에서 임종수는 최후진술로 "백성을 백주대낮에 학살한 저 살인마들은 지금도 권좌에 앉아 있고 너희들은 그 권력의 주구가 돼서 우리를 재판하고 있지만, 역사의 법정은 우리의 무죄를 알려줄 것이고 너희들의 유죄를 단호히 심판할 것"이라며 전두환 정권을 비난했다.

1982년 3월 18일에는 부산의 고신대 학생들이 부산 미국문화원 건물

• • •
5 동아일보 1980.12.11. 「光州美文化院에 불」

을 점거한 후 불을 지른 사건이 발생했다. 점거를 주도한 문부식과 김현장은 재판에서 사형을 선고받았으나 다행히 1983년 감형되어 형장의 이슬로 사라지는 것은 면할 수 있었다. 문부식은 최후진술에서 "미국에도 광주학살의 막중한 책임이 있다. 시어머니의 역할을 해온 미국이 전두환에게 군사권을 양도하여 비극적 사태를 일으킨 것이다. 국민을 학살하고도 미국의 승인을 얻으면 대통령도 할 수 있는 현실"이라고 주장하다 검사에 이어 재판장에게까지 제지당하기도 했다.[6]

1983년 9월 22일에는 5·18의 진상 규명을 요구하는 대학생들이 대구 미국문화원에 폭발물을 투척해 고등학생 1명이 숨지고 경찰 4명이 부상당하는 사건이 발생했다. 전두환 정권은 이번에도 한·미 간의 외교 분쟁을 노린 북한의 테러로 둔갑시키며 5·18과 분리하려고 했다.[7]

1985년 5월 23일에는 서울 지역 대학생 73명이 현재 서울특별시청 을지로 청사에 자리했던 미국문화원을 점거하는 사건이 발생했다. 미국문화원을 점거한 대학생들은 농성을 시작하고 72시간 만인 5월 26일에 자진해산하고 모두 연행되었다. 경찰은 서울대 삼민투위三民鬪委 : 민족통일, 민주쟁취, 민중해방위원회 위원장 함운경, 신정훈 등 25명을 구속했다. 미국문화원을 점거한 대학생들은 미국대사관 측에 "미국이 광주 사태를 사전에 알고도 묵인, 방임한 책임을 지고 대한국민에게 사과하라."라고 요구했다.[8]

1986년 5월 21일에는 대학생들이 또다시 부산 미국문화원을 점거하는 사건이 발생했다. 이들은 300여 명의 전경들과 대치하다 농성 1시간

●●●
6 한겨레 1988.10.30. 「일요특별기획 진상 한국의 정치사건 3 부산 미국문화원 방화사건」
7 동아일보 1983.9.23. 「大邱 美문화원 爆發」
8 동아일보 1985.5.24. 「美文化院 점거 大學生들 농성 이틀째」

만에 진압되었다. 농성 과정에서 이들이 내건 주장은 '광주민중학살 상기하여 친미독재 타도하자', '광주 사태 교사범 미제국주의 축출하자' 등이었다.[9] 이들 역시 5·18의 진상을 규명하고자 한 것이다.

5·18의 진실을 밝히고 책임자를 처벌하고자 하는 움직임은 전두환과 노태우 정권에서도 계속되었다. 그리고 어김없이 이 두 정권은 진실을 요구하는 국민을 폭력적인 방법으로 억압하고 처벌했다. 전두환의 4·13 호헌 조치, 부천 경찰서 성고문 사건, 박종철 고문 치사 사건 그리고 당시 연세대학교 학생이었던 이한열 군이 시위 도중 최루탄에 맞아 사망한 사건들이 그 일례이다. 이 사건들이 도화선이 되어 1987년에는 6·10민주항쟁이 일어났다. 이렇듯 5·18민주화운동은 전두환·노태우 정권에서 시민 저항운동의 한 흐름이 되었다.

5·18 특별법의 제정

1987년 6월 항쟁에서 분출된 국민의 민주화 요구는 대통령직선제 개헌 등이 포함된 6·29 선언을 이끌어냈고, 15년 만에 실시된 대통령 직선제 선거에서 여권의 노태우가 대통령으로 당선되었다. 이 상황에서 12·12사태와 5·18민주화운동이 정치적 쟁점으로 떠올랐다. 국민도 5·18의 진상 규명과 책임자 처벌을 다시 한번 강하게 요구하기 시작했다. 그 결과 국회에서는 '5·18광주민주화운동 진상조사특별위원회'가 구성되고 청문회가 개최되었다. 무명에 가까웠던 고故 노무현

---

9 동아일보 1986.5.21.「大學生 釜山美文化院 점거 1시간만에 警察투입 連行」

전 대통령이 5·18 청문회를 통해 일약 스타로 떠오르기도 했다. 결국 1988년 11월 전두환은 사과 성명을 발표하고 백담사에 들어가 은둔생활을 시작해야 했다.[10] 당시 노태우 대통령은 특별 담화를 발표하고 그해 12월 양심수들을 석방하며 여론을 달래는 듯했지만, 뒤로는 김영삼, 김종필 등 야당 인사들과의 합당으로 정국을 돌파하겠다는 마음이었다. 5·18 진상규명과 책임자 처벌에 대한 국민의 기대는 노태우, 김영삼, 김종필의 3당 합당으로 거대 여당인 민주자유당 출범과 함께 또다시 무너지고 말았다.

1993년 신군부의 노태우 대통령이 퇴임하고 김영삼이 대통령에 취임하자 국민은 또 한번 5·18 진상 규명과 책임자 처벌을 요구했다. 하지만 3당 합당으로 노태우 전 대통령과 뜻을 모아 민주자유당 후보로 대통령에 당선된 김영삼에게는 기대하기 힘든 바람이었다. 1993년 5월 14일 김영삼 대통령은 "진상 규명은 역사를 바로잡고 정당한 평가를 받자는 데 그 목적이 있습니다. 결코 암울했던 시절의 치욕을 다시 들추어내어 갈등을 재연하거나 누구를 벌하자는 것은 아닐 것입니다. 따라서 지금 이 시점에서 중요한 것은 우리 국민 모두가 5·18광주민주화운동의 명예를 높이 세우는 일입니다. 진상 규명과 관련하여 미흡한 부분이 있다면 이는 훗날의 역사에 맡기는 것이 도리라고 믿습니다. 진실은 역사 속에서 반드시 밝혀지고 만다는 것이 저의 확신입니다. 이제 미움과 갈등의 고리를 바로 우리 모두의 손으로 끊어야 한다고 생각합니다. 오늘에 다시 보복적 한풀이가 되어서는 안 된다고 생각합니다."라는 대국민 담화문을 발표했다.[11] 5·18 진상 규명과 책임자 처벌에 명확히 선을 그은

●●●
10 한겨레 1988.11.24. 「전씨 부부 백담사서 여장풀어」
11 동아일보 1993.5.14. 「光州(광주)민주화운동' 명예회복」

것이었다. 특히 5 · 18 진상 규명을 '보복적 한풀이'라 칭함으로써 국민적 분노를 야기했다.

이 대국민 담화는 오히려 5 · 18 진상 규명을 요구하는 여론에 불을 붙였다. 1994년 3월 25일 서울의 기독교회관에서 '5 · 18 진상 규명과 광주항쟁 정신 계승 국민위원회'가 출범했다.[12] 이들은 전두환, 노태우 등 35명을 서울지방검찰청에 고소 · 고발했다.[13] 그러나 검찰은 전두환, 노태우를 포함한 피고소 · 고발인 전원에게 '공소권 없음' 결정으로 불기소처분을 했다.[14] 이에 대해 여러 시민사회운동 단체와 학생운동 단체는 집회와 시위를 벌이고 헌법 소원을 제출하는 등 적극적 대응으로 맞섰다. 진상 규명과 책임자 처벌 요구는 더욱 거세졌고 1995년 10월 26일에는 '5 · 18 학살자처벌특별법제정 범국민비상대책위원회'가 결성되었다.[15]

이들은 5 · 18 문제뿐만 아니라 전두환 · 노태우 두 전직 대통령의 비자금 문제 등 신군부의 부정 비리 청산도 함께 주장했다. 결국 12월 21일 국회는 여야 합의로 「5 · 18민주화운동 등에 관한 특별법」(5 · 18민주화운동법)과 「헌정질서 파괴범죄의 공소시효 등에 관한 특례법」(헌정범죄시효법)을 제정했다.[16] 그리고 1997년에는 5월 18일이 국가 기념일로 제정되었다.[17]

• • •

12 한겨레 1994.3.24. 「광주항쟁계승국민위 결성」

13 한겨레 1994.5.13. 「광주학살 책임자 35명 곧 고발」

14 경향신문 1995.7.19. 「5 · 18 '공소권없음' 결정」

15 한겨레 1995.10.27. 「5 · 18 범국민대책위 발족」

16 한겨레 1995.12.20. 「5 · 18특별법 가결」

17 한겨레 1997.4.23. 「5 · 18 법정 기념일로」

진상 규명과 책임자 처벌을 향한 한 걸음

전두환과 노태우 등 신군부 세력에게 적용된 죄명은 내란죄와 반란죄 등이었다. 현행법상 내란죄와 반란죄 등의 공소시효는 15년으로, 이미 공소시효가 완료되어 책임자 처벌 자체가 불가능한 상황이었다. 앞서 이야기한 두 특별법 「5·18민주화운동법」과 「헌정범죄시효법」의 주요 내용은 '공소시효 배제 및 정지', '재정신청에 관한 특례' 그리고 '특별재심절차'였다. 「헌정범죄시효법」은 헌정 질서 파괴 범죄와 집단살해 범죄에 대해서는 공소시효의 적용을 배제했다(제3조). 그리고 전두환·노태우 정권이 끝나는 시점인 1993년 2월 24일까지를 헌정 질서 파괴행위에 대하여 국가의 소추권 행사에 장애 사유가 존재한 기간으로 보고 공소시효의 진행을 정지시켰다(5·18민주화운동법 제2조). 이로써 5·18에 대한 신군부 세력의 책임을 물을 수 있는 법적 토대가 만들어졌다.

재정신청은 검찰이 불기소 처분을 했을 경우 관할 법원에 검찰 결정의 옳고 그름을 묻는 제도다. 당시 「형사소송법」은 「형법」 제123조에서 125조까지(불법체포, 불법감금 등)에 대해서만 재정신청이 가능하도록 규정하고 있었기 때문에 헌정 질서 파괴 범죄 등에 대해서는 재정신청을 할 수 없었다. 「5·18민주화운동법」은 헌정 질서 파괴 범죄 및 집단살해 범죄에 대해 검찰이 불기소 처분을 할 경우 법원에 재정신청을 할 수 있도록 규정해놓아 법원을 통한 기소가 가능하도록 했다(제3조).

'재심'은 확정된 법원의 판결에 대하여 다시 법원의 심판을 받는 제도로 법원 스스로 자신의 판단을 번복하는 절차다. 「형사소송법」은 유죄 확정 판결이 허위 증거에 의거하였음이 밝혀지거나 원 판결보다 피고인에게 유리한 판결이 내려질 명백한 증거가 새로 발견되는 경우 등에만 제

한적으로 재심을 허용하고 있다. 그러나 「5·18민주화운동법」은 5·18
민주화운동과 관련된 행위 또는 헌정 질서 파괴 범죄 행위를 저지하거나
반대한 행위로 유죄의 확정 판결을 선고받은 자에 대하여 특별히 재심을
청구할 수 있도록 규정했다(제4조). 5·18민주화운동과 관련하여 유죄
선고를 받은 국민의 명예 회복이 엄격한 재심 절차에 가로막히는 것을
방지하기 위함이었다.

특별 재심 규정 불명확성이 만들어낸 논란

「5·18민주화운동법」 제4조는 특별 재심의 대상을 "5·18민주화운동
과 관련된 행위 또는 제2조의 범행(헌정 질서 파괴 범죄 행위)을 저지하거
나 반대한 행위로 유죄의 확정 판결을 선고받은 자(5·18민주화운동 등)"
로 규정했다. 그런데 앞서 살펴본 바와 같이 사건으로서 5·18은 시간
특정이 가능하지만 운동으로서 5·18은 시간을 특정하기가 매우 어렵
다. 5·18을 1980년 5월 18일을 전후로 발생한 사건만으로 한정하여
해석한다면 1980년 5월 이후 전두환과 노태우 정권을 거치면서 이어진
5·18 진상 규명과 책임자 처벌을 위한 운동은 모두 배제되기 때문이다.
그럼에도 특별법은 시간 특정이나 부연설명 없이 '5·18민주화운동과
관련된 행위'라고만 명기함으로써 혼란을 야기했다.

5·18민주화운동의 시간적 특정에 관한 논란은 특별법이 제정될 때
부터 이미 예상되었다. 좁게 해석하고자 하는 이들은 특별 재심 대상을
1979년 12월 12일과 1980년 5월 18일을 전후하여 발생한 사건으로 한
정시켰다. 구체적으로는 비상계엄이 해제된 1981년 1월 24일까지로 특

정했다. 반면 좀 더 넓게 해석하려는 이들은 최소한 신군부 세력의 주축이었던 노태우 전 대통령의 퇴임일인 1993년 2월 24일까지 발생한 사건을 '5·18민주화운동과 관련된 행위'로 보아야 한다고 했다. 「5·18민주화운동법」 제2조가 5·18 관련자의 공소시효 정지 기간을 1993년 2월 24일까지로 규정한 것도 이를 뒷받침한다고 주장했다. 1993년 2월 24일까지 공소시효가 정지된 것은 전두환, 노태우 두 전직 대통령의 재임 기간에 국가 소추권 행사의 제한 사유가 존재했기 때문인데, 국가 소추권 행사가 제한될 정도로 민주주의가 억압된 상황에서 5·18의 진상을 규명하고 책임자 처벌을 위한 운동을 하다 처벌받았다면 이 역시 5·18 운동과 관련된다고 보는 의견이다.

「5·18민주화운동법」의 불명확성이 만든 논란은 결국 헌법재판소의 문을 두드리게 만들었다. 모 사립대 부속 중학교 교사로 재직 중이었던 정씨는 1981년 지인에게 5·18광주민주화운동을 지지하고 정당성을 알리는 내용의 유인물을 대학가에 배포하도록 했다. 정씨는 이 사건으로 기소되어 「집회 및 시위에 관한 법률」 및 「국가보안법」 위반 혐의로 징역 1년과 자격정지 1년을 선고받았다. 정씨는 「5·18민주화운동법」이 제정되자 2000년에 '특별 재심' 규정에 따라 서울지방법원에 재심을 청구했다. 그러나 서울지방법원은 특별법에서 규정한 특별 재심 사유인 5·18민주화운동과 관련된 행위 등은 1979년 12월 12일 전후부터 비상계엄이 해제된 1981년 1월 24일까지 있었던 5·18민주화운동을 뜻한다며 정씨의 청구를 기각했다.

정씨는 즉시 서울고등법원에 항고했다. 동시에 서울고등법원으로 하여금 「5·18민주화운동법」의 특별 재심 규정의 위헌 여부에 대한 심판을 헌법재판소에 청구해달라며 위헌 심판 제청 신청을 했다. 그러나 정씨의 항고와 위헌 심판 제청 신청은 모두 기각되었다. 이후 정씨는 「5·18민주화운동법」의 특별 재심 규정이 평등권, 정당한 재판을 받을 권리, 행복추구권 등을 침해한다면서 헌법 소원을 제기했다.

판단조차 하지 않겠다는 헌법재판소

헌법 소원은 '권리 구제형'과 '위헌 법률 심판형'으로 구분된다. 권리 구제형 헌법 소원은 공권력에 의한 기본권 침해가 발생하였을 경우 이에 대한 판단을 헌법재판소에 청구하는 것이다(헌법재판소법 제68조 제1항). 위헌 법률 심판형 헌법 소원은 소송 사건에 적용되는 법률이 헌법에 위반된다고 보고 법원에 위헌 법률 심판 제청을 하였으나 법원이 이를 기각했을 경우 당사자가 직접 헌법 소원을 제기할 수 있는 것이다(헌법재판소법 제68조 제2항).

헌법재판소는 정씨의 청구를 각하했다. 각하는 청구가 형식적 요건을 갖추지 못하여 심리를 거부하는 것으로, 내용이 타당하지 않아 청구의 인용을 거부하는 기각과 비교되는 개념이다. 위헌 법률 심판형 헌법 소원은 법원으로부터 위헌 법률 심판 제청에 대한 기각 통지를 받은 날로부터 30일 이내에 제기해야 한다(헌법재판소법 제69조 제2항). 서울고등법원은 2000년 9월 8일 정씨의 특별 재심을 규정하고 있는 「5·18민주화운동법」 제4조에 대한 위헌 법률 심판 제청을 기각했다. 그리고 정씨는 26일이 지난 2000년 10월 4일 헌법 소원을 제기했다. 정씨의 청구가 기각 통지를 받은 날로부터 30일 이내라는 위헌 법률 심판형 헌법 소원의 기본적 요건을 갖추었음에도 헌법재판소는 이를 각하했다.

헌법재판소는 정씨의 청구를 권리 구제형 헌법 소원으로 판단했다. 정씨는 "「5·18민주화운동법」 특별 재심 조항이 규정하는 5·18민주화운동에 자신의 행위가 당연히 포함되어야 함에도 법원이 포함되지 않는다고 판단한 것은 특별 재심 조항의 법률 해석에 어긋나 재판을 잘못한 것이고 이는 평등권의 침해 등 헌법에 위반되는 결과를 가져온다."라고 주장했다. 이 부분만 놓고 보면 법원이 「5·18민주화운동법」을 잘못 해석하여 자신의 기본권이 침해되었다는 주장으로 읽힐 수 있다. 그런데 「헌법재판소법」은 법원의 재판을 헌법 소원의 대상에서 제외하고 있다. 헌법재판소가 법원 재판의 타당성을 심판한다면 대법원의 판단 이후 다시 심판을 받을 수 있는 절차가 만들어져 사실상 4심으로 기능할 수 있기 때문이다. 헌법재판소는 정씨의 청구를 공권력의 행사(법원의 판단)에 대한 당부를 묻는 권리 구제형 헌법 소원으로 판단하고 법원의 재판은 헌법 소원의 대상이 아니므로 형식적 요건을 갖추지 않았다며 각하한 것이다.

헌법재판소의 이 같은 판단에는 적지 않은 문제점이 있다. 법원은 지방법원, 고등법원, 대법원으로 이어지는 3심 구조로 동일한 사건에 대해 최대 세 번 심판받을 기회가 주어진다. 반면 1심만 존재하는 헌법재판소의 결정은 다시 심판받을 기회가 없는 최종적 판단이다. 그렇기 때문에 헌법 재판은 청구인의 권리를 최대한 두텁게 보호해야 한다. 이에 더해 헌법재판소는 헌법 질서를 수호·유지하는 기관으로 심판의 대상이 아니더라도 헌법적 해명이 요구된다면 그것을 규명할 의무가 있다.

헌법재판소의 결정으로 정씨는 「5·18민주화운동법」의 특별 재심 규정이 자신의 권리를 침해했는지 판단받을 기회를 상실하고 말았다. 그리고 정씨와 같이 5·18의 진상을 규명하고 책임자 처벌을 위해 힘쓰다 유죄를 선고받은 수많은 이들의 특별 재심 신청 과정에서 동일한 문제가 반복될 우려가 크다. 특별 재심 규정의 불명확성이 헌법에 위반되는지 여부에 대한 헌법재판소의 판단이 필요했지만 정씨의 청구를 각하함으로써 헌법을 수호·유지하는 기관으로서의 의무를 외면해 버렸다.

이와 같은 헌법재판소의 판단 회피로 5·18 진상 규명 운동을 하다 처벌받은 이들의 재심 청구는 사실상 불가능해졌다. 이러한 문제를 해결하고자 2004년 12월 7일 당시 민주당의 이낙연 의원은 특별 재심 대상을 노태우 전 대통령의 퇴임일인 1993년 2월 24일까지 5·18민주화운동 정신을 계승·발전시키거나 이를 널리 알리는 행위 등으로 유죄 확정 판결을 받은 사람으로 확대하는 내용의 「5·18민주화운동법」 개정안을 국회에 제출했지만 통과되지 않았다.[18]

재심 사건은 재판 중에서도 가장 어렵다고 알려져 있다. 사법부 스스로 과거 자신들의 판단을 뒤집어야 하기 때문이다. 처음 「5·18민주화운동법」이 제정되었을 때에는 5·18 당시 발생한 사건에 대한 재심 청구가 집단으로 이루어졌다. 그 후 한동안 미미하다가 2000년대 중반에 이르러 재심 사건이 폭발적으로 증가하는데, 이는 노무현 정부의 '진실과 화해를 위한 과거사정리위원회'가 군사 정부 시절 조작된 많은 사건을 재조사한 후 사법부에 재심을 권고한 것이 주된 이유다.

만약 헌법재판소가 특별 재심 규정의 불명확성에 대한 문제를 분명하게 매듭지어 관련 규정이 확대되는 방향으로 개정되었다면, 군사 정부에서 억울하게 유죄를 선고받은 많은 사람들이 재심을 통해 명예를 회복하

• • •

18 연합뉴스 2004.12.7. 「5·18 특별 재심 대상 확대 추진」

고 정당한 보상을 받는 길이 좀 더 수월해졌을 것이다.

　재심은 국가권력에 따른 조작 사건이 대부분을 차지한다. 그렇기에 재심 판결은 국가권력의 과오를 반성하고 역사를 바로 세운다는 의미도 있다. 헌법재판소가 「5·18민주화운동법」 제4조 특별 재심 규정에 대한 심판을 회피한 것은 헌법을 수호·유지하는 기관으로서 왜곡된 대한민국의 역사를 헌법적 가치에 따라 돌이킬 수 있는 기회를 스스로 외면한 것이라고 볼 수 있다.

아직 계속되고 있는 5·18, 아픔을 아물게 하는 길

　2017년 4월, 5·18의 핵심 책임자인 전두환은 자서전 격인 『전두환 회고록』을 출간했다. 그는 총 3권으로 구성된 회고록에서 1997년 4월 자신에 대한 대법원 판결 등을 부정하고 '5·18에 대한 책임이 없다'는 주장을 펼쳤다. 이에 그치지 않고 자신을 '(5·18의) 치유와 위무를 위한 씻김굿의 제물'이라 표현하고 '5·18민주화운동'을 '북한군 개입에 의한 폭동'이나 '광주 사태'로 적기도 했다. 이에 대해 관련 단체와 유가족은 반발했고 『전두환 회고록』에 대한 출판 및 배포 금지 가처분을 신청했다. 재판부 역시 유족의 의견을 받아들여 "폭동·반란·북한군 개입 주장, 헬기 사격 및 계엄군 발포 부정 등의 내용을 삭제하지 않고서는 회고록 출판·발행·인쇄·복제·판매·배포·광고를 금지한다"며 가처분을 인용했다(광주지방법원 2017카합50236).[19]

• • •

19 중앙일보 2017.8.5. 「법원, 전두환 회고록 출판·배포 금지」

아직도 5 · 18이 계속되고 있는 이유는 진실 규명과 책임자 처벌 그리고 피해자들의 보상 및 명예 회복이라는 과제가 남아있기 때문이다. 시민에 대한 발포 명령자가 누구인지 등 아직도 명확하게 밝혀지지 않은 진실을 계속 찾아나가야 한다. 피해자들의 명예 회복 역시 법을 통해서도 그리고 사회 · 정치적인 측면에서도 반드시 이루어내야 한다.

5 · 18광주민주화운동을 추모하는 노래로서 〈임을 위한 행진곡〉은 1997년 5 · 18이 정부기념일로 지정된 이후부터 매년 5 · 18 기념식에서 공식적으로 제창해왔다. 그런데 이명박 대통령 취임 이듬해인 2009년부터 정부는 명확한 이유 없이 5 · 18 기념식장에서 〈임을 위한 행진곡〉의 제창을 금지했다. 이어진 박근혜 정부에서도 제창을 금지함으로써 유가족과 광주 시민은 물론 국가적 공분을 사기도 했다. 5 · 18의 노래를 금지당한 유가족과 광주 시민에게 5 · 18 기념식은 희생자를 추모하고 기념하는 것이 아닌 상처를 확인하는 자리가 되었다.

문재인 정부가 출범하고 〈임을 위한 행진곡〉은 다시 5 · 18의 노래로 자리매김할 수 있었다. 2017년 5 · 18 기념식에서는 9년 만에 대통령을 포함하여 함께 부르기를 원하는 모든 참석자가 〈임을 위한 행진곡〉을 제창할 수 있었다. 또한 이 기념식에서 문재인 대통령은 사부곡을 낭독하고 돌아서는 김소형 씨를 따라가 따뜻하게 안아주었다. 문재인 정부가 한 일은 단 8줄의 〈임을 위한 행진곡〉을 다시 5 · 18 유가족과 광주 시민에게 돌려주고, 5 · 18 유족을 따뜻하게 안아주었을 뿐이다. 그럼에도 5 · 18로 아버지를 잃은 김소형 씨는 대통령의 품에서 한 번도 경험해보지 못한 아버지의 품을 느껴볼 수 있었다. 전두환 회고록을 출간한 지 한 달여가 지난 2017년 5월 18일, 문재인 정부는 5 · 18의 상처를 치유하고 5 · 18의 아픔을 아물게 할 수 있다는 가능성을 보여준 것이다.

2020년이면 5·18민주화운동 40주년이 된다. 그런데 부끄럽고 가슴 아프게도 우리 사회에서는 아직도 5·18을 부정하고 모욕하는 망언이 거리낌 없이 나오고 있다. 제1야당의 국회의원이란 사람들조차 북한군 침투설 등 진실을 왜곡하는 헛소리를 내뱉는 현실이 참담하기까지 하다.

2018년 3월 13일 법률 제15434호로 「5·18민주화운동 진상규명을 위한 특별법」이 제정되었다. 이 법은 제1조에서 1980년 광주 5·18민주화운동 당시 국가권력에 의한 반민주적 또는 반인권적 행위에 따른 인권유린과 폭력·학살·암매장 사건 등을 조사하여 왜곡되거나 은폐된 진실을 규명함으로써 국민 통합에 기여함을 목적으로 한다고 밝히고 있다. 5·18을 부정하고 폄훼하고 진실을 왜곡하는 것을 멈추고 아직까지 규명되지 못한 진실을 낱낱이 밝히려는 것이다. 특별법은 2018년 9월 14일부터 시행한다고 부칙 제1조에서 규정하고 있는데, 2019년 5월 18일 제39주년 5·18 기념식이 끝난 지금까지도 진상규명조사위원회의 출범조차 못 하고 있어 국민의 원성을 사고 있다. 진상규명조사위원회 위원은 총 9명으로 국회의장 1명, 여당 4명, 야당 4명의 추천으로 구성된다. 야당인 자유한국당에서 추천한 위원의 자격이 문제가 되었고 아직까지 해결되지 않은 상황이다.

자유한국당 황교안 대표는 같은 당 국회의원들의 5·18 망언에 대해서는 솜방망이 징계에 그쳤고, 5·18 진상규명조사위원 추천 문제도 해결하지 않은 채 2019년 5월 18일 제39주년 5·18 기념식에 '빈손'으로 참석했다.

이 기념식에서 문재인 대통령은 "5·18의 진실은 보수·진보로 나눌 수 없다."라고 말했다. 국회와 정부는 「5·18민주화운동 진상규명을 위한 특별법」이 그 제정 취지에 맞게 역할을 할 수 있도록 해서 5·18 학살의 책임자, 암매장과 성폭력 문제, 헬기 사격 등 남겨진 진실을 밝히는데 다 같이 힘을 합쳐야 할 것이다.

5·18을 소재로 한 웹툰 〈26년〉을 그린 강풀 작가는 독자들에게 "광주는 끝난 이야기가 아닙니다. 광주는 지금도 계속되고 있습니다."라고 했다. 영화 〈화려한 휴가〉에서 여주인공 박신애는 광주 시내를 돌며 "광주 시민 여러분 우리를 잊지 마세요."라고 외친다. 정태춘의 노래 〈5·18〉의 가사는 '어디에도 붉은 꽃을 심지 마라 / 여기 망월동 언덕배기의 노여움으로 말하네 / 잊지마라, 잊지마, 꽃잎 같은 주검과 훈장 / 누이들의 무덤 앞에 그 훈장을 묻기 전까지'이다. 이들 모두는 말하고 있다. 1980년 5월 그날의 광주를 잊어서는 안 된다고 말이다. 국가 차원의 진실 규명과 역사 바로 세우기는 더 이상 늦출 수 없는 과제이다.

'관습 헌법'의 수도 서울

03 '관습 헌법'의 수도 서울

● 헌법재판소 2004.10.21. 2004헌마554 결정

헌법재판소 결정 주문

「신행정수도건설을위한특별조치법」(2004.1.16. 법률 제7062호)은 헌법에 위반된다.

서울, 서울, 서울

수도 서울 한복판을 가로지르는 청계천의 조선시대 이름은 개천 開
川이었다. 조선시대 개천의 모습은 지금과는 상당히 달랐다. 현재의 청
계천은 조선시대 개천의 본류에 해당한다. 조선시대에는 남북으로 거미
줄처럼 지류가 뻗어있었다. 도성의 백성은 개천을 식수원으로 사용함과
동시에 하수로 사용하기도 했다. 상하수가 분리되지 않았기 때문에 청계
천의 수질을 유지하기 위해서는 적정한 인구와 일정하게 빠른 유속이 담
보되어야 했다.

17~18세기는 세계사적으로 인구가 폭증하던 시기였다. 조선의 인구
역시 18세기에 크게 증가했다. 이에 더해 상업이 발달하면서 한양의 유
동 인구가 증가했고 농촌이 분화되면서 농업에서 이탈한 빈민들이 대거
한양으로 올라왔다. 이 빈민들은 청계천 변으로 몰려들었다. 식수를 얻
어 생활하기 편했고 하천가의 빈 땅을 이용해 경작하기도 쉬웠기 때문이
다. 빈민들이 천변에 집을 짓다 보니 하천의 면적이 크게 줄었다. 더불어

청계천에 버려지는 생활 쓰레기의 양도 급격히 늘었다. 심지어 동물의 사체나 사람의 시신까지 몰래 버려졌다. 하천의 면적은 줄어들고 토사와 쓰레기로 하천 바닥까지 높아지자 청계천의 범람이 빈번해지기 시작했다. 범람이 잦아지자 1760년 영조는 20만 명을 동원해 개천 바닥의 토사를 퍼내고 일부 수로를 직선화하는 대대적 준설공사를 벌였다.[1]

일제강점기 청계천 변 인구밀도는 급격히 높아졌고 오폐수도 급증해 보건상 큰 문젯거리가 되었다. 일제는 청계천을 전면 복개하여 문제를 해결하고자 했다. 하지만 실제 복개는 태평로부터 무교동 구간만 이루어졌다. 한국전쟁 후 청계천 변에는 피난민들의 판잣집이 들어찼다. 청계천에는 온갖 오물이 넘쳐났다. 정부는 교통·위생·환경 문제 해결을 위해 1958년부터 4년간 청계천 도심부 구간(광교~오간수교)을 복개했다. 이 과정에서 광교는 파묻혔고 석축은 흩어졌으며, 판잣집은 헐렸다. 1966년에는 신설동까지 복개되었고, 1967년에서 1971년까지는 광교에서부터 마장동 구간에 청계고가도로가 건설되었다. 1977년에는 마침내 마장동 철교까지 청계천 복개가 끝났다.[2]

청계천을 복개하기 위해서는 천변에 줄지어 있던 판자촌을 철거해야 했는데 이 과정에서 정부와 철거민 사이에 크고 작은 갈등이 발생했다. 특히 1971년 광주대단지 사건은 청계천 일대를 비롯한 서울의 판자촌을 철거하는 과정에서 발생한 가장 큰 사건이었다. 서울의 늘어나는 인구와 판자촌 문제로 고민이던 정부는 판자촌을 철거하고 경기도 광주군에 대단지를 조성하여 철거민을 이주시키는 계획을 세웠다.[3] 정부는 1969년

●●●

1 동아비즈니스리뷰 156호(2014년 7월 Issue 1) 「"확 밀어붙이고 싶지만, 때를 기다려…" 영조의 '청계천 프로젝트'는 소통의 산물」

2 조선일보 2005.9.27. 「청계천 역사」 일제시대 오물 집결지, 관광명소 되기까지」

3 경향신문 1971.6.16. 「투자규모 269억 원 광주대단지사업」

부터 청계천, 영등포, 용산 등 판자촌을 강제 철거했다. 철거 과정에서 발생한 12만여 명의 철거민에게는 토지 분양권과 일자리 제공을 약속하며 광주대단지로 이주할 것을 강요했다. 그러나 광주는 정부의 약속과는 다른 곳이었다. 분양권은 불법 전매되어 이미 수백 배로 가격이 뛴 상태였고 일자리는커녕 기반 시설조차 준비되지 않아 마실 물과 화장실조차 부족했다.

1971년 8월 10일 분노한 철거민 5만여 명이 경기도 성남출장소에 불을 지르는 사건이 발생했다. 정부는 400여 명의 기동경찰을 투입했지만 성난 철거민들의 위세에 눌려 진압작전은 실패하고 말았다.[4] 8월 12일, 서울시장이 방송 담화를 통해 이주단지의 성남시 승격과 주민요구의 무조건 수용을 약속하고 나서야 주민들은 자진 해산했다.[5]

복개된 청계천 일대는 영세 상가가 차려지면서 상권을 형성했다. 청계천 고가와 육교 등에는 노점상이 빼곡히 들어섰다. 영세 상인들은 청계천 일대에서 2000년대 중반까지 생계를 꾸리며 살아갔다. 이러한 청계천에 2008년 이명박 대통령이 당선되면서 다시 변화가 일기 시작했다. 복개된 도로를 걷어내고 하천을 정비하는 청계천 복원공사가 시작된 것이다. 30여 년 만에 청계천에서는 다시 철거와 이주가 시작되었다. 정부는 서울 송파구 문정동 일대에 총 82만 228제곱미터의 유통단지 가든파이브를 만들어 상인들의 이주를 약속했다. 그러나 높은 분양가와 상권의 불안정성 때문에 입주를 포기하는 상인들이 속출했다. 결국 가든파이브의 대량 공실 사태가 발생했고 서울시 산하기관인 서울주택도시공사가 미분양 점포를 대거 떠안아야 했다.

• • •

4 매일경제 1971.8.11. 「광주단지 주민들 난동」
5 조희연, 『박정희와 개발독재시대』, 역사비평사, 2007

청계천의 철거와 주민의 이주가 반복되어온 가장 큰 원인은 서울의 인구 과밀화와 그에 대한 정부의 무능한 대처다. 모든 자원이 서울로 집중되면서 그에 따라 사람들도 서울로 몰려들었다. 많은 이들이 도시 빈민으로 전락했지만 정부는 광주대단지나 가든파이브와 같이 어설픈 대안으로 철거와 이주를 밀어붙였다.

서울의 인구 문제는 서울로 사람들이 모여들 수밖에 없는 구조에서 그 원인을 찾을 수 있다. 그리고 그 구조적 원인의 핵심은 서울에 모든 사회·경제적 자원이 집중되었다는 데 있다. 중화학공업 중심의 개발이 마무리되어 가던 시점인 1990년 서울로 전입된 인구 중 호남 출신은 36퍼센트로 제일 많았다. 다음으로 영남(29.6%), 충청(23.3%), 강원(9.7%), 제주(1.6%)였다.[6] 영남의 인구가 호남보다 많다는 것을 고려해보면 호남 사람들의 상경 현상이 매우 두드러졌음을 알 수 있다. 그 원인은 개발과 성장의 지역 편중에 따른 차별에서 찾을 수 있다. 1960년대 개발은 주로 서울에서 영남의 동남 해안 공업지대를 잇는 형태로 진행되었다. 그에 따라 공장과 산업단지가 서울과 영남에 집중되었다. 1960년대의 대표적인 수출자유지역은 서울 구로와 경남 마산이었고, 1962년부터는 울산공업단지가 조성되었다. 또한 2차 경제개발 5개년 계획의 핵심 사업인 제철소 부지도 포항으로 결정되었고, 1968년 11월에 기공된 대규모 현대자동차 공장도 울산에 있었다.[7]

1960년 중반부터 1970년에 접어들면서 서울 중심의 개발과 성장은 더욱 두드러졌다. 1960년대 서울의 인구가 200만 명을 넘어서자 서울시는 인접한 경기 지역의 12개 면 90개 리를 시에 편입했다. 강남 3구로 불리

• • •

6 한겨레 1991.7.18. 「90년 인구이동 분석 서울전입 호남이 36%…영남·충청순」

7 조희연, 앞의 책

는 강남구, 서초구, 송파구는 원래 경기도 광주, 고양, 시흥에 속해 있던 지역이었다. 1964년에는 말죽거리(양재역 일대)가 상업지구로 용도 지정 되었다.[8] 1966년 2월에는 서울시에 편입된 한강 이남 지역에 10년에 걸 쳐 12만 가구 60만 명을 수용한다는 내용의 '남서울 도시계획'이 발표되 었다. 그리고 같은 해 착공한 제3한강교(한남대교)가 1969년 말 완공되면 서 강남은 비로소 서울 생활권에 들어왔다.

그러나 강남 개발이 계획보다 지지부진하자 정부는 강남 개발을 행정 적으로 지원하기 위해 1975년 강남구를 신설하고, '부동산 투기 억제세 면제' 조치를 단행했다. 동시에 개발 수요가 강남으로 집중되도록 한강 이북의 택지 조성을 불허하는 한편, 인구 집중을 유발하는 명문 고등학 교와 법원 등 국가기관의 강남 이전을 추진했다. 1976년 경기고를 필두 로 시작된 학교 이전의 효과는 확실했다. 명문고가 들어선 지역의 아파 트 가격이 천정부지로 치솟아 '강남 8학군'이란 말이 등장했다. 이때부터 정부 공식 문서에나 등장하던 강남이란 지명이 일반인 사이에서 '남서 울', '영동(영등포의 동쪽이란 뜻)'보다 빈번하게 사용되기 시작했다. 강남 개발은 1980년대에 지하철 2·3호선의 개통과 더불어 완성되었다. 지하 철은 사당·강남·양재 등 시외버스와 연결되는 지역 거점을 성장시켰 는데, 여기엔 강남에서 1시간 거리에 신설된 종합대학 분교들의 구실도 컸다. 88올림픽을 앞두고는 변방 국가의 발전상을 세계에 과시하려는 각 종 개발 프로젝트가 진행되었다. 테헤란로 집중 개발도 그 일환이었다.[9]

정부 주도로 개발된 강남은 대한민국의 모든 사회·경제적 자원을 블 랙홀과 같이 빨아들였다. 정부는 서울, 특히 강남의 집중 성장을 분산시

8 경향신문 1964.8.28. 「숭인·은평·구로·뚝도 4개지구 용도지역결정」
9 한겨레21(제905호), 2012.4. 「강남이라는 '상상의 공동체'」

키기 위해 분당, 고양(일산), 부천(중동) 등 신도시를 연이어 개발했지만 서울 인구의 분산에는 큰 효과를 거두지 못했다. 대기업의 본사가 대부분 강남에 들어섰고 서울에 있는 대학과 지방에 있는 대학의 입학 점수 차이가 급격히 벌어졌다. 심지어 수도권에 있는 대학과의 입학 점수 차이도 상당히 컸다. 대기업이라는 경제적 자원, 이른바 명문대라는 상징적 자원, 청와대와 국회를 비롯한 입법·사법·행정 기구라는 사회적 자원이 모두 서울에 몰려 있는 상황에서 위성도시의 개발은 오히려 서울에 진입하지 못한 지방 인구를 흡수하여 지방의 공동화 현상만 부추겼다.

그동안 서울의 집중화에 대한 정부 대책은 어느 하나 효과를 거두지 못했다. 서울에 집중된 사회·경제적 자원을 지방으로 분산하지 않고 이주만 강요했기 때문이다. 2004년 신행정수도 이전계획은 그동안의 정부 정책과는 다르게 서울에 집중된 자원을 지방에 분산시킴으로써 서울 집중화 문제를 근본적으로 해결하려는 시도였다. 그리고 이를 둘러싼 갈등은 서울에 집중된 자원을 고수하려는 세력과 분산하려는 세력 간의 갈등이기도 했다.

신행정수도 건설 계획과 무산

서울의 인구 과밀화와 지역 불균형 발전에 따른 문제점이 끊임없이 발생하자 정치권에서도 근본적인 문제 해결에 대한 목소리가 커지기 시작했다. 급기야 수도권 과밀화 문제를 해결하기 위해 수도를 지방으로 이전해야 한다는 주장까지 나왔다. 당시 새천년민주당 대선 후보였던 노무현 전 대통령은 2002년 9월 30일 여의도 당사 앞에서 가진 중앙선거대책본부 출범식에서 "한계에 부딪힌 수도권 집중 억제와 낙후된 지역 경제의 근본적 해결을 위해 충청권에 행정수도를 건설, 청와대와 중앙부처부터 옮겨 가겠다."라는 신행정수도 건설 공약을 발표했다.[10]

노무현 대통령이 취임하면서 신행정수도 공약은 본격적으로 추진되었다. 정부는 2003년 4월 신행정수도건설추진기획단과 지원단을 발족시켰다.[11] 7월에는「신행정수도의 건설을 위한 특별조치법(안)」이 발의되었고,[12] 12월 29일 국회는 재적의원 194명 중 찬성 167명, 반대 13명, 기권 14명 압도적 찬성으로 법안을 통과시켰다.[13] 이로써 대선 후보의 공약으로 시작한 신행정수도 건설은 1년여 만에 본격적으로 시행되기에 이르렀다.

그러나 곧 신행정수도 건설은 난관에 봉착했다. 이석연 변호사가「신행정수도의 건설을 위한 특별조치법」에 대한 헌법 소원을 제기하겠다고 나섰기 때문이다. 그는 "수도 이전은 국가 안위에 관한 헌법적 사안인데도 국민투표를 거치지 않은 채 국회의 졸속 입법으로 추진되고 있다."라며 "행정수도 이전이 대선 공약이라고 하더라도 모든 것이 정당화되는 것은 아니다."라고 주장했다.[14] 이석연 변호사가 꾸린 청구인단에는 서울시 의원 50명을 포함해 교수와 기업인, 일반 시민 등 160여 명이 참여했다. 대리인단은 이석연 변호사를 포함해 헌법재판소 재판관을 지낸 김문희, 이영모 변호사 등으로 구성되었다. 이들은 헌법 소원과 함께 '신행정수도 건설 추진위원회 활동정지 가처분신청'도 제출했다.[15]

● ● ●

10 오마이뉴스 2002.9.29.「특권주의·권위주의 청산하겠다. 청와대·중앙부처 충청권에 이전」

11 연합뉴스 2003.4.4.「신행정수도 추진 기획·지원단 설치」

12 연합뉴스 2003.7.20.「신행정수도 주변지역 개발도 엄격 제한」

13 오마이뉴스 2003.12.29.「167 대 13, 신행정수도법 압도적 통과」

14 연합뉴스 2004.6.15.「〈신행정수도〉 후보지 선정과 향후 쟁점」

15 뉴시스 2004.7.12.「〈종합〉 신행정수도 이전, 헌법재판소 접수」

'신행정수도 건설 추진위원회 활동정지 가처분신청'은 받아들여지지 않아 추진위는 계속 활동을 할 수 있었다. 추진위는 여러 후보지에 대한 분석을 진행하여 2004년 8월 충남 연기·공주 지역을 신행정수도 입지로 최종 확정·발표했다.[16] 하지만 신행정수도 건설 계획은 여기까지였다. 2004년 10월 헌법재판소는 「신행정수도의 건설을 위한 특별조치법」이 헌법에 위반된다는 결정을 내렸다.

'서울'에 '수도'를 둔다는 것은 '수도'에 '수도'를 둔다는 동어반복인가?

헌법재판소는 대한민국 수도가 서울이라는 사실은 헌법과 같은 지위를 갖는다고 판단했다. 헌법재판소에 따르면 모든 헌법적 가치를 헌법전에 담을 수 없기 때문에 헌법전에 담기지 않은 헌법, 즉 관습 헌법이 존재할 수 있다. '수도 서울'은 헌법적 가치를 가졌음에도 헌법전에 수록되지 않은 관습 헌법에 해당한다. 그렇기 때문에 수도의 이전은 헌법을 개정하는 행위에 해당하여 국민투표를 통해 결정해야 하는 사항이다. 그러나 「신행정수도의 건설을 위한 특별조치법」은 법률을 통해 수도를 이전하게 하는 것으로 헌법에 위배된다는 것이다.

「신행정수도의 건설을 위한 특별조치법」에 대한 헌법재판소의 위헌 결정 이전까지 대한민국에서 관습 헌법에 대한 논의는 거의 없었다. 헌법재판소는 생소한 개념인 관습 헌법까지 동원하여 「신행정수도의 건설을

• • •

16 노컷뉴스 2004.8.11. 「충남 연기, 공주 신행정수도 이전지 확정」

위한 특별조치법」에 대한 위헌성을 판단했다. 특히 헌법재판소는 많은 국민이 '수도 서울'의 헌법적 가치에 대해 동의하고 있다고 주장했다. 그러나 헌법재판소의 결정이 발표되자 많은 비난이 쏟아졌다.

　서울은 조선시대에는 한양이라 불렸고 일제강점기 때는 경성부로 불렸다. 1945년 이후에야 서울이라 불리기 시작했다. 대한민국이 건국되면서 비로소 수도로 지정되고 수도라는 의미의 '서울'이라 명명된 것이다. 따라서 헌법재판소는 '서울에 수도를 둔다'는 것은 '수도에 수도를 둔다'와 같이 당연한 사실을 확인하는 동어반복이기 때문에 헌법에 수도에 관한 규정이 없다고 설명했다.

　하지만 서울이 수도를 뜻하는 순우리말이라도 어원이 그러할 뿐 고유명사로서 서울은 특정 지역을 지칭하는 단어다. 이에 더해 서울이 수도임을 규정한 법률도 있다. 「지방자치법」 제174조와 「서울특별시 행정특례에 관한 법률」 제2조에서는 서울이 대한민국 수도임을 규정하고 있다. 헌법재판소의 견해에 따른다면 위 두 법은 모두 '수도(서울)가 수도'라는 동어반복을 하고 있는 셈이다.

　헌법재판소는 특정 관행이 관습 헌법의 지위를 얻는 데 필요한 다섯 가지 요건을 구체적으로 제시했다. 첫째, 관행이 존재할 것. 둘째, 관행이 충분히 오랫동안 반복·존재해 사라지지 않고 계속될 것으로 인식될 것(반복·계속성). 셋째, 관행이 이루어져 오는 중에 어긋나는 관행이 존재하지 않았을 것(항상성). 넷째, 관행이 명확할 것(명료성). 다섯째, 국민이 이러한 관행을 헌법으로 승인하였을 것(국민적 합의)이다. 헌법재판소는 '수도 서울'이 관습 헌법에서 요구하는 다섯 가지 요건을 모두 갖추었다고 판단했다. 하지만 '수도 서울'이 관습 헌법으로서의 요건을 모두 충족하였는지는 꼼꼼히 살펴볼 필요가 있다.

대한민국 수도는 항상 서울이었나?

'수도 서울'이 관습 헌법의 세 번째 요건을 충족하기 위해서는 그동안 수도가 서울이라는 사실에 어긋나는 관행이 존재하지 않았어야 한다. 그런데 수도는 두 번이나 바뀐 적이 있고 한 차례의 변경 시도도 있었다. 부산광역시 서구 구덕로 225에 위치한 건물은 현재 동아대학교 박물관으로 사용되고 있다. 일제가 식민 통치의 효율성을 높이려는 목적으로 진주에 있던 경남도청을 항구도시인 부산으로 옮기기 위해 1925년에 지었다. 이후 이 건물은 경남도청으로 계속 사용되다 1950년대에 들어 두 차례 대한민국 정부종합청사로 사용되었다. 한국전쟁이 발발하고 서울이 북한군에 함락되자 부산으로 수도를 옮긴 정부가 1950년 9월 28일부터 10월 27일까지 그리고 1951년 1월 4일(1·4후퇴)부터 1953년 8월 15일까지 두 번에 걸쳐 총 3년 가까이 대한민국 수도정부청사로 사용한 것이다. 이 기간 대한민국의 수도는 서울이 아닌 부산이었다.

수도를 이전하려 했던 사례도 있다. 1979년 11월 14일, 박정희 전 대통령이 피살된 지 19일이 지나 청와대 수석비서관들은 대통령의 유품을 정리하기 위해 대통령 집무실에 들어섰다. 창문 가까이에는 처음 보는 책상이 있었고 그 위에는 둥그런 스탠드와 두툼한 책 두 권, 확대경이 가지런히 놓여 있었다. 책의 표지에는 엄비嚴祕라는 붉은 도장이 찍혔고 '행정수도건설을 위한 백지계획'과 '2000년대의 국토구상'이라는 제목이 붙어 있었다.

1977년 2월 10일 박정희 대통령은 구자춘 당시 서울시장으로부터 신년 업무 계획을 보고받는 자리에서 "서울의 인구 집중 억제를 근본적으로 해결하기 위한 방안으로 통일이 될 때까지 서울에서 고속도로나 전철로 1시간 정도면 닿을 수 있는 곳에 임시행정수도를 만들 것을 오래전부터 구상해오고 있었다."라며 최초로 수도 이전 계획을 언급했다.[17] 박정희 대통령은 216명의 전문가를 임명해 5년에 걸쳐 수도 이전 계획을 준비했었다고 한다. 이렇게 탄생한 보고서가 400여 쪽 분량에 달하는 '행정수도건설을 위한 백지계획'이었다. 하지만 1979년 10월 26일 박정희 대통령이 김재규에 의해 피살되면서 대통령의 결재를 받지 못한 채 계획은 묻히고 말았다. 박정희 이후 정권을 장악한 신군부는 백지계획을 폐기했다. 당시 새로운 수도로 낙점되었던 곳은 우연하게도 25년 후 노무현 대통령의 참여정부에서 신행정수도 입지로 선정한 충청남도 공주면 장기군 일대였다.[18]

부산으로 두 차례 수도를 옮긴 것은 전쟁이라는 특수한 상황에서 시행한 조치이기 때문에 큰 의미를 부여할 수 없다고 반박할 수도 있다. 박정희 전 대통령의 수도 이전 시도 역시 권위주의 국가에서 국민의 의견 수렴 절차도 없이 진행된 국가 주도 계획으로 '수도 서울'의 관행에 어긋나는 사례가 아니라고 주장할 수도 있다. 하지만 관습 헌법은 관행에 헌법의 지위를 부여하는 것이므로 그 성립 요건에도 헌법의 제정과 같은 수준의 엄격성이 적용되어야 한다. 그렇기 때문에 부산의 임시 수도로서의 역사와 박정희 정권의 백지계획은 대한민국 수도가 서울이라는 관행과 배치되는 사례로 충분하다.

●●●

17 경향신문 1977.2.10. 「朴大統領, 서울市巡視서 밝혀 임시 行政首都 건설構想」
18 동아일보 1993.9.18. 「定都 600년 서울 再發見 〈42〉 도시계획 (9) 「10 · 26」으로 사라진 行政首都」

수도는 반드시 서울이어야 한다는 국민적 합의가 있었나?

헌법재판소가 제시한 관습 헌법의 다섯 번째 요건은 국민적 합의다. 국민이 헌법적 가치에 동의해야 '수도 서울'은 비로소 관습 헌법의 지위를 부여받을 수 있다. 반대로 해석하면 '수도 서울'의 헌법적 가치에 국민이 동의하였어도 상황이 변해 동의가 더 이상 지속될 수 없다면 관습 헌법의 지위 또한 폐지되어야 한다.

서울은 조선의 한양과 일제강점기 경성부를 거치면서 오랫동안 수도로 기능했고 대한민국의 수립과 함께 자연스레 수도가 되는 과정을 거쳤다. 그리고 대한민국 근현대사를 지나오며 수도로서의 입지를 굳혔다. 그러나 이는 서울이 수도로서 기능한 역사적 사실일 뿐이다. '수도 서울'이 국민 사이에서 논의되고 결정되는 과정은 단 한 차례도 없었다. 따라서 '수도 서울'이라는 역사적 사실에서 국민적 합의가 도출될 수는 없다.

수도는 국가 정치·행정의 중심지다. 서울이 대한민국의 수도라는 것은 서울이 대한민국의 수도로서 기능한다는 것을 의미한다. 즉, 서울은 대한민국 수도라는 도구적 의미를 가질 뿐 서울이기 때문에 대한민국 수도라는 당위성이 있는 것은 아니다. 비록 서울이 오랫동안 수도였기에 국민 사이에서 대한민국 수도는 서울이라는 고정관념이 형성되었다고 해도 그 고정관념이 서울이 수도라는 당위가 되지는 않는다. 또한 그것이 절대불변의 가치가 될 수는 없다. 국민적 동의는 국민 사이에서 자연스레 형성된다. 그래서 언제든 상황이 바뀌면 다시 자연스레 없어질 수도 있다. 국민적 동의에 변화가 생긴다면 '수도 서울'의 관습 헌법으로서의 가치에도 변화가 생길 수밖에 없다.

노무현 전 대통령은 2002년 수도 이전을 공약으로 내세우며 대통령에 당선되었다. 정치인은 자신의 정치적 능력과 비전을 제시하여 국민으로부터 지지를 얻는다. 정치인에 대한 국민의 지지는 구체적으로 선거 득표라는 형태로 나타난다. 노무현의 대통령 당선은 국민이 수도 이전이라는 그의 정치적 비전에 지지를 보낸 것으로도 해석될 수 있다. 국민이 '수도 서울'에 대한 변화를 갈망했다는 것도 보여준다. 이에 더해 국민의 대표자들로 구성된 국회가 재적 의원 194명 중 찬성 167명이라는 압도적인 비율로 「신행정수도의 건설을 위한 특별조치법」을 통과시켰다는 것 역시 '수도 서울'의 변화에 국민이 지지했다는 것을 말해준다.

서울이 오랫동안 대한민국의 수도로 기능해왔다는 관행을 부인할 수 없다. 하지만 국민 사이에서 '수도 서울'에 대한 동의가 형성·유지되고 있다고 보기는 어렵다. 오히려 '수도 서울'에 대한 변화의 필요성을 느끼고 있었다. 따라서 헌법재판소가 관습 헌법의 다섯 번째 요건으로 제시한 국민적 합의가 충족되기는 어려운 것이다.

관습 헌법의 개정은 불가능하다?

관습 헌법을 인정한다고 해도 문제가 해결되는 것은 아니다. 관습 헌법을 개정하기 위해서는 어떤 절차를 따라야 하는지에 대한 새로운 문제가 발생한다. 헌법재판소에 따르면 관습 헌법은 오랫동안 지속된 관행이 국민의 합의를 얻어 형성된다. 그렇다면 개정이나 폐지 역시 이와 같을지 아니면 성문헌법의 개정이나 폐지와 같은 절차를 거쳐야 하는지가 논의되어야 한다.

미국은 관습 헌법이라는 용어를 사용하지는 않지만 관습 헌법의 개정으로 해석할 수 있는 사례가 있다. 초대 대통령인 조지 워싱턴부터 프랭클린 루스벨트 대통령 이전까지 미국의 대통령은 1회에 한해 연임하고 3선에 도전하지 않는 관행이 있었다. 대통령의 임기나 연임에 관한 규정은 국가 운영(통치구조)의 핵심 사항으로 헌법을 통해 규정해야 한다. 하지만 당시 헌법에는 대통령의 연임에 관한 규정이 없었다. 그럼에도 31명의 대통령이 150년 가까이 3선에 도전하지 않았던 것은 일종의 관행에 따른 것이었다.

헌법재판소의 견해에 따르면 미국에서 제31대 대통령까지 3선 대통령의 사례가 없는 것은 관습 헌법에 해당한다. 오랜 기간 예외 없이 관행이 존재했고 국민이 이에 동의했기 때문이다. 그런데 제32대 대통령인 프랭클린 루스벨트는 그간의 관행을 깨고 무려 4선까지 했다. 루스벨트는 3선에 도전하면서 개헌 절차를 밟지 않았다. 단지 루스벨트가 3선에 도전했고 국민이 그를 선출했을 뿐이다. 만약 대통령의 3선 금지 관행을 바꾸는 데 개헌 절차가 필요했다면 루스벨트의 3선 도전 행위는 위헌 사항이 되었을 것이다.

이후 미국은 1951년 수정헌법의 제정을 통해 대통령의 연임을 1회로 제한하는 규정을 도입했다(수정헌법 제22조 제1절). 하지만 성문헌법을 제정하여 관행을 개정한 것은 아니다. 관행은 루스벨트의 3선 도전으로 이미 깨졌고 성문헌법은 깨진 관행을 정리했을 뿐이다.[19] 미국에서 대통령의 3선에 도전하지 않는 것을 관습 헌법으로 볼 수 있다면 '대통령의 3선 금지라는 관행의 존재, 루스벨트에 의한 관행의 깨짐, 국민의 지지를 통한 루스벨트의 당선'은 관습 헌법의 개정 과정을 보여주는 좋은 사례가

●●●
19 정연주, 「신행정수도의 건설을 위한 특별조치법 위헌결정에 대한 헌법적 검토」, 한국비교공법학회, 2006

될 수 있다. 특히 미국이 관습법 체계이면서도 성문헌법을 가진 독특한 국가로 미국의 관습 헌법 개정은 매우 중요한 사례일 것이다.

'수도 서울'로 돌아와보면, 대한민국 수도가 서울이라는 관행이 60년 가까이 존재해왔고, 그에 대한 국민의 동의도 일정 부분 인정된다. 하지만 수도 이전을 공약으로 내세운 노무현 후보가 당선되고 행정수도의 이전이 국회에서 압도적 지지로 통과됨으로써 '수도 서울'이라는 관행에 변화가 생겼다. 그동안의 관행이 깨졌고 국민은 관행을 깨는 공약을 내세운 후보를 선출하는 방식으로 동의를 표했다. 루스벨트가 연임 관행을 깼고 국민이 루스벨트를 지지함으로써 관행의 변화에 동의한 것과 마찬가지다.

헌법재판소도 지속되던 관행에 변화가 생겨 국민적 합의를 상실하기에 이르렀다면 관습 헌법이 자연스럽게 개정 또는 폐지될 수 있다는 입장이다. 하지만 헌법재판소의 견해를 자세히 살펴보면 상황의 변화에 따른 관습 헌법의 개정 또는 폐지가 현실적으로 불가능하다는 것을 알 수 있다. 관습 헌법이 개정 또는 폐지되기 위해서는 반드시 국민적 동의에 변화가 있어야 한다. 그러나 헌법재판소는 국민적 동의의 변화를 판단할 수 있는 요건을 제시하지는 않는다. 다만 국민투표를 통해 확인할 수 있으리라는 애매한 입장을 취할 뿐이다. 심지어 헌법재판소는 국민적 동의가 유지되는 한 관습 헌법을 개정 또는 폐지하기 위해서는 성문헌법의 개정 절차에 따라야 한다는 결론까지 도출한다.

헌법재판소의 논리에 따르면 관습 헌법을 개정 또는 폐지하는 방법은 사실상 없다. 대한민국에서 헌법적 판단을 내릴 수 있는 기관은 헌법재판소가 유일하다. 따라서 어떠한 관행에 헌법적 가치가 있는지 여부를 판단할 수 있는 곳 역시 헌법재판소밖에 없다. 관행이 헌법적 가치를 획득하여 관습 헌법의 지위를 가진다면 개헌 절차에 따르면 된다. 하지만 헌법재판소의 결정을 받기 전까지 관습 헌법인지 확신할 수 없기 때문에 무턱대고 개헌 절차를 밟을 수는 없다. 개헌 절차가 진행되는 중 헌법재판소가 관습 헌법이 아니라는 결정을 내린다면 단순한 관행을 대상으로 개헌 절차를 진행한 꼴이 되기 때문이다. 반면 개헌 절차가 아닌, 법률 개정을 통해 관행을 변경하려 한다면 「신행정수도의 건설을 위한 특별조치법」과 같이 위헌 결정을 받을 위험이 따른다.

그렇다면 관습 헌법을 개정 또는 폐지하는 수단은 국민투표나 개헌뿐이다. 그런데 헌법 제72조는 국민투표의 대상을 "외교·국방·통일 기타 국가안위에 관한 중요정책"으로 한정하고 있다. '수도 서울'의 사례에서 보면 수도의 이전은 외교·국방·통일 어디에도 해당하지 않는다. 수도의 이전을 통해 유사시 군사적 대응에 변화가 발생할 수는 있겠지만 이것만으로 국민투표가 필요할 정도의 사항이라고 하기는 어렵다. "기타 국가안위에 관한 중요정책"에 해당하는지가 고려될 수도 있겠지만 수도를 이전하는 것이 국가안위에 큰 영향을 미친다는 것 역시 무리한 해석일 것이다. 결국 관습 헌법의 개정이 "외교·국방·통일 기타 국가안위에 관한 중요정책"에 해당하기는 거의 불가능하다.

관습 헌법을 개정할 수 있는 유일한 방법은 개헌뿐이다. 하지만 개헌은 국회 재적의원 3분의 2 이상 찬성과 국민투표라는 매우 까다로운 절차를 거쳐야 한다. 대한민국이 실질적으로 민주화된 1987년 이후 단 한 차례의 개헌도 없었다는 것만 보아도 개헌이 얼마나 어려운 일인지 알수 있다. 결국 헌법재판소의 견해에 따라 관습 헌법을 개정하는 것은 사실상 불가능해 보인다.

헌법재판소는 관습 헌법이 성문헌법과 동일한 지위를 가진다고 한다.

그렇다면 관습 헌법의 판단은 새로운 헌법을 만들어내는 것과 같다. 헌법재판소는 '수도 서울'이 관습 헌법 사항임을 확인하였을 뿐이라고 주장할 수도 있다. 하지만 '수도 서울'이 헌법재판소의 결정 이전부터 헌법적 가치를 가지고 있었더라도 관습 헌법의 지위를 인정받게 해준 것은 헌법재판소의 결정이었다. 헌법재판소가 헌법적 가치를 부여해준 것에 다름없다. 헌법재판소는 스스로 헌법 제정 권력이 된 것이다. 심지어 헌법재판소가 부여한 관습 헌법의 지위는 어느 누구도 개정할 수 없고, 이와 같은 헌법재판소의 권한은 위헌의 소지를 가지고 있다.

헌법 제130조는 헌법을 개정하기 위해서는 반드시 국민투표를 거치도록 규정한다. 헌법은 국가 최고 규범으로 그 제정권이 국민에게 있기 때문이다. 그런데 헌법재판소는 국회나 대통령과 같이 국민에 의해 직접 구성된 기관이 아니다. 헌법재판소는 대통령, 국회 그리고 대법원장이 각각 3명씩 임명한 9명의 헌법재판관으로 구성된다. 이렇듯 국민에 의해 선출되지 않은 간접 권력인 헌법재판소가 관습 헌법을 통한 헌법을 제정하는 결과를 만든다면 이는 국민의 헌법 제정권을 침해하는 것이다. 국민의 국민투표권 침해를 「신행정수도의 건설을 위한 특별조치법」의 위헌 사유로 제시했던 헌법재판소가 스스로 국민의 헌법 제정권을 침해한 꼴이다.

세종시의 미래

행정수도를 이전하여 서울과 수도권에 집중된 인구와 자원을 지방으로 분산시켜 지역 간 불균형을 해소하려던 계획은 예상치 못한 헌법재판소의 위헌 결정으로 좌절되었다. 노무현 정부는 후속 대책위를 꾸리고 2005년 청와대와 국회, 법원과 국가 안보 관련 기관 등을 이전 대상에서 제외한 수정안을 마련하고 「신행정수도 후속대책을 위한 연기·공주 지역 행정중심복합도시 건설을 위한 특별법」을 통과시키면서 국가 균형 발전 계획을 이어나갔다. 참여정부 말기인 2007년 7월 기공식을 열었고[20] 5년이 지난 2012년 7월 세종특별자치시가 공식 출범했다.

이명박 정부에서 세종특별자치시가 출범하기까지 난관이 만만치 않았다. 노무현 대통령의 참여정부가 끝나고 들어선 이명박 정부에서 행정 부처 이전 계획을 전면 백지화하고 세종특별자치시를 행정중심복합도시에서 교육 중심의 경제 도시로 전환하는 수정안[21]이 제시되었다가 국회 본회의에서 부결되기도 했다. 세종시는 많은 우여곡절 끝에 험난하게 출범했지만, 2019년 현재 인구 33만 명 규모의 도시로 성장했다. 외교와 안보를 제외한 굵직한 정부 부처는 모두 이전을 완료했고, 2019년 2월 행정안전부도 세종시로 이전했다.

서울과 수도권이 돈과 자원과 인재를 블랙홀처럼 빨아들이는 상황에서 벗어나 국가 균형 발전이라는 큰 그림을 그리기 위해 시작된 행정수도 이전은 세종시를 행정중심복합도시로 자리매김했고, 이제 '행정수도'로의 도약을 준비 중에 있다. 정치권이 개헌에 대한 합의점을 찾지 못하면서 불발되긴 했지만 2018년 3월 대통령 개헌안에는 수도 조항이 반영되기도 했다. 정부는 향후 정치권의 헌법 개정 논의 과정에서 행정수도 규정을 반영하기 위해 국민적 공감대 형성에 노력하겠다고 강한 의지를 보였다. 또한 정부와 여당이 세종시에 국회 분원 설치, 대통령 집무실 설

● ● ●

20 YTN 2007.7.20. 「행복도시 '세종' 오늘 기공」
21 서울신문 2010.1.11. 「11일 수정안 발표, '세종시 태풍' 속으로」

대한민국을 발칵 뒤집은 헌법재판소 결정 20

74

치도 추진 중에 있어 행정수도로 거듭나는 데 힘을 싣고 있다.

2004년 헌법재판소의 '관습 헌법' 논리로 위헌 결정이 내려지면서 시작부터 큰 어려움에 처했던 신행정수도의 이전 정책은 애초에 노무현 대통령이 공약한 2030년까지 인구 50만 규모의 행정수도로 만들기 위한 노력이 계속 되고 있다. 이를 위해서는 개헌 안에 수도 조항을 반영해야 하는 과제, 청와대와 국회가 위치한 서울을 포함한 수도권 민심의 반발 등 해결해야 할 과제가 아직 많이 남아 있다. 어려운 길이겠지만, 수도권의 과밀화 현상과 지역 불균형을 해소하고 수도권과 지방 모두 더불어 잘 사는 세상이 되기 위해 '세종시'가 행정수도로 거듭나는 여정이 중단되지 않고 계속 되어야 한다.

'호주'에서 '가족'으로

04 '호주'에서 '가족'으로

● 헌법재판소 2005.2.3. 2001헌가9 결정

헌법재판소 결정 주문

1. 「민법」 제778조, 제781조 제1항 본문 후단, 제826조 제3항 본문은 헌법에 합치되지 아니한다.

2. 위 법률조항들은 입법자가 호적법을 개정할 때까지 계속 적용된다.

미완의 혁명, 호주제 폐지

인생 포기 40세 인모, 결혼 환승 전문 35세 미연, 총체적 난국 44세 한모, 개념 상실 15세 조카 민경 그리고 자식농사 대실패 69세 엄마로 구성된 평균연령 47세의 가족이 있다. 영화 〈고령화 가족〉(2013)의 등장인물이다. 영화감독이었던 인모는 데뷔작부터 흥행에 실패해 월세 보증금까지 까먹고 엄마네 집으로 들어온다. 두 번째 이혼을 하고 세 번째 결혼을 기획하는 미연은 15살 먹은 딸 민경과 함께 엄마네 집에 들어간다. 여기에 건달 생활로 전과까지 달았지만 지금은 후배 건달의 파친코 바지사장으로 돈을 벌고 있는 한모까지 모이면서 엄마네 집은 하루도 잔잔할 날이 없다. 그런데 이 가족은 출생 관계가 남다르다. 인모와 미연은 엄마가 낳았지만 아버지는 다르고, 한모는 남편이 다른 여자와의 사이에서 낳았는데 엄마가 키운 자식으로 인모, 미연과는 피 한 방울도 섞이지 않았다. 이처럼 복잡하게 얽힌 관계라 해도 이들은 분명 가족이다.

호주제는 호주戶主인 아버지를 정점으로 가家라는 관념적 집합체를 구성, 유지하고 이러한 '가'를 원칙적으로 남계 혈통(아들, 손자)에게 대대로 승계시키는 제도를 말한다. 여기서 '가'란 현실의 생활공동체와는 동떨어진 추상적 개념이다. 〈고령화 가족〉의 이 '엄마네'에 호주제를 적용해보면 매우 복잡하다. 한모는 미혼이므로 그의 아버지가 호주인 '가'에 속할 것이다. 만약 아버지가 돌아가셨다면 한모는 스스로 호주가 된다. 인모는 결혼을 했었기 때문에 스스로 호주가 되었을 것이다. 장남이나 외아들은 결혼을 해도 아버지의 '가'에 남는다. 엄마네 집에서 외아들(한모가 엄마의 친아들이 아니기 때문에)인 인모는 만약 그의 아버지가 다른 여자와의 관계에서 낳은 아들이 없다면 결혼을 했음에도 아버지의 '가'에 남아있을 가능성이 있다. 만약 아버지가 돌아가셨다면 엄마네의 호주는 인모가 되고 엄마는 인모의 '가'로 들어가 있다. 미연은 태어나서 한 번도 아버지를 본 적이 없다고 나오고 이혼을 한 상태이기 때문에 스스로 호주가 되었을 가능성이 크다. 마지막으로 미연의 딸인 민경은 엄마와 함께 살지만 아버지의 '가'에 남아있게 된다. 이혼을 하면서 미연만 남편의 '가'에서 나올 뿐 자식은 계속 아버지 쪽에 남아있어야 하기 때문이다. 엄마네 집에서 엄마가 중심이 되어 가족이라는 울타리 속에서 살아가지만 엄마는 호주가 아니고, 자식들은 각기 다른 '가'에 속하는 상황이 벌어진다. 호주제가 폐지되지 않고 유지되는 상황이었다면 〈고령화 가족〉의 엄마네는 가족인데 가족 아닌 가족 같은 가족이 된다.

호주제의 역사, 우리의 전통문화인가?

호주제가 일제의 잔재인지 아니면 우리의 고유한 전통인지에 대해서는 그것의 폐지를 둘러싼 논쟁에서 가장 첨예했던 부분이다. 호주제의 폐지를 주장하는 측은 호주제가 일제의 산물이라고 하는 반면 존속을 주장하는 측은 우리의 오랜 전통이라고 보았다. 호주제가 우리의 전통문화라는 주장이 완전히 틀린 것은 아니지만 엄밀하게 말하면 일본의 호주제가 일제강점기에 우리나라에 도입된 것으로서 우리의 전통문화로 보기 어려운 것이 사실이다.

호주제를 우리의 전통문화라고 주장하는 이들은 조선시대에도 호주제가 존재했음을 근거로 한다. 그러나 조선시대의 호적제도는 「민법」에 규정되었던 호주제와는 달랐다. 조선시대의 호적은 혈연관계가 아닌 실제 거주 상태를 기반으로 작성되었다. 조선시대의 호적대장에서 하나의 호는 반드시 직계가족만으로 구성되지는 않았다. 아버지와 장남이 각각 다른 호에 기재되어 있거나 결혼한 형제 또는 매부, 사위, 처남, 장인, 장모, 조카 등 여러 가족이 동거하는 사례도 있었다. 더 나아가 하나의 호에 가족구성원뿐 아니라 혈연관계가 없는 노비, 고공雇工, 머슴 등 그 집에 사는 사람 모두를 기재하고는 했다. 조선시대 호적대장의 호는 다양한 사정에 따라 한 집에 거처하게 된 상황 그대로를 기재한 것이었다.

조선시대에는 '호주'라는 용어도 없었다. 호적대장에는 주소를 표기한 뒤 바로 그 호의 연장자 또는 적절한 대표자를 기재했다. 대표자는 대체로 가장인 경우가 많았지만 그를 호주라고 부르거나 그에게 법적 또는 현실적 권한이 부여되지는 않았다. 호주승계 제도도 없었다. 호적의 첫머리에 여성이 기재된 경우도 상당수 있었다. 1678년 '단성호적'에 여성이 대표자로 기재된 호는 11.1퍼센트였다.

이렇듯 조선시대 호적은 직계가족으로 구성되지도 않았고 남성 중심의 승계제가 있지도 않았다. 호주라는 개념 역시 없었으며 단지 상식적으로 그 호의 첫머리에 기재됨직한 사람을 앞에 기재했을 뿐이다. 조선 시대 호적은 조세를 거두는 행정자료의 기능이 컸기 때문이다.

현재와 같은 호주제도가 만들어진 것은 일본의 지배를 받기 시작한 뒤의 일이다. 일본에는 조선의 전통제도와는 다른 일본식 가家, いえ 제도에 바탕을 둔 호주제가 있었다. 일본은 1906년 통감부를 설치하고 1909년 3월에 「민적법」을 제정 · 시행함으로써 일본식 호적제도를 조선에 옮겨놓았다.

1909년 도입된 「민적법」은 일본의 근대민법(1898년)에서 창출된 '가'를 바탕으로 만들어졌다. '가'는 봉건시대 일본 무사계급의 가족제도로서 일본 근대민법에서 전 주민에게 적용되었다. 메이지유신 정부는 호주제를 통해 '호'와 '가'의 범위를 일치시키고 개인을 호주와의 관계로 나타냄으로써 '가'를 통해 현실가족을 통제하기 시작했다. 메이지유신 민법이 규정하고 있던 호주의 권리와 의무는 ① 가족에 대한 거소지정권 ② 가족의 입가 · 거가에 대한 동의권 ③ 가족의 혼인 · 입양에 대한 동의권 ④ 통제에 복종하지 않는 가족에 대한 제재로써의 이적권 · 복적 거절권 ⑤ 가족에 대한 부양의무 등이 있었다. 이러한 일제의 제도는 우리 호적제도의 기초가 되었다.[1]

1915년 실시된 개정 「민적법」에서는 실제 거주 상태와 무관한 추상적 '가'의 개념이 도입되었다. 거주 상태와 상관없이 호주를 중심으로 조직되는 '가'는 조선에는 없던 개념이다. 민적부에는 거주지가 아닌 추상적인 가의 소재지를 의미하는 본적지가 함께 기재되었다. 본적 또한 조선에는 없던 것이다.

●●●

1 정지영, 「[오늘에 살아 있는 역사1] 제국의 유산-호주제와 직계가족의 신화」, 내일을 여는 역사 (13), 124~138쪽, 2003

1922년에는 제2차 「조선민사령」 개정으로 가족사항 변화에 대한 기존의 사실주의가 폐지되고 등록주의 원칙이 채택되었다. 결혼, 출생, 사망, 파양, 분가 등 가족사항의 변동은 호적에 그 사실을 기록하여야만 인정받을 수 있게 되었다. 이와 함께 「조선호적령」이 공포되어 「민적법」을 대체하였다. 이로써 호적은 현실 생활공동체를 반영하는 것이 아니라 개인의 신분관계를 공시하는 것으로 바뀌었다.

우리나라에 호주제를 도입하게 한 일본은 1947년 가족법 개혁 때 양성평등에 부합하지 않는다며 호주제를 폐지했다. 우리나라에서는 헌법재판소의 헌법 불합치 결정이 내려지기 전까지 계속 유지되어 60년 가까이 세계에서 유일한 호주제 채택 국가였다. 이후 2005년 3월 2일 호주제 폐지를 골간으로 하는 「민법」 개정안이 국회를 통과했고, 개정 「민법」이 시행되는 2008년 1월부터 우리나라에서 호주제는 사라지게 되었다.

철저히 남성이 중심인 여성차별적 제도

호주제의 가장 큰 문제점은 성차별적 호주승계다. 호주제의 '가'는 관념적인 것으로 구성원의 변동과 상관없이 계속하여 존재한다. 호주가 사망하면 다음 승계권자가 호주의 지위를 승계하여 '가'를 이끈다. 호주승계 순위는 사망한 전 호주의 아들 또는 손자(직계비속—직계로 내려가는 혈족 아들·딸·손자·증손 등 남자), 미혼의 딸(직계비속 여자), 처, 어머니(직계존속—조상으로부터 직계로 내려와 자기에 이르는 혈족 여자), 며느리(직계비속의 처) 순으로 되어 있어 철저히 남성우월적 서열을 매기고 있다. 호주가 사망했음에도 직계비속 남자가 없거나 남자 승계권자 모두 호주승계를 포기하면 여자가 호주를 승계할 수 있다. 그러나 이는 어디까지나 보충적이고 임시적인 호주에 불과하다. 호주를 승계할 직계비속 남자가 끝내 출현하지 않는 경우 그 '가'는 법상 폐가가 된다. 그래서 '가'를 지켜야 한다는 다른 표현으로는 대를 이어야 한다는 이유로 남아선호사상을 부추기게 되었고, 여아 낙태는 비일비재했다.

남편이 죽고 어린 아들이 호주가 되는 데 부적절함을 느낀 엄마가 스스로 호주가 되려다가 벌어진 웃지 못할 일도 많았다. 호주가 사망하면 1개월 내에 호주승계를 신고해야 했다. 남편을 잃은 슬픔이 가시기도 전에 어린 아들이 호주가 되고 자신이 아들의 '가'에 들어가야 한다는 것이 상식적으로 납득되지 않았던 어떤 엄마는 관할 관청에서 상담을 받았다. 관청에서는 아들에게 호주승계 포기각서를 받아오면 가능하다고 알려주었다. 엄마는 이제 막 한글을 배우기 시작한 아이에게 각서를 쓰게 하여 관청에 제출했다. 하지만 각서를 요구했던 관청은 여섯 살 아이의 인지능력을 믿을 수 없어 각서의 효력을 인정할 수 없다며 이를 반려했다.

호주제는 가족의 현실에도 전혀 부합하지 않았다. 아버지의 양육권 포기, 재혼 등으로 아버지와 자녀 간의 교류가 단절되어 있더라도, 자녀 학대, 성추행, 폭행 등으로 가정파탄의 원인을 아버지가 제공한 경우에도, 당사자인 자녀가 아무리 아버지의 '가'를 떠나 어머니의 '가'에 입적을 원하더라도 그 자녀는 여전히 아버지의 '가'에 소속되고 아버지가 자녀들의 호주가 된다. 이혼한 후 어머니와 자녀가 함께 살고 있더라도 아이들의 호주는 아버지이며, 어머니는 주민등록상 '동거인'에 불과하다. 그래서 아이를 데리고 병원을 가든 은행을 가든 언제나 모자관계임을 확인할 수 있는 별도의 서류를 챙겨야 했고, 자신이 어머니임을 증명해야 하는 일을 겪을 때마다 호주제는 수많은 어머니들의 가슴에 생채기를 냈다.

혼외 자식이나 미혼모의 경우 호주제의 남성 중심적 성격은 더 강하게 나타난다. 남편의 혼외 자식은 아내의 동의를 받지 않아도 그의 '가'에 넣을 수 있다. 그런데 아내의 혼외 자식은 남편이 동의해야 그의 '가'에 들어갈 수 있다. 남편이 동의해 준다고 해도 아이의 친부가 동의하지 않으면 아이는 남편의 '가'에 들어갈 수 없다. 미혼모가 자녀를 출산한 경우 생부가 인지하지 않으면 엄마의 '가'에 입적한다. 그러나 생부가 인지하면 엄마와 아이의 의사에 상관없이 생부의 '가'에 입적된다. 생부가 엄마와 혼인할 의사가 없고, 양육하지도 않고 그럴 마음조차 없더라도 생부의 일방적 행위에 따라 아이는 가족관계의 엄청난 변화를 감수해야 하는 것이다.

현재는 호주제 폐지로 자녀의 복리를 위하여 자녀의 성姓과 본本을 변경할 필요가 있을 때에는 부父 또는 모母의 청구로 법원의 허가를 받아 변경할 수 있게 됨으로써 위에서 예로 들었던 가정파탄의 원인을 제공한 아버지의 성과 본을 자녀가 원치 않는데도 불구하고 따라야 하는 불행한 일은 더 이상 없다. 또 이혼 후 어머니가 아이들을 양육하고 아이들도 어머니와 함께 생활하기를 원할 때에는 아이들은 어머니의 성으로 바꿀 수 있고, 어머니도 동거인으로서가 아니라 아이들의 법적 친권자로서의 지위와 권리를 가질 수 있게 되었다. 그러나 애석하게도 호주제가 폐지는 되었지만 아직도 자녀의 성과 본은 아버지의 성과 본을 따르도록 하는 성차별적 부성주의 원칙이 남아있고, 미혼모가 자녀를 자신의 성으로 출생신고를 하고 양육하고 있어도 아버지가 아이를 자신의 자녀로 인지하면 자동적으로 아버지의 성으로 바뀌게 되는 것은 달라지지 않았다.

다만 예전처럼 호적을 파서 아버지의 호적으로 입적하는 일은 없어졌고, 법원에 성 변경 신청을 통해 원래대로 자녀의 성을 자신의 성(미혼모)으로 돌릴 수 있는 길은 마련되었다.

뜨거운 논란 속에서도 예상되었던 결과, 호주제의 위헌 결정

호주제에 대한 비판은 1957년 「민법」을 제정할 때부터 제기되어 왔다. 이후 호주제는 1962년, 1963년, 1977년에 여성계의 강력한 개정운동으로 부분적 개정이 이루어졌다. 1988년 11월에는 김장숙, 이윤자, 신영순, 박영숙 등 여성의원이 중심이 되어 의원 외 152인 연서로 호주제의 전면 폐지를 내용으로 하는 '민법중개정법률안'이 발의되기도 했다.[2] 그러나 국회의 심의 과정에서 호주제도를 존치하되 호주승계의 포기를 도입하고 호주에게 주어졌던 여러 권리를 삭제하는 등의 개선안이 채택되어 1991년 1월 1일부터 시행되었다.[3]

국내에서뿐 아니라 국제사회에서도 호주제는 관심의 대상이었다. 1999년 11월 5일, UN 인권이사회는 호주제가 성평등을 저해한다는 이유로 폐지할 것을 권고사항으로 결의했다. 2000년에는 여성단체연합이 호주제 폐지운동 사이트를 개설하고 여성단체 및 시민사회단체들은 호주제에 대한 위헌소송을 제기하기 위해 청구인단을 모집하기 시작했다.[4] 이에 더해 여성계는 호주제 피해 사례 중 이혼여성의 자녀 입

• • •

2 한겨레 1988.11.13. 「국회 본회의 상정 앞둔 30년래 숙제 가족법 개정 논의 본격화」

3 동아일보 1990.12.10. 「새家族法 점검 (1) 次男도 戸主 될 수 있다」

4 국민일보 2000.8.7. 「여성·시민단체 호주제 폐지운동 본격화」

적과 현재 남편이 호주로 되어 있는 것을 무호주로 변경하기로 한 사례를 택해 총 13건을 서울가정법원과 서울지방법원 각 지원에 접수시켰다. 2001년 4월 서울지방법원 북부지원과 서부지원은 호주제 관련 조항에 대해 위헌심판 제청을 결정하여 호주제에 대한 위헌심판이 진행되었다.[5] 2003년 3월 11일에는 호주제가 위헌이라는 취지의 의견을 국가인권위원회가 헌법재판소에 제출하였다.[6]

위헌법률심판과 함께 입법을 통한 호주제의 개정 시도도 계속되었다. 2003년 5월 27일에는 이미경 의원을 중심으로 발의된 호주제 폐지를 골자로 한 '민법개정안'이 국회에 제출되었다.[7] 그리고 8월에는 호주를 중심으로 한 가족 단위 호적 대신 국민 개개인이 신분을 등록하는 '개인별 신분등록제'의 도입을 골자로 한 법무부의 '민법개정안'이 입법예고되기도 했다.[8]

호주제 폐지에 대한 반대도 상당했다. 2003년 9월 법무부와 여성부가 공동으로 개최한 '민법 개정안 공청회'는 반대 세력에 의해 공청회 자체가 무산되기도 했다.

이렇듯 호주제 폐지를 둘러싼 논란은 매우 뜨거웠다. 하지만 호주제에 대한 헌법재판소의 위헌 결정은 어느 정도 예상되었다. 위헌법률심판에는 국가인권위나 법무부와 같은 관련 정부기관의 의견이 제출되고는 하는데 국가인권위와 법무부 모두 호주제에 대한 위헌의견을 헌법재판소에 제출한 상태였다. 이에 더해 법무부는 호주제 폐지를 골자로 한 「민법」 개정을 추진 중이었다. 법무부 장관은 헌법재판소에 제출한 의견에

• • •

5 김경희, 「호주제 폐지의 논쟁과 전망」, 여성과 사회 (15), 379~392쪽, 2004

6 연합뉴스 2003.3.11. 「인권위, '호주제는 위헌' 의견」

7 오마이뉴스 2003.5.27. 「여야의원 51명, 호주제 폐지 민법개정안 제출」

8 연합뉴스 2003.8.22. 「'호주제 폐지' 법무부안 요지」

서 "가족제도에서 헌법상 인간의 존엄과 가치, 양성평등의 이념을 보다 충실히 구현하고, 기존의 호주를 중심으로 한 가족제도의 사회적 문제를 해결함과 동시에 현실의 다양한 가족형태를 포용하고 국민의 변화된 가족관념과 새로운 가족제도 구성에 대한 국민적 여망을 반영"하기 위해 호주제 폐지 법안을 발의했다고 밝혔다. 여성부 장관과 국가인권위원회 역시 법무부의 입장에 대한 지지를 밝혔다.

관련 국가기관이 모두 위헌의견을 제출하고 호주제 폐지를 골자로 한 정부입법안이 제출된 상태에서 헌법재판소가 호주제에 대해 합헌 결정을 내리기는 어려웠을 것이다. 결국 헌법재판소는 2005년 2월 3일 "호주제는 성역할에 관한 고정관념에 기초한 차별로 호주승계 순위, 혼인 시 신분관계 형성, 자녀의 신분관계 형성에서 정당한 이유 없이 남녀를 차별하는 제도로 호주제가 혼인과 가족제도에 관한 헌법의 최고 가치규범인 양성평성과 개인의 존엄을 해치므로 헌법 제36조 제1항에 부합하지 않는다."라며 헌법에 합치되지 않는다는 결정을 내렸다. 60년 가까이 대한민국 「민법」에 존재해왔던 호주제가 사라지는 순간이었다.

헌법재판소가 호주제를 헌법과 합치되지 않는다고 판단한 이유는 명확했다. 호주제는 철저히 부계혈통 중심의 가족집단을 구성하기 위한 제도로 매우 심각한 성차별적 요소를 가지고 있다고 보았다. 이에 더해 가족집단의 구성을 넘어 개인을 '가'의 유지와 계승을 위한 도구로 전락시켜 인간의 존엄성까지 침해한다고 판단했다. 호주제가 한국의 전통문화라는 주장에 대해서는 숭조사상, 경로효친, 가족화합과 같은 전통사상이나 미풍양속은 호주제와 상관없이 문화와 윤리의 측면에서 얼마든지 계승·발전시킬 수 있다며 반박했다. 호주제가 60년 가까이 「민법」에서 상당히 큰 비중을 차지해왔던 점을 고려해본다면 헌법재판소의 단호한 태도는 그만큼 호주제가 헌법정신에 부합하지 않는 제도임을 상징적으로 보여준다.

호주제 폐지, 미완의 혁명

호주제가 폐지되고 「가족관계의 등록 등에 관한 법률」(가족관계등록법) 이 이를 대체하여 시행되고 있다. 「가족관계등록법」은 호주제의 '가'를 없애고 모든 국민이 저마다의 공부公簿를 가지는 개인별 공부제가 기본이다. 개인별 공부제에서는 국민 개개인의 신분이 기록·관리되고 입증 목적에 따라 필요한 내용만 발췌된 '기본증명', '혼인증명', '가족증명' 등 목적에 맞는 증명서가 발급된다. 그러나 개인을 중심으로 출생, 혼인, 가족관계 등이 기록된다고 해도 「가족관계등록법」이라는 이름에서 알 수 있듯 여전히 호주제와 유사하게 가족관계에 따라 개인의 위치가 정해진다는 비판점은 남아있다.

이 때문에 호주제에 대한 위헌 결정이 내려지고 새로운 신분등록제가 논의될 때 시민사회를 중심으로 출생이나 혼인, 사망 등과 같은 개별사건별(목적별)로 공부를 편제하는 목적별 신분등록제의 도입이 주장되기도 했다. 목적별 신분등록제하에서는 목적에 따른 공부에서 특정 내용만 발췌해 발급을 받는다. 개인이 가족관계 속에 위치해 있지 않으니 가족이라는 이유로 타인의 정보까지 유출될 염려도 없다. 그렇기에 호주제 폐지의 의미를 온전히 살리기 위해서는 개인별(실질적 가족별) 신분등록제가 아닌 목적별 신분등록제의 도입이 필요했다. 2005년에는 인권단체와 시민사회단체를 중심으로 구성된 '목적별 신분등록법 제정을 위한 공동행동'이 출범했고, 이들은 민주노동당과 함께 목적별 신분등록법의 제정을 추진했다. 그해 9월 민주노동당 소속의 노회찬 의원은 목적별 신분등록법인 '출생·혼인·사망 등의 신고와 증명에 관한 법률안'을 국회에 제출했으나 실행되지는 못했다.[9] 결국 법무부가 제출했던 '국적 및 가족관계의 등록에 관한 법률안'을 골자로 한 「가족관계등록법」이 시행되었고 신분등록은 표면상으로는 개인별이지만 실질적으로는 가족별로 이루어지게 되었다.

호주제는 부계혈통을 중심으로 가족을 규정하고 이를 국가가 통제·관리하는 제도로, 단순한 가족관계를 증명하는 수준을 넘어 사회체제를 형성하는 기능을 했다. 그렇기에 호주제의 폐지는 남성 중심, 가족 중심의 사회체제를 근본적으로 변혁하는 것이었다. 하지만 호주제 이후 도입된 신분등록제가 가족 중심으로 이루어지면서 호주제의 '가'는 아니지만 혈연 중심의 가족이 신분등록의 중심에 위치하였다. 이는 우리사회에 아직까지 강하게 남아있는 부계혈통주의와 결합하여 실질적으로 남성 중심의 가족제도를 형성하고 있다. 헌법재판소의 호주제에 대한 위헌 결정으로 형성된 개혁의 기회는 호주제가 형성해 놓은 체제를 유지하고자 했던 보수세력의 저항에 부딪혀 미완으로 남아버렸다.

가족이 가족으로 살 수 있는 세상을 향해

2005년 3월, 「민법」 개정안 가운데 호주제 폐지 법률안이 국회 본회의에서 통과되자 본회의장 앞에서 여성단체 대표들은 만세를 불렀다. 이와

---

9 헤럴드POP 2005.8.22. 「'목적별 신분등록제법' 제정 추진」

달리 '호주제 폐지되면 나라 망한다', '국민 모두 짐승된다'라는 피켓을 들고 전국의 유림은 궐기했다. 호주제 폐지에 대한 찬·반 입장의 온도차를 극명하게 보여주는 모습이다.

호주제가 폐지되면서 가족이 해체되고 전통이 무너지는 등 큰일이 날 것이라는 우려가 있었지만 그런 일은 일어나지 않았다. 그래도 여성단체 50년 가족법 개정운동의 결실이라며 만세를 불렀지만 축배를 들기에는 아직 부족하다. 호주제는 폐지되었지만 여전히 법은 원칙적으로 아버지의 성과 본을 따르도록 하는 부성주의 원칙을 유지하고 있다. 그리고 법에서는 부모와 자녀로 구성된 가족만을 '정상가족'으로 보고 그렇지 않은 현실의 다양한 가족의 형태를 '비정상적 가족'으로 취급하기 때문에 가족이지만 법의 보호 바깥에서 존재하게 된다.

어떤 형태의 가족이든 가족이 가족으로 살 수 있고, 불합리한 남·녀 차별이 없는 성평등한 세상으로 가기 위한 호주제의 완전한 폐지를 위해 지금은 한 걸음 더 내디딜 때이다.

헌법 위에 군림한 '긴급 조치'

05 헌법 위에 군림한 '긴급 조치'

● 헌법재판소 2013.3.21. 2010헌바132 결정

헌법재판소 결정 주문

대통령긴급조치 제1호(1974.1.8. 대통령긴급조치 제1호로 제정되고, 1974.8.23. 대통령긴급조치 제5호 '대통령긴급조치 제1호와 동 제4호의 해제에 관한 긴급조치'로 해제된 것), 대통령긴급조치 제2호(1974.1.8. 대통령긴급조치 제2호로 제정된 것), '국가안전과 공공질서의 수호를 위한 대통령긴급조치'(1975.5.13. 대통령긴급조치 제9호로 제정되고, 1979.12.7. 대통령공고 제67호로 해제된 것)는 모두 헌법에 위반된다.

5·16을 국가 이념으로 만든 박정희의 개헌

임찬상 감독의 영화 〈효자동 이발사〉(2004)는 효자동에서 평범하게 이발소를 운영하다 4·19와 5·16을 거쳐 12·12까지 한국 현대사의 질곡을 모두 겪으며 청와대 이발사로 살아온 성한모라는 가상의 인물을 통해 박정희 정권을 풍자한 블랙코미디다. 극중 정권 말기 박정희는 12년 동안 자신의 머리를 다듬은 성한모에게 "임자도 참 이 일을 오래 하는구먼."이라고 말을 건넨다. 성한모는 무의식 중에 "각하께서도 오래 하십니다."라는 말을 하고는 곧 자신의 실수를 깨닫고는 얼어붙고 만다. 실제로 박정희는 1961년 5월 16일 군사정변으로 정권을 장악한 후 1979년 10월 26일 심복이었던 김재규에게 살해당할 때까지 18년이 넘게 장기 집권했다. 박정희는 집권 기간에 세 차례에 걸친 헌법 개정을 단행했는데 모두 집권 연장을 위한 것이었다. 하지만 집권과 관련된 조항만 변경하는 단순한 개헌은 아니었다. 개헌을 통해 5·16 군사정변의 정당성을 부여하고 국가의 권력구조를 대통령에게 집중시켜 스스로 강력한 권한을 갖고자 했다.

박정희의 첫 번째 개헌은 군사정변 다음 해인 1962년에 이루어졌다. 1962년 개헌은 '5·16 헌법'이라고 불린다. 5·16 군사정변을 계기로 개헌이 이루어지기도 했지만 헌법 전문에 '5·16혁명의 이념'을 넣었기 때문이다. 4·19 민주혁명을 계기로 개헌된 직전 헌법(4·19 헌법)의 전문에는 3·1운동 정신의 계승만 명기되어 있다가 '4·19의거와 5·16혁명의 이념에 입각하여 새로운 민주공화국을 건설'이라는 문구를 새롭게 추가했다. 박정희는 4·19를 근대화 혁명으로 정의하고 5·16을 4·19혁명 공간에 민주 정권을 건설한 또 다른 혁명으로 만들고자 했다.

헌법 전문을 통해 3·1운동과 4·19혁명 정신을 승계했지만 5·16 헌법은 근본부터 민주적 정당성과는 배치되었다. 5·16 군사정변 직후 박정희 세력은 군사혁명위원회를 조직하고,[1] 5월 19일에는 내각을 총사퇴시켰다.[2] 이어 국회까지 해산시켜 입법, 행정, 사법의 3권을 장악하고 2공화국 헌정 질서를 중단시켰다. 박정희는 군사혁명위원회를 국가재건최고회의로 명칭을 변경한 뒤 5월 20일 혁명 내각을 조직했다. 6월 6일 국가재건최고회의는 4장 24개조로 구성된 「국가재건비상조치법」을 제정·공포하여 헌법을 대체했다. 그리고 6월 9일 「국가재건최고회의법」을 제정하여 국가재건최고회의를 국가 최고의 권력기구로 만들고 7월 3일 박정희는 최고회의의장이 됨으로써 자신을 중심으로 모든 질서를 재편했다.[3] 이후 새로운 헌정 질서의 기본 윤곽은 1962년 7월 11일 국가재건최고회의 산하에 구성된 '헌법심의위원회'를 통해 구체화되었다.[4] 헌법심의위원회의 개헌안 작성이 완성되어감에 따라 10월 12일에는 새 헌법의 개헌 절차로 도입된

• • •

1 동아일보 1961.5.16. 「16日(일) 새벽, 군 「쿠데타」 발생 군사혁명위원회를 조직」
2 경향신문 1961.5.19. 「장내각 사임을 보고」
3 경향신문 1961.6.11. 「국가재건최고회의법 공포」
4 경향신문 1962.7.11. 「헌법심의위원회를 구성」

「국민투표법」이 제정·공포되었다. 새 헌법안은 최고회의 의결을 거쳐 12월 17일 국민투표로 확정되었다.[5] 그러나 5·16 헌법은 국회의 해산으로 국민의 대표기관이 부재한 상태에서 국민으로부터 직접적 위임을 받지 않은 9명의 위원과 21명의 민간 위원으로 구성된 헌법심의위원회를 통해 추진된 것으로, 국민주권주의와 권력분립이라는 근대 공화주의의 기본 원칙조차 무시된 개헌이었다.[6]

5·16 헌법은 4·19혁명의 결과로 1960년 11월 29일 개정된 4·19 헌법의 통치구조를 근본적으로 바꿔버렸다. 4·19 헌법은 내각책임제적 요소를 대거 도입하여 대통령의 권한을 축소 또는 분산시키고자 했다. 반면 5·16 헌법은 선출직 부통령제를 두지 않았기 때문에 대통령의 권력이 순수 대통령제에 비해 매우 강력했다. 게다가 대통령은 헌법과 법률상 여러 비선출기구를 둘 수 있었으므로 훨씬 더 막강한 권력을 장악했다. 국무총리를 포함해 중앙정보부, 감사원, 국가안전보장회의, 경제과학심의회의 설치는 견제받지 않는 권력을 대통령에게 집중시켰다. 이렇게 근대 공화주의의 핵심 원리인 권력분립의 원칙은 광범위하게 훼손되어갔다.

또한 국회의원은 임기 중 당적을 이탈하거나 변경한 때 또는 소속 정당이 해산된 때에는 그 자격을 상실했다(5·16 헌법 제38조). 국민으로부터 선출되는 헌법기관인 국회의원이 일종의 임의 조직인 정당으로부터 철저한 통제를 받는 체제였다.[7]

더욱 큰 문제는 국민으로부터 선출되는 국회의 축소에 따른 주권의 제

• • •

5 이성우, 「한국 권력구조개편의 정치」, 고려대학교 정치외교학과 석사학위청구논문, 2006

6 동아일보 1962.7.12. 「헌법심의특별위를 구성」

7 박명림, 「박정희 시기의 헌법 정신과 내용의 해석」, 역사비평, 109~139쪽, 2011

약 및 권력분립과 균형의 심대한 파괴였다. 박정희 정부는 국민의 대표자인 국회의원을 175명으로 대폭 감축했다(5·16 헌법 제36조 제2항, 당시 국회의원 선거법 별표).[8] 그만큼 국회의원의 대표성은 위축되었고 대통령 및 행정부의 권력은 비대해졌다. 권력분립을 통한 균형의 추 자체가 무너진 것이다.

대통령, 한 번 더하자

박정희가 개정한 5·16 헌법에서 대통령의 임기는 4년, 한 차례 중임이 가능했다(5·16 헌법 제69조). 1962년 대통령 직무대행에 이어 1963년 12월 대통령에 취임한 박정희는 규정에 따라 중임을 하더라도 1971년에는 임기가 끝난다. 박정희는 이 임기에 만족하지 못했다. 1967년 총선에서 여당이었던 공화당이 개헌선인 117석을 넘어서자 박정희 정권은 본격적으로 개헌 절차에 돌입했다.[9] 하지만 3선을 위한 개헌에 부담을 느낀 박정희는 1969년 7월 25일 특별 담화에서 "개헌 문제를 통해 나와 정부에 대한 신임을 묻겠다."라고 선언했다.[10] 개헌을 정부 신임과 연계시켜 국민투표를 강행하겠다는 의지였다. 8월 9일에는 대통령의 3선 연임을 허용하고 대통령에 대한 탄핵소추 결의의 요건을 강화하는 한편, 국회의원의 행정부 장·차관의 겸직을 허용하는 내용의 개헌안이 국회에 제출되었다.[11] 국민과 야당은 이 같은 3선 개헌안에 격렬하게 저항했다.

•••

8 동아일보 1963.11.26. 「26일 국회의원 선거」

9 동아일보 1967.6.9. 「공화당, 개헌선 돌파」

10 매일경제 1969.7.25. 「박대통령 특별담화 의의」

11 경향신문 1969.8.9. 「개헌안의 내용」

정부와 여당은 야당인 신민당 의원을 영입하여 개헌 지지선을 확보하고자 했다. 그러자 신민당은 공화당에 포섭된 의원 3명을 제외한 44명의 의원을 모두 제명하고 당을 해산했다. 당시는 당이 해산하거나 의원 개인이 탈당을 하면 자동으로 의원직이 상실되었는데, 이 헌법 조항을 역으로 이용한 것이다. 제적된 국회의원 44명은 무소속 상태가 되기 때문에 당을 해체해도 의원직을 유지할 수 있었고 공화당에 포섭된 3명의 의원직을 박탈시켜 표결을 저지하고자 한 초강수를 두었다.[12]

그럼에도 여당이 개헌안의 의결을 강행하자 야당은 국회 본회의장 점거 농성에 돌입했다. 하지만 여당은 9월 14일 새벽 2시, 3선 개헌안과 「국민투표법」을 국회 본회의장이 아닌 국회 제3별관 특별회의실에서 기습 통과시켰다.[13] 결국 3선 개헌안은 10월 17일 개정된 「국민투표법」에 따라 확정되고 말았다.[14]

3선을 넘어 영구 집권을 향해

3선 개헌을 통해 집권 연장의 발판을 마련했으나 목표에 도달하기까지는 결코 쉽지 않았다. 박정희가 헌법을 개정하면서까지 3선에 도전하자 야당에서는 40대 기수론을 내세운 김영삼과 김대중이 부각되기 시작했다. 김대중은 "논도 갈고 밭도 갈고 대통령도 갈아보자", "10년 세도 썩은 정치, 못살겠다 갈아보자" 등의 구호로 대중의 변화 심리를 일깨웠다. 예

• • •

12 경향신문 1969.9.6. 「신민 해당 성명으로 개헌정국 긴박」
13 매일경제 1969.9.15. 「원외로 옮겨질 주전장」
14 매일경제 1969.10.18. 「개헌안 국민투표 가결」

비군 폐지, 4대국 보장 통일방안, 언론·체육인의 남북 교류 등 당시에는 파격적이면서도 참신한 공약을 내걸었다. 반면 박정희는 또다시 개발 계획과 경제적 혜택 제공이라는 공약을 내세웠다. 부산 지역의 대대적인 개발, 서울 시내 무허가 건물의 양성화, 농가 부채에 대한 연체료 축소, 대대적인 어린이공원 건설 등이 당시 박정희가 쏟아낸 공약이었다.

1971년 대선에서 박정희는 선거 비용으로 600~700억 원을 사용한 것으로 알려졌다. 이는 당시 국가 예산의 10퍼센트에 해당하는 규모다. 또한 3선 개헌에 대한 국민의 의구심을 무마하기 위해 이번이 마지막 출마임을 강조했다. 선거를 이틀 앞둔 4월 25일의 서울 유세에서는 눈물까지 흘리면서 "더 이상 여러분에게 표를 달라고 하지 않겠다."라며 호소했다. 1967년 선거에서도 어느 정도의 지역감정은 있었지만 1971년 선거에서 박정희 정권은 훨씬 노골적으로 지역감정을 부추겼다. '신라 임금을 뽑자'는 선동이 있었고, 심지어 "김대중 후보가 정권을 잡으면 경상남도 전역에 피의 보복이 있을 것이다."라며 공포심을 조장했다. 그럼에도 개표 결과 박정희는 634만 2,828표(53.2%)를 얻어 539만 5,900표(45.3%)를 얻은 김대중과 약 8퍼센트 차이밖에 나지 않아 패배 위기까지 몰렸던 것으로 나타났다.[15]

1971년에 치러진 4·27 대선의 고전은 박정희에게 장기 집권에 대한 위기감을 심어주기 충분했다. 헌법 규정상 3선까지만 허용되었기에 더 이상 대통령에 출마할 수 없었고 야당의 견제는 더욱 거세졌다. 때마침 경제성장률도 한계를 보이기 시작했다. 이 같은 상황에서도 박정희는 영구 집권을 향한 또 한번의 헌정 유린을 감행했다. 1972년 10월 17일 박

●●●
15 조희연, 「박정희와 개발독재시대」, 역사비평사, 2007

정희는 특별 선언을 통해 계엄령을 선포하고 국회를 해산시켰다.[16] 당시 헌법에 따르면 대통령의 국회해산권은 없었다. 이는 결국 헌법적 권한도 없이 자행된 헌정 쿠데타였다.

대학에는 휴교 조치가 내려지고 언론을 검열하는 가운데 헌법 개정이 추진되었다. 10월 26일 국회를 대신한 비상국무회의는 유신헌법을 의결했다. 11월 21일 삼엄한 계엄하에서 개헌안에 대한 국민투표를 실시하여 4공화국 헌법이 공포되었다. 박정희 정권은 이를 유신헌법이라 명했다. 유신헌법은 대통령에게 초헌법적 지위를 부여했다.[17] 대통령의 임기는 6년으로 늘어나고 중임 제한 규정은 삭제되어 박정희 영구 집권의 길이 만들어졌다. 대통령은 국민이 아닌 통일주체국민회의에서 토론 없이 선출되었다.

유신헌법은 5·16 헌법과 마찬가지로 대의기관인 국회를 해산하고 비상국무회의를 통해 제정된 것으로 그 과정에서 헌법 제정권자인 국민과 국민의 대표인 국회는 철저히 배제되었다. 유신헌법의 제정은 당시 헌법학자였던 서울대의 한태연과 중앙대의 갈봉근, 법무부 장관 신직수 그리고 박정희의 총애를 받았던 젊은 검사 김기춘이 주도한 것으로 알려져 있다.

한태연은 2002년 2월 2일 서울대학교에서 개최된 대담회에서 "김기춘 과장이 파리에 가서 1년 있었고, 드골 헌법의 자료를 수집했던 모양입니다. 거기다가 박 대통령이 자기 나름대로 권력구조를 구상했는데, 그중 2개의 핵심 사항이 있어요. 하나는 대통령을 통일주체국민회의에서 선출한다는 것이고 또 하나는 비상조치권입니다. 불란서 헌법 제16조의 비

•••

16 동아일보 1972.10.18. 「헌법기능 비상국무회의서 수행」

17 이성우, 앞의 논문

상대권, 이 양반이 여기에 매력을 느낀 모양이에요. 그것을 골자로 한 헌법 초안이에요. 법무부에 가서 보니까 안이 다 되어 있었어요. 갈봉근 박사랑 김도창 박사랑 같이 갔는데 다 되어 있었어요. 그 법무장관 얘기가 그 골격은 손댈 수 없다고 얘기했습니다. 우린 자구 수정만 하라는 얘기였어요. 별 도리 없이 우린 자구 수정만 했어요."[18]라며 유신헌법이 정부 주도로 작성되었고 학자들은 자구 수정만 했다고 주장했다. 한태연의 말을 곧이곧대로 믿을 수는 없지만 유신헌법이 철저히 국민을 배제하고 밀실에서 만들어졌음을 보여주는 대목이다.

초헌법적 권력을 가진 대통령의 반헌법적 긴급조치

유신헌법은 국민의 재신임 절차 없이 대통령의 영구 집권을 가능하게 했고 이에 더해 대통령의 권한을 강화하는 여러 장치를 마련하고 있었다. 특히 긴급조치권은 국민의 기본권을 제한하고 행정부와 사법부에게까지 영향을 미칠 수 있는 반면 사법 심사의 대상에서는 제외되어 대통령에게 무소불위의 권력을 부여했다.

박정희는 총 아홉 번의 긴급조치권을 행사했다. 이 중 발동된 긴급조치에 대한 해제 명령인 제5호, 제6호, 제8호를 제외하면 실질적 긴급조치는 여섯 번이었다. 2013년 헌법재판소는 긴급조치 제1호, 제2호, 제9호가 헌법에 위배된다고 판단했다. 같은 해 대법원은 긴급조치 제4호 또한 헌법에 위배된다는 판결을 내렸다.[19] 제3호와 제7호를 제외한 유신헌법

●●●
18 이상록, 「'예외상태 상례화'로서의 유신헌법과 한국적 민주주의 담론」, 역사문제연구(35), 511~555쪽, 2016
19 대법원 2013.5.16. 선고 2011도2631 전원합의체 판결

으로 발동된 긴급조치는 모두 헌법재판소와 대법원에 의해 위헌 판단을 받았다. 제3호는 제1호 발동 직후 여론 달래기용으로 국민에게 경제적 혜택을 부여한 조치였다. 이마저도 채 1년이 되지 못해 해제되었다. 제7호는 영장 없는 체포·구금·압수·수색 등 위헌적 요소가 다수 포함되었지만 고려대학교라는 특정 학교를 휴교시킨다는 내용으로, 관련 당사자가 적어 사법 심사가 제기되지 않았을 뿐, 심판을 받았다면 위헌 판단이 유력했다. 결국 유신헌법의 긴급조치는 모두 헌법에 반하는 조치였다.

유신헌법은 국가의 모든 권한을 박정희에게 집중시켜 영구 집권을 완성하고자 국가의 체제 자체를 바꾸려는 시도였다. 국민의 기본권을 광범위하게 제한하면서도 사법 심사 대상에서는 제외되는 대통령의 긴급조치권은 영구 집권을 위한 유신헌법의 핵심이었다. 이런 점에서 대통령 긴급조치에 대한 위헌 판단은 개별 법령에 대한 위헌 판단이라는 의미에 그치지 않고 박정희 체제 전반에 대한 헌법적 정당성을 묻는 사건이기도 했다.

법령명	공포일자	시행일자
대통령 긴급조치 제1호	1974.1.8.	1974.1.8.
대통령 긴급조치 제2호	1974.1.8.	1974.1.8.
국민생활의 안정을 위한 대통령 긴급조치(제3호)	1974.1.14.	1974.1.14.
대통령 긴급조치 제4호	1974.4.3.	1974.4.3.
대통령 긴급조치 제1호와 동 제4호의 해제에 관한 긴급조치(제5호)	1974.8.23.	1974.8.23.
대통령 긴급조치 제3호의 해제조치(제6호)	1974.12.31.	1975.1.1.
대통령 긴급조치 제7호	1975.4.8.	1975.4.8.
대통령 긴급조치 제7호의 해제조치(제8호)	1975.5.13.	1975.5.13.
국가안전과 공공질서의 수호를 위한 대통령 긴급조치(제9호)	1975.5.13.	1975.6.3.

긴급조치 제1호 – 개헌은 입 밖에도 꺼내지 마라

유신헌법이 공포되자 재야인사를 중심으로 헌법 개정 운동이 활발히 진행되었다. 1973년 12월 24일 함석헌, 장준하, 백기완 등 종교계, 학계, 언론계 인사 30여 명은 YMCA 회관 2층 회의실에서 '개헌청원운동 전개를 위한 성명'을 채택하고 '개헌청원운동본부'를 설치하여 100만인 서명운동을 전개했다.[20] 개헌 청원 운동은 곧 범국민운동으로 확산되었다. 그러자 26일, 국무총리였던 김종필은 라디오와 TV 연설을 통해 개헌 운동의 자제를 촉구했다. 급기야 29일에는 박정희가 직접 개헌 운동의 중단을 요구하는 담화를 발표했다.

그럼에도 개헌에 대한 국민의 요구는 멈추지 않았다. 1974년 1월 7일에는 백낙청, 이희승, 안수길 등 문인 61명이 '미래의 한국 문단과 사회에 새로운 풍토를 조성하기 위해 개헌 서명을 지지한다'는 성명을 발표하고 경찰에 연행되는 사건이 발생했다.[21] 하루 뒤인 8일에는 서울대 치대생 50여 명이 개헌 지지 성명을 채택했고[22] 전남대에서는 1,000여 명이 개헌을 지지하는 결의문을 채택하고 가두시위를 벌였다.[23]

국민의 개헌에 대한 요구가 점차 거세지자 유신체제의 유지에 위협을 느낀 박정희는 1974년 1월 8일 긴급조치 제1호와 제2호를 발동했다. 긴급조치 제1호는 유신헌법에 대한 일체의 비판과 개헌에 관한 요구를 금지하는 내용이었다. 위반 시 15년 이하의 징역에 처한다는 처벌조항도 포함되었다. 개헌 서명을 주도했던 장준하와 백기완은 긴급조치 제1호

●●●

20 동아일보 1973.12.24. 「재야인사 30명 '민주주의 회복위해' 개헌청원 백만인서명운동」
21 동아일보 1974.1.8. 「개헌 지지 연행문인 10여 시간 뒤에 풀려」
22 동아일보 1974.1.8. 「서울 치대생 50여 명 개헌지지 성명 채택」
23 동아일보 1974.1.8. 「전남대 천 명 데모 개헌지지 등 결의문 채택」

로 1월 15일 구속되었다.[24] 2월 1일 검찰은 이들에게 각각 징역 15년을 구형했다.[25] 이튿날 비상군법회의는 검사의 구형과 같은 징역 15년을 선고했다.[26] 긴급조치 제1호의 첫 번째 위반자였던 장준하와 백기완은 헌법 제정권자인 국민으로서 주권자의 정당한 권리인 헌법에 대한 개정을 주장했다는 이유로 징역 15년을 선고받아야 했다.

긴급조치 제1호의 발동은 오로지 유신헌법의 유지가 목적이었다. 국민에게 개헌에 대한 요구 자체를 금지시켜 박정희의 집권을 공고히 하겠다는 의도였다. 그러나 국가 최상위 규범인 헌법의 제정권자는 국민이다. 국가권력의 정당성은 국민으로부터 나온다. 그런데 헌법 제정권자인 국민에게 현행 헌법에 대한 비판과 개정 요구를 금지시키는 것은 국민주권주의라는 근대 입헌민주주의의 근본적 원리를 부정하는 일이다. 국민주권주의를 부정하고 권력의 정당성을 국민의 동의가 아닌 억압을 통해 이루고자 했던 긴급조치 제1호는 민주주의를 정면으로 부정하는 행위였다.

긴급조치 제1호는 국민의 입을 아예 닫아버리려고 했다. 유언비어 유포 행위를 처벌 대상으로 규정했는데, 유언비어라는 개념 자체가 매우 추상적이어서 어떤 대화가 처벌 대상이 되는지 예측할 수 없었다. 영장 없이도 체포, 구속, 압수, 수색이 가능하다는 조항이 더해져 사람들은 언제든 처벌될 수 있다는 공포에 떨어야 했다. 다음과 같은 실제 위반 사례를 보면 일상적 수준의 대화까지 처벌된 것을 알 수 있다.

강원도 속초시에서는 동석한 사람들과 물가 문제와 사회 정세 등을 이

• • •
24 경향신문 1974.1.16. 「장준하 · 백기완씨 구속」
25 동아일보 1974.2.1. 「비상군법회의 장준하 · 백기완 피고에」
26 동아일보 1974.2.2. 「장준하 · 백기완 피고에 징역 15년 선고」

야기하다 "정부가 물가를 조정한다면서 물가가 오르기만 하니 정부가 국민을 기만하는 것이 아니냐? 중앙정보부에서 모 대학교수를 잡아 조사를 하다 때려죽이고서는 자살했다고 거짓발표를 했다. 그래서 학생들이 데모를 하니 이후락이를 영국으로 도망보냈다."라고 말했다는 이유로 유언비어 날조 유포 혐의가 적용되어 징역 5년을 선고받았다.

버스에서 알게 된 고3 여학생에게 "수출 증대는 선량한 노동자의 피를 빨아먹는 일이다. 수배 학생을 숨겨준 여학생을 수사기관에서 끌고가 잔인하게 고문했다. 미국이나 일본에서 한국을 방문하면 돈으로 매수하고 있다. 유신헌법 체제하에서는 민주주의가 발전할 수 없으니 일본에 팔아넘기든가 이북과 합쳐져 나라가 없어지더라도 배불리 먹었으면 좋겠다."라고 말을 건넨 이는 '유언비어 날조와 북괴 찬양 및 동조함으로써 대한민국 헌법을 비방한 혐의'가 적용되어 긴급조치 제1호와 「반공법」 위반으로 징역 7년을 선고받았다.[27]

긴급조치 제4호 – 민청학련에 대한 탄압

국제법학자협회는 1975년 4월 9일을 '사법사상 암흑의 날'로 선포했다. 이날은 '인민혁명당 재건위원회' 사건 연루자 8명이 대법원의 사형판결 18시간 만에 형장의 이슬로 사라진 날이다. 국제 앰네스티도 한국관계 보고서에서 인민혁명당 재건위원회 사건에 대한 조작 의혹을 제기했다. 대한민국 현직 판사 300여 명을 대상으로 1995년에 실시한 설문

• • •
27 오마이뉴스 2007.1.31. 「판사 제 역할했다면 유신체제 유지 불능」

조사에서는 가장 수치스러운 재판으로 이 사건이 선정되었다.[28]

긴급조치 제1호의 발동에도 불구하고 유신에 대한 국민의 저항은 더욱 거세졌다. 유신 반대 투쟁은 점차 박정희에 대한 반대로 이어졌다. 유신 반대 투쟁이 격해지자 박정희는 전국민주청년학생연맹(민청학련)을 주동 세력으로 몰아붙이고[29] 인민혁명당 재건위를 민청학련의 배후 세력으로 지목했다.[30] 이어 박정희 정권은 4월 3일 긴급조치 제4호를 발동했다. 이는 오로지 민청학련의 처벌을 위한 조치였다.

긴급조치 제4호는 민청학련과 관련된 모든 행위 금지, 학생의 출석·수업 또는 시험의 거부 및 학교 내외의 집회·시위·성토·농성 기타 일체의 개별적·집단적 행위 금지, 긴급조치 위반자가 소속된 학교의 폐교 처분 가능, 긴급조치 위반 시 최고 사형까지 선고 가능 등의 내용을 담고 있었다.

중앙정보부는 민청학련과 관련하여 1,204명을 조사하여 그중 253명을 비상군법회의에 송치했다. 이 중 180명이 기소되었다. 7월 11일 비상보통군법회의는 인민혁명당 재건위 관련자 중 서도원, 도예종 등 7명에게 사형, 김한덕 등 8명은 무기징역, 나머지 6명에게는 징역 20년을 각각 선고했다. 7월 13일에는 민청학련 관련자 이철, 유인태, 여정남, 김병곤, 나병식, 김지하, 이현배 등 7명에게 사형, 유근일 등 7명에게는 무기징역을 선고했다. 1974년 11월 집계로 민청학련, 인민혁명당과 관련하여 처벌을 받은 사람은 169명에 달했다.[31]

• • •
28 한겨레 2005.2.3. 「'인혁당·민청학련사건' 개요·쟁점」
29 동아일보 1974.4.6. 「민문교, 민청학련 정체설명 4·19기해 변란기도」
30 매일경제 1974.4.25. 「신정보부장 정부전복 국가변란 기도」
31 진실·화해를 위한 과거사정리위원회 〈2006년 하반기조사보고서〉

긴급조치 제7호 – 목표는 고려대학교의 휴교령

1974년 8월 23일 긴급조치 제1호와 제4호가 긴급조치 제5호의 발동으로 해제되었다. 긴급조치가 해제되자 유신 반대 시위는 더욱 불타올랐다. 1975년 4월 7일에는 고려대학교 학생 2,000여 명이 교내에서 유신 반대 시위를 벌이는 사건이 발생했다. 이튿날 이들은 대강당에 모여 '석탑자율화선언문'과 '연세인에게 보내는 글'을 발표했다.[32]

고려대생들의 반대 시위가 계속되자 박정희 정권은 즉시 긴급조치 제7호를 발동하여 고려대학교를 휴교시켜버렸다. 이로 인해 교내에서 일체의 집회·시위가 금지되었다. 위반 시 10년 이하의 징역이 가능했다. 또한 교내 질서 유지를 위해서는 병력을 동원할 수 있다는 규정도 포함되었다. 오로지 한 학교의 문을 닫기 위해 긴급조치가 내려졌고 학교에서 시위를 하는 학생들을 진압하기 위해 병력까지 동원하려 했던 것이다.

긴급조치 제9호 – 긴급조치의 집대성

1975년 4월 7일 고려대학교의 휴교를 내용으로 하는 긴급조치 제7호가 발동되었음에도 대학생들의 반유신 투쟁은 계속되었다. 4월 11일에는 서울대 농대에서 열린 시국성토대회에서 축산과 4학년에 재학 중이던 김상진이 양심선언문 낭독 후 할복하는 사건이 발생했다.[33] 김상진에 대한 추모가 전국적으로 이어지자 박정희 정권은 추도식을 막고 시신을 화

● ● ●

32 동아일보 1975.4.8. 「어제 천 5백 명 오늘 2천여 명 고대생 이틀째 데모」
33 동아일보 1975.4.12. 「성토대회 때 … 서울 옮기다 서울 농대생 할복 … 절명」

장해버렸다.[34] 그러나 일주일여 후 4·19 혁명 15주년이 도래하면서 김상진에 대한 추모 분위기는 뜨거워졌다. 전국 곳곳의 4·19 기념식장에서 김상진의 사진과 유언장이 전시되며 그 열기는 식지 않았다.[35]

유신 반대 움직임이 점차 활발해지자 박정희 정권은 1975년 5월 13일 긴급조치 제9호를 발동했다. 이는 박정희가 살해당한 1979년 10월 26일 이후까지 계속되다 1979년 12월 8일 해제되었다. 박정희 정권 말기에 권력을 유지하는 가장 중요한 수단으로 기능한 긴급조치 제9호는 집회·시위는 물론 신문·방송·문서 등의 표현물에 의한 유신헌법의 부정·반대·왜곡·비방, 개정 및 폐기 주장, 청원·선전하는 행위 일체가 금지되었다. 그동안 발동된 긴급조치의 집대성이라 할 만했다.

긴급조치 제9호가 4년 이상 시행되는 동안 974명이 처벌되었다. 무죄를 선고받았거나 불기소 처분된 이들까지 합치면 피해자의 규모는 훨씬 클 것이다. 긴급조치 제9호는 담고 있는 내용만큼이나 처벌도 광범위하게 이루어졌다. 일례로 어느 중화요리사는 지인과 술을 마시다 시비가 붙어 신고를 받고 출동한 경찰에게 "너희들이 무엇인데 나를 가자고 하느냐, 대통령한테 가서도 할 말이 있다, 누가 공화당표를 찍어 대통령을 시켰는지 모르겠다."라는 말을 했다는 이유로 징역 10년을 선고받기도 했다.

타는 목마름으로

집회나 시위 등 표현의 자유를 금지함으로써 수많은 국민을 범죄자로

• • •

34 동아일보 1975.4.14. 「신민 김총재 밝혀 할복자살 농대생 추도식 막고 화장」

35 동아일보 1975.4.19. 「4·19를 담은 생생한 사진에 새삼 숙연」

만든 유신헌법 긴급조치의 반헌법적 움직임의 최종 집대성이라고 할 수 있는 긴급조치 제9호가 발동되고 해제된 지 40여 년이 흘렀지만, 아직까지도 긴급조치의 피해자들에 대한 배상은 이루어지지 않았다. 그리고 앞으로도 배상을 받을 길이 막막해져 버렸다. 현재 사법농단 혐의로 구속되어 재판을 받고 있는 양승태 전 대법원장 시절 있었던 대법원의 정치적 판결 때문이다.

대법원은 2015년 3월 26일(주심 권순일 대법관) '긴급조치는 위헌이지만 긴급조치 발령은 고도의 정치적 행위로 국가가 배상할 필요가 없다'는 해괴하기 짝이 없는 판결을 내림으로써 긴급조치 피해자들의 국가 배상을 원천봉쇄해버렸다.[36] 이런 모순된 판결 뒤에는 상고법원 도입을 위한 대법원과 박근혜 정부 사이의 검은 거래가 있었다. 2015년 8월 양승태 대법원장은 청와대에서 박근혜 대통령과의 면담 때 상고법원 도입 필요성을 설명했고, 긴급조치 배상 판결을 국정 운영 협조 사례로 든 사실이 조사 결과 밝혀졌다.[37, 38] 자신들이 목표로 하는 상고법원 추진을 위해 재판의 독립도 내팽개친 채 박정희 유신 정권에 면죄부를 주고, 국가권력의 희생자들에게 또다시 해서는 안 될 정치적 판결을 내린 것이다.

통일문제연구소 소장 백기완 등 긴급조치 피해자들은 긴급조치 제1호와 제9호 발령 행위에 대한 국가 배상 책임을 부정한 대법원 판결을 취소해달라는 헌법 소원을 냈지만, 2018년 8월 30일 헌법재판소는 재판관 7 대 2 의견으로 각하했다.[39] 헌법재판소의 각하 결정으로 대법원 스스로 입장을 바꾸지 않는 이상 긴급조치 피해자들이 국가 배상을 받을 길

• • •
36 대법원 2015.3.26. 선고 2012다48824
37 한국일보, 2019.4.29. 「청춘 짓밟은 '유신정권 긴급조치' … 배상 막은 양승태 대법」
38 뉴스1 2019.1.11. 「40여 년 꽃길만 걸어온 양승태, '대법원장→피의자' 추락」
39 헌법재판소 2018.8.30. 2015헌마861

은 사실상 막혀버렸다.[40]

양승태 대법원의 사법농단 재판은 이제 시작되었고, 재판 결과가 어떻게 끝날지도 미지수이다. 결국 결자해지만이 답이다. 긴급조치 피해자에 대한 국가 배상 문제 해결은 대법원의 몫이다. 늦었지만 더 늦기 전에 역사와 국민 앞에 더 이상 죄를 짓지 않기 위해서도 철저한 반성과 각성을 바탕으로 해결의 실마리를 찾아야 한다.

유신헌법 시대 민주주의에 대한 타는 목마름이 있었다면 지금은 사법 정의에 대한 타는 목마름이 있다.

유린된 헌정 질서의 회복

2007년 1월 31일 진실·화해를 위한 과거사진상규명위원회는 〈긴급조치 위반사건 판결분석 보고서〉를 통해 긴급조치 관련 판결 1,412건의 내용과 관련 판사 492명의 명단을 공개했다. 공개된 판사 중 10여 명은 대법관과 헌법재판소 재판관 등 지법원장 이상 고위직에 재직 중이었다.[41] 진실·화해위의 긴급조치 관련 판결 공개는 즉시 논란에 휩싸였다. 보수언론을 중심으로 포퓰리즘적 행태, 마녀사냥, 명예훼손, 모욕 등의 비난이 일었다. 그러나 진실·화해를 위한 과거사진상규명위원회의 보고서는 특별한 조사를 진행한 것이 아니라 이미 공개되어 있는 판결문을 수집·분류한 것뿐이었다.

• • •

40 대법원이 기존 판례를 뒤집으려면 전원합의체를 통해야만 한다. 전원합의체는 대법원장과 대법관 13명으로 구성되며 의결은 대법관 전원 3분의 2 이상의 출석과 출석인원 과반수의 찬성으로 이루어진다.
41 경향신문 2007.1.30. 「진실화해委 31일 '긴급조치 판결' 판사명단 공개」

진실 · 화해를 위한 과거사진상규명위원회의 긴급조치 판결 공개가 극심한 논란을 불러일으킨 것은 박정희, 특히 유신체제에 대한 평가가 제대로 이루어지지 않았기 때문이다. 과거 정권에 대한 평가는 정권 자체에 국한되어서는 안 된다. 긴급조치와 같은 반헌법적 폭압 정치는 박정희뿐만 아니라 무리하게 기소한 검찰과 검찰의 기소와 정부의 요구대로 판결한 사법부의 협조가 있었기에 가능한 일이었다. 실제로 유신체제의 사법부 내에서도 긴급조치의 위법성에 대해 고민이 많았던 것으로 보인다. 그러나 소신에 따라 긴급조치 사건을 판결한 판사들은 불이익을 감수해야 했다. 이영구 변호사(당시 서울지법 영등포지원 부장판사)는 수업 중정권을 비방한 혐의(긴급조치 제9호 및 반공법 위반)로 기소된 교사에게 무죄를 선고했고, 양영태 변호사(당시 광주고법 판사)는 박정희 대통령을 비방한 혐의 등으로 1심에서 징역 3년에 집행유예 5년을 선고받은 한 농민의 항소심에서 무죄를 선고했다. 그 결과 이영구 변호사는 그해 말 지방으로 좌천성 발령이 났고 한 달 만에 스스로 법복을 벗어야 했다. 양영태 변호사도 그해 말 대법원 재판연구관으로 발령이 나지 않고 고등법원에 2년 정도 더 머물러야 했다.[42]

긴급조치 관련 판사 명단의 공개는 박정희 정권에 대한 평가의 일부로 볼 수 있다. 진실 · 화해를 위한 과거사진상규명위원회의 〈긴급조치 위반사건 판결분석 보고서〉에 대한 비난은 과거사의 올바른 정립에 대한 저항이기도 했다. 이러한 의미에서 2013년 헌법재판소와 대법원의 긴급조치에 대한 위헌 의견은 과거사에 대한 올바른 정립과 평가라는 측면에서 매우 중요한 사건이었다. 하지만 헌법재판소는 재판의 전제가 된 긴

● ● ●
42 한겨레 2007.1.31. 「긴급조치 소신 판결' 판사는 좌천 · 법복 벗어」

급조치 제1호, 제2호, 제9호에 대한 위헌 판단만 했다. 대법원 역시 사건과 관련된 제4호에 대해서만 위헌 의견을 밝혔다. 헌법재판소와 대법원이 사건과 직접적으로 관련되지 않은 사안에 대해 의견을 밝히는 것이 어려울 수는 있다. 그러나 유신체제에 대한 사법적 판단의 기회가 미완에 그쳤다는 안타까움은 어쩔 수 없다.

박정희 정권은 집권 기간에 집권 연장을 주목적으로 세 차례 개헌을 단행했다. 특히 유신헌법은 대통령에게 초헌법적인 권한을 부여했다. 이는 아홉 번의 대통령 긴급조치로 이어졌고 수많은 국민의 억울한 옥살이를 초래했다. 긴급조치 제1호, 제2호, 제4호, 제9호는 헌법재판소와 대법원으로부터 위헌 의견을 받았지만 이것만으로 박정희에 대한 한국 사회의 논란이 해명되기는 역부족이다. 긴급조치 관련 판결을 선고한 판사들이 자신의 판결이 수집·정리되어 공개되는 것을 꺼린 것은 사법부 스스로 그 판결을 부끄럽게 느꼈기 때문이다. 전직 대통령의 고향에는 그에 대한 대대적인 기념 사업을 추진하려는 지방정부와 시민단체 간 갈등이 발생하고 있다.[43, 44] 이와 같은 일들은 과거사가 제대로 평가되었다면 피할 수 있는 소모적 갈등이다. 유신체제 전반에 대한 위헌성 판단을 거부한 헌법재판소의 판단에 아쉬움이 남는 부분이다.

• • •

43 아시아경제 2017.7.13. 「박정희 우표 번복사태 ⋯ '이념의 전쟁터' 돼버린 우표」

44 서울신문 2017.8.9. 「'새마을공원' 운영 年30억 ⋯ 경북·구미 '네가 맡아라'」

친일 청산에 시효는 없다

06 친일 청산에 시효는 없다

> ● 헌법재판소 2013.7.25. 2012헌가1 결정

헌법재판소 결정 주문

1. 「친일반민족행위자 재산의 국가귀속에 관한 특별법」(2011.5.19. 법률 제10646호) 부칙 제2항 본문에 대한 위헌법률심판 제청을 각하한다.

2. 「친일반민족행위자 재산의 국가귀속에 관한 특별법」(2011.5.19. 법률 제10646호로 개정된 것) 제2조 제1호 나목 본문은 헌법에 위반되지 아니한다.

친일 잔재라는 역사의 어두운 그림자

2015년 개봉한 영화 〈암살〉은 대한민국 임시정부가 보낸 안옥윤, 황덕삼, 속사포 세 명의 대원이 조선 주둔 일본군 사령관 가와구치 마모루와 일제에 붙어 엄청난 재산을 축적한 친일파 강인국을 암살한다는 내용이다. 순조롭게 진행되던 암살 작전은 대한민국 임시정부 경무국 대장인 염석진의 밀고로 탄로나 위기를 맞는다. 폭탄 전문가 황덕삼이 작전 도중 일본군의 총에 맞아 사망하고 저격수 안옥윤은 총상을 입은 채 겨우 살아남는다. 안옥윤과 속사포는 여기서 포기하지 않고 목숨을 건 2차 작전을 감행한다. 결국 작전은 성공하지만 속사포는 작전 중 밀정인 염석진의 총에 맞아 목숨을 잃고 만다.

1945년 8월 15일, 일본의 항복으로 조선은 해방을 맞이했다. 동지를 배신한 염석진은 해방된 조국에서도 고위직 경찰로 승승장구한다. 친일 부역에 대한 죄를 묻는 재판에서 무죄를 선고받고 당당히 법정을 걸어나온 염석진은 안옥윤과 자신의 손에 죽은 줄 알았던 옛 부하 명우를 맞닥뜨린다. 총을 겨눈 채 "왜 동지를 팔았냐?"는 안옥윤의 추궁에 염석진은 "몰랐으니까, 해방될지 몰랐으니까. 알면 그랬겠나?"라고 되묻는다.

〈암살〉의 염석진은 결국 안옥윤의 총을 맞고 죽는다. 조국을 팔아먹은 자에 대한 응징이었다. 안옥윤이 염석진을 응징하는 이 장면이야말로 한국 현대사의 비극을 상징적으로 보여주는 장면이다.

제대로 되었다면 민족 반역자 염석진은 해방 후 「반민족행위처벌법」에 따라 재판을 받아야 했다. 그러나 오히려 고위직 경찰이 되었던 그는 핵심 증인을 법정 대기실에서 살해하는 등 자신의 권력을 동원해 무죄를 선고받는다. 극중에는 나오지 않지만 염석진을 기소한 반민족행위특별조사위원회(반민특위)는 정부와 친일파의 조직적 방해로 본격적인 활동을 시작하기도 전에 해체되고 말았다.

〈암살〉에서는 항일독립운동 세력인 안옥윤이 친일파 염석진을 응징했지만 현실은 그렇지 못했다. 반민특위를 해체시킨 친일 세력은 해방된 조국에서도 여전히 권력을 장악한 반면 항일독립운동 세력은 계속해서 힘들게 살아가야 했다.

2017년 초 개봉해 정치검찰의 민낯을 들추어낸 영화 〈더킹〉에서 정치검찰로 승승장구해 검사장 자리에까지 오른 한강식은 정치검찰의 길에서 망설이는 박태수에게 "역사를 좀 봐. 권력 옆에 붙어! 친일파들 다 떵떵거리고 살잖아. 독립운동가 자손들, 월 60만 원 지원금 없으면 다 굶어 죽어!"라며 비열해질 것을 강요한다.

영화 속 대사이긴 하지만 안타깝게도 한강식의 말이 현실이다. 친일파들은 일제강점기 축적한 부와 권력을 대한민국에서도 그대로 이어온 반면 전 재산을 쏟아부으며 독립운동에 투신했던 이들의 자손은 해방된 조국에서도 가난에 시달려야 했다.[1] 친일파 청산에 실패하여 형성된 권력 구도는 오늘날까지 대한민국 역사를 관통해 계속하여 갈등 상황을 만들고 있다. 2012년 헌법재판소의 「친일반민족행위자 재산의 국가귀속에 관한 특별법」(친일재산 귀속법)에 대한 위헌 심판의 과정 속에 그 갈등은 고스란히 드러난다.

미군정기 입법의회의 친일파 청산 시도

일제강점 말기 국내외 민족해방운동 진영은 일제로부터 독립한 새로운 국가를 준비하기 시작한다. 새로운 국가의 모습을 구상하며 강령을 만들었는데, 그 전제가 친일 세력의 청산이었다. 친일 세력 청산에는 친일파 재산의 몰수가 포함되었다. 1936년 조국광복회 강령의 "매국적 친일분자의 모든 재산과 토지를 몰수하여 독립운동 경비에 충당하고 그 일부로 빈곤한 동포를 구제할 것."(제4항), 1938년 조선민족전선연맹 강령의 "일본제국주의자와 매국적 친일파의 일체 재산을 몰수한다."(제3항), 1941년 임시정부 건국 강령의 "부적자의 소유자본과 부동산 일체를 몰수하여 국유로 함."(제3장 건국의 제6조 나항) 등은 친일재산 몰수를 규정한 대표적 강령들이다.

그러나 1945년 일제의 패망이 연합국에 의해 이루어지면서 조선인들은 해방된 국가 건설의 주도권을 행사하지 못했다. 이에 더해 일제강점기 민족해방운동 세력들이 좌우로 분열되면서 통일된 정부 구성의 실패

---

1 국민일보 2017.8.13. 「서대문구, 독립유공자 등 후손에 공공임대주택 제공」

는 분단 국가의 고착화로 이어졌다. 친일파 청산이라는 과제 역시 좌우 분열의 공간 속에서 제대로 수행할 수 없는 조건이 형성되었다.[2]

남한에서 해방 직후 친일반민족행위자 숙청을 제도적으로 구현하고자 한 첫 번째 시도는 입법의원에서 있었다. 입법의원은 광복 후 미군정이 설립한 과도적 입법기관이었다. 미군정은 1946년 12월 13일 남조선 입법의원을 개원시켰다.[3] 입법의원은 개원 초기부터 '부일협력자 · 민족반역자 · 전범 · 간상배에 대한 특별 법률 조례(부일협력자 등 처벌 조례)'의 제정에 대한 논의를 시작했다. 그러나 입법의원에서 제정한 법령은 미군정장관이 동의해야 효력이 있기 때문에 일반적인 국회의 기능과는 현격한 차이가 있었다. 따라서 입법의원은 미군정의 입법 자문기관에 불과해 친일파 청산에는 근본적인 한계가 있었다. 더욱이 미군정은 친일파들의 기술 능력과 행정 경험을 높이 평가해 그들을 계속 기용하고자 했다. 그런 이유로 미군정은 친일파 청산에 매우 소극적인 태도를 취했다.[4]

입법의원에서 '부일협력자 등 처벌 조례' 초안이 만들어지자 미군정은 조례가 통과되면 사회에 큰 혼란이 예상된다며 부정적 입장을 피력했다. 급기야 미군정 사령관 하지John Reed Hodge는 입법의원에 출석해 "친일파 처리는 조선인이 해결할 문제이며 자신은 누가 친일파인지 알 수 없다."라고 말하며 친일파 문제를 처리할 의지가 없음을 분명히 했다.[5] 그럼에도 1947년 7월 2일 입법의원에서 '부일협력자 등 처벌 조례' 최종안을 제출했으나 미군정은 인준을 미루다 5개월여 후인 11월 27일, 결국

● ● ●

2 국회법제사법위원회, 「친일파의 축재과정에 대한 역사적 고찰과 재산환수에 대한 법률적 타당성 연구」, 2004

3 경향신문 1946.12.13. 「과도입법의원개원식 작일, 성대히 거행」

4 김기창, 「친일재산 환수의 쟁점과 의의」, 법과사회이론학회, 법과 사회 49권0호, 69~102쪽, 2015

5 허종, 「1947년 남조선과도입법의원의 「친일파 처벌법」 제정과 그 성격」, 한국근현대사연구 12, 150~179쪽, 2000

거부했다.[6] 이로써 해방 후 첫 번째 친일파 청산 시도는 무산되고 말았
다.

 '부일협력자 등 처벌 조례'의 주요 내용은 '민족반역자'에 대해서는 사
형, 무기 또는 10년 이하의 징역과 재산의 필요적 몰수, '부일협력자'에
대해서는 5년 이하의 징역형과 재산의 선택적 몰수, '간상배(8·15해방 이
후 악질적으로 경제를 교란하여 국민 생활을 곤란하게 한 사람)'에 대해서는 5
년 이하의 징역형과 벌금형 등이었다.[7]

 '부일협력자 등 처벌 조례' 제정 무산의 직접 원인은 미군정의 거부였지
만 친일파들의 노골적 방해 공작이 큰 영향을 미쳤다. 친일파들은 '부일
협력자 등 처벌 조례'에 적극적이었던 정이형, 신기언, 김호 등 관선의원
들에게 지속적으로 협박을 가했다. 민선의원들에게는 거액의 뇌물을 제
공하며 '부일협력자 등 처벌 조례'의 폐지를 청탁했다. 친일파였던 이종형
은 민중당을 동원해 '부일협력자 등 처벌 조례' 반대 집회를 개최하고 법
률 제정을 비난하는 메시지와 결의문을 미군정 장관인 러치A. L. Lerch에
게 전달하기도 했다.[8]

반민특위의 와해

 '부일협력자 등 처벌 조례'가 무산되자 친일파들의 기세가 오르기 시작
했다. 대한민국 정부를 수립하는 과정에서 다시 친일파들이 기용될 조짐

• • •

6 경향신문 1947.11.28. 「민족반역자부일협력자 조례도 인준거부」
7 김기창, 앞의 글
8 허종, 앞의 글

까지 보였다. 이에 반민족행위자를 처벌하고 민족 정기를 바로잡기 위한 특별법을 제정해야 한다는 주장이 제기되었다. 1948년 5월 10일 미군정 하에서 총선거로 국회가 구성되고, 8월 6일에는 국회에서 '반민족행위처벌법 기초특별위원회(반민특위)'가 만들어졌으며,[9] 9월 1일에 '부일협력자 등 처벌 조례'를 기반으로 한 「반민족행위처벌법」(반민법)'이 통과되었다.[10]

반민특위는 1948년 조직된 반민족행위특별조사위원회의 약칭이다. 반민특위는 친일 행위를 한 자들에 대한 색출과 조사, 기소, 선고에 이르기까지 반민족 행위에 대한 전반적인 조사 활동을 수행했다. 반민특위는 특별조사위원회와 특별재판부를 기본 구조로 하고, 산하에 각 도별로 지방위원회를 두었다. 조사위원은 각 도에서 1명씩 호선된 10명의 국회의원으로 구성되었다.[11] 국회는 특별재판관 15명과 특별검찰관 9명 및 중앙사무국의 조사관과 서기관을 임명하여 반민족행위자 처리의 진용을 갖추었다. 반민특위는 처리해야 할 친일파를 다음과 같이 규정했다.

1. 일본 정부와 통모하여 한일합방을 위해 적극적으로 통모한 자
2. 한국의 국권을 침해하는 조약 또는 문서에 조인한 자와 이를 모의한 자
3. 일제로부터 작위를 받은 자
4. 일본국회의 의원이 된 자
5. 독립운동가나 그 가족을 살상한 자

• • •

9 동아일보 1948.8.6. 「특별위원회구성 민족반역도처단법기초」
10 경향신문 1948.9.1. 「국회본회의 4조 12호 통과」
11 한국향토문화전자대전 참고

6. 중추원 부의장과 고문 또는 참의가 된 자

7. 칙임관 이상의 관리가 된 자

8. 밀정 행위로 독립운동을 방해한 자

9. 독립운동을 방해하는 일제 기관의 중앙 간부를 지낸 자

10. 군경으로 악질 행위를 한 자

11. 국내에서 비행기 또는 탄약공장을 경영한 자

12. 관리 중에서 적극적으로 일제에 협력한 자

13. 일본 국적의 취득을 위한 각 단체의 간부 중 악질 행위를 한 자

14. 종교 · 문화 · 사회 · 경제의 각 방면에 걸쳐 반민족 행위를 자행한 자

15. 반민 언론 또는 저술을 통해 일제에 협력한 자

16. 특별히 개인적으로 일제에 협력한 자

1, 2호에 대하여는 사형 또는 무기징역과 재산의 전부 또는 절반의 몰수, 3, 4, 5호에 대하여는 무기징역 또는 8년 이상의 징역과 재산의 전부 또는 절반의 몰수를 규정했다. 그리고 정부 내 친일분자 숙청을 위해 일제에서 고등관 이상, 훈 5등 이상을 받은 자는 공무원이 될 수 없도록 제한했다.

미군정기 국가권력의 요직은 친일파가 장악하고 있었다. 일제강점기 관료가 여전히 미군정의 관료였고 민족해방운동 세력을 체포하던 일본 제국주의 경찰이 그대로 미군정의 경찰이었다. 미군정이 친일파를 활용한 공식적인 이유로 그들의 '기술 능력'과 '행정 경험'을 내세웠지만 그 이면에는 일본을 위해 아낌없이 업무를 수행했다면 미국에도 그럴 것이라는 판단이 깔려있었다. 해방 직후 재등용된 친일파들은 1945년 말 찬 · 반탁 논쟁 과정에서 반탁운동 · 반소반공운동을 펼치며 민족주의

자, 때로는 민주주의자로 둔갑했다. 이들은 반공 이데올로기가 남한에서 증폭되는 과정을 통해 조직화되었으며 정부 수립 당시까지도 여전히 부와 권력을 장악하고 있었다.[12] 영화 〈암살〉의 염석진이 해방 후 고위직 경찰이 된 것 역시 이와 같은 시대상을 반영한 설정이다.

부와 권력을 장악하고 있던 친일파들은 자신들을 위협하는 반민특위를 와해시켜야만 했다. 그들에게 이승만 정부는 최적의 파트너였다. 상해임시정부 출신인 김구와 국내파 계열인 한민당과 달리 국내에 정치적 기반이 없던 이승만은 자신을 지지해줄 정치 세력이 간절했다. 친일파들은 이승만에게 자신들의 구명을 요청했고 이승만은 정치적 지지 세력 확보를 노렸다. 이러한 이유로 이승만 정부는 처음부터 반민특위에 반대했다.

반민특위는 이승만과 친일 세력의 끈질긴 방해와 압력에도 1949년 1월 5일 국민의 열광적 지지를 받으며 본격적인 조사 업무에 들어갔다. 1월 8일 친일 기업인 박흥식[13]을 시작으로 친일반민족행위자 검거에 나섰다. 그에 따라 이승만 정부와 친일 세력의 방해도 날로 더해 갔다. 기업과 경찰에 두루 포진해있던 친일 세력은 광범위한 정보 조직을 동원해 방해 공작을 전개했다. 특히 반민특위 요원들을 공산당으로 몰아붙이고 관제 데모를 일으켰다. 더 나아가 요원들에 대한 테러 계획까지 세웠다.

1948년 11월 17일 서울시경 수사과장 최난수는 반민특위를 와해시키기 위해 사찰과 차석 홍택희, 전 수사과장 노덕술 등과 공모해 반민특위 요원들에 대한 암살 계획을 꾸몄다. 이들은 테러리스트 백민태에게 38도

●●●
12 서해문집 편집부, 「내일을 여는 역사 16호-미룰 수 없는 친일파 청산」, 서해문집, 36~53쪽, 2004
13 동아일보 1949.1.11. 「박흥식씨 수감 반민족행위처벌법 첫 발동」

선까지 끌고가면 이후 상황은 경찰이 알아서 처리하겠다며 국회의원 15명의 납치를 사주했다. 그러나 중국 국민당 당원으로 일본군을 상대로 테러 활동을 벌여온 민족주의자 백민태는 납치 대상자에 존경하던 인물이 포함되어 있음을 알고 그 계획을 한민당 소속 국회의원 조헌수와 김준연에게 알렸다. 조헌수와 김준연이 즉시 이 사실을 국회에 알려 반민특위에 대한 테러 계획은 다행히 미수에 그쳤다. 이 사건으로 최난수와 홍택희는 살인예비죄 등으로 징역 2년을 선고받았다. 그러나 노덕술과 당시 중부서장 박경림은 증거가 불충분하다는 이유로 무죄를 선고받고 풀려났다.[14]

경찰의 반민특위 요원 암살 미수 사건을 계기로 국회의 대정부 압박은 더욱 거세졌다. 궁지에 몰린 이승만 정부는 국회의원들을 공산주의자로 몰아붙이기 시작했다. 1949년 5월 18일 이승만 정부는 이문원, 최태규, 이구수, 황윤호 의원을 「국가보안법」 위반 혐의로 구속했다.[15] 정부는 이들이 남로당 프락치라고 발표했다.[16] 6월 26일에는 국회부의장이었던 김약수를 비롯해 노일환, 서용길, 황윤호 등 8명의 국회의원을 「국가보안법」 위반 혐의로 체포했다.[17, 18] 남조선노동당 국회 프락치부의 지시로 외국군 철퇴와 군사고문단 설치를 반대했다는 혐의였다. 이 중 노일환과 서용길은 반민특위 위원이었다. 두 번의 프락치 사건으로 10여 명의 의원이 구속되자 국회는 크게 위축되었다.

친일 세력의 방해 공작은 날로 더해갔다. 국민계몽협회라는 단체를 만

• • •

14 홍건석, 「이승만과 반민특위」, 영남정치학회보6, 5~37쪽, 1996

15 경향신문 1949.5.20. 「이문원 의원 등 4명에 보안법위반 혐의로 구속영장」

16 동아일보 1949.5.9. 「정당 프락치 활동강화 국회의원을 조종」

17 경향신문 1949.6.23. 「국회의원에 검거선풍, 미체포 김약수, 김병회, 김옥주, 박윤원, 강욱중, 노일환, 서용길, 황윤호 등 팔 씨」

18 동아일보 1949.6.26. 「김약수씨 드디어 피검」

들어 관제 데모를 조장하면서 6월 2일에는 국민계몽협회 회원이라 주장한 600여 명이 국회에서 반민특위의 해체 등을 주장하며 시위를 벌인 후 반민특위를 습격했다. 수수방관하던 경찰은 사태가 악화되자 마지못해 시위대를 진압했다.[19] 반민특위는 6월 4일 시위를 주도한 혐의로 서울시경 경찰국 사찰과장 최운하, 종로서 사찰주임 조응선, 국민계몽협회 회장 김정한을 체포했다.[20] 그러자 경찰은 오히려 최운하의 석방을 요구하며 서울시경 사찰국 직원들이 일제히 사표를 제출하는 등 반민특위와 대립했다.[21]

최운하가 체포된 다음 날인 6월 5일 서울 중부서장 윤기병, 종로서장 윤명운, 보안과장 이계무 등은 반민특위 특경대를 해산시키기로 마음먹고 내무차관 장경근을 찾아가 해산 작전의 허가를 요구했다. 허가가 떨어지자 윤기병은 즉시 작전에 돌입했는데, 당시 내무장관 김효양은 신병으로 입원 중이었다. 6월 6일 새벽 윤기병은 중부서에서 차출한 40여 명을 특위 사무실 뒷길에 배치해놓고 출근하던 특위 요원을 포함한 전 직원을 모조리 붙잡아 경찰 유치장에 감금시키고 가혹행위를 했다.[22] 심지어 경찰들은 사건을 보고받고 달려온 권승렬 검찰총장의 가슴에 총을 들이밀고 몸수색을 해 권총까지 빼앗았다.[23] 친일파가 장악하고 있던 당시 경찰의 권력이 얼마나 강했는지 보여주는 사건이었다.

국회는 특경대 해산 사건의 책임을 지고 내각 총사퇴를 요구했으나 이

● ● ●

19 경향신문 1949.6.4. 「또 반특에 시위 계속되는 국계원들 자행」

20 경향신문 1949.6.6. 「최운하 등 체포」

21 경향신문 1949.6.7. 「최운하씨 피검 여파 아연지대 사찰계원 총사직?」

22 홍건석, 앞의 글

23 서중석, 「이승만과 제1공화국」, 역사비평사, 2007

승만 정부는 들은 척도 하지 않았다.[24] 내무차관 장경근은 기자회견을 통해 "경찰이 아닌 단체로서 경찰 행사를 하는 특위의 소위 특경대에 대하여 실력을 발동시켜 무장을 해제시킨 것이지 특위나 특검의 행동을 방해한 것이 아니다."라며 특경대의 해산이 정당하다고 반박했다.[25]

6월 6일 사건을 계기로 반민특위와 국회는 힘을 상실해버렸고, 이를 기회로 이승만 정부는 「반민법」의 개정안을 상정했다. 어수선한 분위기 속에 1949년 7월 6일, 반민족행위자의 공소시효를 1950년 6월 20일에서 1949년 8월 31일로 단축시키는 내용을 골자로 한 「반민법」 개정안이 국회에서 통과되었다.[26]

개정안이 통과되자 반민특위 위원들은 항의 표시로 전원 사퇴했다. 위원들이 사퇴하자 이승만 정부는 기다렸다는 듯이 「반민법」 제정 반대에 앞장섰던 전 법무부장관 이인을 신임 위원장으로 임명했다.[27] 이로써 반민특위는 사실상 와해되고 말았다. 8월 31일로 반민족행위자의 공소시효가 완료되면서 반민특위 활동은 종료되었다.[28]

반민특위의 업무는 대법원과 대검찰청에 형식적으로 이관되었다. 출범 당시 반민특위는 7,000여 명의 반민족 행위자를 파악해놓고 있었으나 실제로 취급한 건수는 10퍼센트에도 미치지 못하는 682건이었다. 기소된 사건은 221건이었고 재판 종결은 고작 38건에 불과했으며 그마저도 대부분 집행유예로 풀려났다.[29]

• • •

24 경향신문 1949.6.8. 「특경대해산사건 파문 내각퇴진 재요구」
25 동아일보 1949.6.9. 「특위방해 아니다」
26 경향신문 1949.7.7. 「반민자처단에 이상 공소시효단축」
27 경향신문 1949.7.16. 「반특 위원장에 전 법무장관 이인씨 취임」
28 경향신문 1949.8.31. 「공소시효 오늘로 종결」
29 홍건석, 앞의 글

민족문제연구소의 친일인명사전 편찬

남조선 과도 입법의원이 '부일협력자 등 처벌 조례' 제정을 추진할 때 밝힌 친일파의 규모는 부일 협력자 10~20만 명, 민족 반역자 1,000명 내외, 전범자 200~300명 정도였다. 이 가운데 친일파로 처벌을 받은 사람은 극소수였고 압도적 다수의 친일파는 새로 세워지는 대한민국에서 지배층의 중추 세력이 되었다. 이후 이승만을 거쳐 박정희, 전두환, 노태우 정부에 이르기까지 계속된 권위주의 정권에서 친일 세력은 대한민국의 다양한 분야에서 헤게모니를 장악해왔고, '친일'은 더 이상 거론되어서는 안 되는 금기어가 되었다.

1966년, 임종국은 일제강점기 한국 문인들의 친일 행적을 고증적으로 파헤쳐 『친일문학론』을 출간했다. 그러나 출간 즉시 금서가 되어 오랫동안 빛을 보지 못했다. 금단의 역사가 된 친일파 문제를 상징적으로 보여주는 사건이었다. 수십 년이 지난 후 『친일문학론』은 그 가치를 인정받아 학계에서 친일 문제 연구의 금자탑이라는 평가를 받았다.[30]

1990년대에 들어 민주화운동이 일어나면서 친일 청산을 요구하는 시민사회의 목소리가 점차 커지기 시작했다. 이에 따라 민간기구에서 먼저 친일 청산 움직임이 가시화되었다. 1991년 임종국의 유지를 이어 설립된 반민족문제연구소는 1994년 『친일인명사전』 출간 계획을 세우고[31] 다음 해에 민족문제연구소로 이름을 바꾸었다.[32]

민족문제연구소는 1999년 『친일인명사전』 편찬 지지 전국 교수 1만 인

<hr>

30 이준식, 「국가기구에 의한 친일청산의 역사적 의미」, 역사비평, 91~115쪽, 2010
31 연합뉴스 1994.8.29. 「친일 인명사전 발간키로」
32 민족문제연구소 홈페이지

선언에 이어 2001년에는 『친일인명사전』 편찬위원회를 출범시켰다. 그러나 『친일인명사전』에 대한 친일 세력의 방해 또한 상당했다. 2003년 12월에는 논란 끝에 국회 예결위에서 기초 자료 조사에 책정되었던 예산 5억 원이 전액 삭감되어 사업 중단 위기를 겪기도 했다.[33] 예산 삭감은 오히려 국민 정서를 자극해 기부 운동으로 확대되어 이어졌다. 민족문제연구소는 성금 모금 11일 만에 삭감된 5억 원을 마련하여 사업을 다시 시작할 수 있었다. 그리고 2005년 8월 29일에는 친일 인사 3,095명이 수록된 1차 명단을 발표했다.[34]

민족문제연구소는 논란 속에서도 작업을 계속하여 2009년 11월 8일 마침내 『친일인명사전』을 출간했다. 『친일인명사전』은 총 3권, 3,000여 쪽에 달하는 분량으로 을사늑약을 전후하여 1945년 8월 15일 해방될 때까지 일제의 식민통치와 전쟁에 협력한 4,389명의 주요 친일 행각과 광복 이후의 행적 등을 담고 있다.

국민 정서에 불을 붙인 친일파의 후손들

민족문제연구소의 『친일인명사전』 편찬 논란에서 알 수 있듯 해방 후 수십 년이 지났음에도 대한민국에서 친일파 문제는 여전히 청산되지 못한 과거사 그대로였다. 민족문제연구소의 활동에 힘입어 2003년 8월에는 「일제강점하 친일반민족행위 진상규명에 관한 특별법」이 국회에 제출되었다. 그러나 해당 법률은 국회 법사위에서 반려되는 등 우여곡절을

●●●
33 한겨레 2004.1.2. 「'친일인명사전' 사업중단 위기」
34 연합뉴스 2005.8.29. 「'친일인사' 명단 선정서 발표까지」

겪었다. 결국 박정희 등의 특정 인물을 조사 대상에 넣느냐 마느냐는 식의 논쟁 끝에 정치적 타협이 이루어졌다. 법은 기준도 분명하지 않은 누더기 법으로 바뀌어버렸다.[35] 당시 국회 법사위 위원장은 박정희 정권에서 요직을 거쳤고 이후 박근혜 정부에서 청와대 비서실장을 역임한 김기춘이었다. 이렇듯 민주화 이후에도 친일 문제는 건드리기 어려운 영역이었다.

그러나 국민의 정서를 급변시키는 몇몇 사건들이 발생하면서 친일파 문제는 새로운 국면을 맞이했다. 역설적이게도 국민 정서에 불을 붙인 것은 친일파 후손들이었다. 그들이 선조로부터 물려받은 재산이라며 국가 등을 상대로 토지반환소송을 제기한 것이다.

일제강점기 친일파들은 일제로부터 직접 토지를 하사받거나 하사받은 은사금으로 토지를 사 모아 엄청난 토지를 보유하고 있었다. 대표적 친일파인 이완용이 1910년대 보유하고 있던 토지는 밝혀진 것만으로도 약 1,800필지, 1,570만 제곱미터로 여의도 면적의 2배 가까이 된다. 그러나 친일파들이 소유했던 토지 중 많은 부분은 한국전쟁 등 혼란기를 거치면서 소유자 미상 토지로 분류되어 국가에 귀속되었다.

1986년 대법원은 1927년부터 1933년간 두 차례에 걸쳐 중추원 참의를 역임한 친일파 조진태의 후손이 제기한 소송에서, 조선총독부 임시조사국에서 작성한 토지조사부에 토지 소유자로 등재되어 있다면 소유관계에 변경이 있다는 반증이 없는 이상 토지 소유자로 추정된다는 판결을 내렸다.[36] 일제강점기에 축적한 재산을 친일파 후손들이 찾아갈 수 있는 길을 열어준 셈이다. 예상대로 1990년대에 들어 이완용의 증손자인 이

• • •
35 이준식, 「국가기구에 의한 친일청산의 역사적 의미」, 역사비평, 91~115쪽, 2010
36 대법원 1986.6.10. 선고 84다카1773 전원합의체 판결

윤형이 국가 등을 상대로 토지 반환 소송을 제기하는 등 친일파 후손들의 소송이 잇따랐다.

친일파 후손들도 처음에는 국민 정서를 고려해 적극적 소송에는 주저했던 것으로 보인다.[37] 그러다가 그들의 토지 반환 소송이 본격적으로 늘어난 것은 1990년대 중반 지방자치단체들이 지적 전산망 데이터베이스를 활용하여 이른바 '조상 땅 찾기' 서비스를 제공하면서부터다. 이는 소정 요건을 구비한 민원인이 숨겨진 자기 선조 명의의 부동산 검색을 요청하면 지방자치단체가 지적 전산망 등 국가가 구축해둔 데이터베이스를 조회하여 그 결과를 알려주는 민원서비스였다. 이를 통해 그동안 모르고 있던 선대의 부동산에 대하여 후손들이 권리를 주장하는 것이 한층 쉬워졌다.[38] 친일파 후손들 역시 이 서비스를 적극 이용했다.

2002년에는 친일파 후손들의 토지 반환 소송 중 가장 논쟁적인 사건이 발생했다. 인천광역시 부평 일대에는 미군 기지 '캠프마켓'이 자리잡고 있었다. 캠프마켓 부지는 일제강점기 일본 육군 조병창(무기나 탄약을 제조하는 건물 혹은 장소)이 있던 자리다. 해방 후 미군이 이곳에 기지를 건설했는데 주한미군 수가 감축되고 미군 기지 환경오염 문제가 지적되면서 부평 미군 기지 반환 문제가 지역 현안으로 떠오르기 시작했다. 부평 시민들은 674일 동안 농성을 하는 등 오랫동안 미군 기지 반환 운동을 벌였고 2000년대 초 반환 결정을 얻어냈다.[39]

그런데 시민들의 힘으로 부지를 반환받자 느닷없이 친일파 송병준의

• • •
37 한겨레 1992.12.3. 「서울대 상대 땅 반환소송 이완용 증손자 돌연 취하」
38 김기창, 앞의 글
39 오마이뉴스 2015.5.10. 「일제 군수공장에서 미군기지로 … 부평의 잃어버린 땅」

후손들이 나타나 해당 부지가 자신들이 선조로부터 물려받은 땅이라며 반환 소송을 제기했다. 캠프마켓 일대는 일본 육군 조병창과 미군 기지라는 역사적 특수성뿐만 아니라 시민사회의 반환 운동이라는 지역사회적 의미까지 있는 곳이었다. 특히 수도권 중심지로 재산적 가치 또한 천문학적이었다.[40] 송병준 후손의 토지 반환 소송에 많은 국민은 분노했다. 이 사건을 계기로 친일파 문제, 특히 친일 재산 환수에 대한 국민의 여론은 급격히 우호적으로 바뀌었다. 그리고 이는 「친일반민족행위자 재산의 국가귀속에 관한 특별법」이 제정되는 데 결정적인 역할을 했다.

친일 재산 환수위원회의 출범

2004년 당시 여당이었던 열린우리당은 친일파 후손들의 토지 반환 소송 등으로 불붙은 여론에 힘입어 「친일재산 귀속법」을 발의했다. 하지만 한나라당의 반대로 본회의에 상정도 못 한 채 제16대 국회 회기 종료와 동시에 자동 폐기되었다.[41] 이후 2004년 국회에서 노무현 대통령에 대한 탄핵안이 가결되고 이른바 '탄핵정국'에서 실시된 제17대 국회의원 선거에서 열린우리당이 152석으로 국회 과반을 확보하면서 상황은 급변했다. 2005년 2월 24일 최용규 의원 외 169명은 「친일재산 귀속법」을 다시 발의했고 법안은 공청회 등을 거쳐 12월 7일에 법사위 전체 회의에서 수정 가결되었다. 그리고 다음 날 국회 본회의에서 통과되었다.

• • •

40 한겨레 2004.8.22. 「부평 미군기지」
41 오마이뉴스 2004.2.27. 「한나라 반대로 '친일규명법' 본회의 상정 좌절」

「친일재산 귀속법」 제4조에 따라 설치된 친일반민족행위자 재산조사위원회(조사위원회)는 168명의 친일 행위자 소유 약 1,100만 제곱미터의 토지(시가 2,000억 가량)에 대한 국가 귀속을 결정했다. 「친일재산 귀속법」 시행일 이후에 재산을 매각한 24명의 친일 행위자 후손에 대하여는 부당이득 반환 소송을 염두에 두고 해당 매각 재산(190만 제곱미터, 시가 267억 가량)이 친일 재산이라는 점을 확인하는 결정을 했다. 이 같은 귀속 결정 또는 친일 재산 확인 결정이 이루어진 토지의 규모는 친일 행위자가 일제강점기에 보유했던 재산의 극히 일부에 지나지 않았다. 조사위원회가 이완용의 후손으로부터 국가에 귀속시킨 토지는 이완용이 사정(일제강점기 토지 조사 사업의 결과로 소유권을 인정해준 것)받은 토지의 0.09퍼센트에 불과했고, 송병준의 경우에도 0.04퍼센트뿐이었다. 1,100만 제곱미터 이상의 토지를 사정받은 이재극의 경우에도 국가 귀속 결정이 된 토지는 전체의 0.06퍼센트였다.[42]

2006년부터 활동을 시작한 조사위원회는 「친일재산 귀속법」 제9조에 따라 활동이 4년으로 제한되었고 필요시 1회에 한해 2년 연장이 가능했다. 친일 재산 환수 비율이 극히 저조해 활동 기간 연장의 필요성은 매우 컸다. 하지만 이명박 대통령은 활동 기간 연장을 거부했고, 이로써 조사위원회는 2010년 공식적으로 해산되고 소송 업무는 법무부에 이관되었다.[43]

• • •

42 김기창, 앞의 글

43 파이낸셜뉴스 2010.5.19. 「'친일 조사위' 151명에게서 토지 1,060만㎡ 환수」

앞서 살펴보았듯 친일 재산 조사위원회의 활동으로 환수된 토지는 실제 친일파들이 보유했던 토지의 극히 일부에 불과했다. 그럼에도 친일파 후손들은 이마저 빼앗길 수 없다며 행정소송을 제기했고 소송 진행 중 「친일재산 귀속법」에 대한 위헌 제청을 했다. 위헌 소송의 주요 쟁점은 소급 입법 금지 원칙 위반과 재산권 침해였다.

소급 입법이 가능하다면 법이 없어 부당한 행위를 처벌하지 못하는 일은 막을 수 있다. 사회정의의 측면에서 정당해 보일 수도 있다. 하지만 소급 입법이 가능하면 모든 국민은 불안에 떨며 살아야 한다. 지금 내가 한 적법한 일이 언제 법이 바뀌어 위법으로 처벌받을지 모르기 때문이다. 게다가 권력의 입맛에 따라 새로운 법을 통해 과거의 행동을 처벌할 위험성도 무시할 수 없다. 법이 사회를 안정시키는 것이 아니라 오히려 사회를 혼란스럽게 만들고 불안을 조장하는 결과를 낳는다.

일제강점 치하에서 일본에 협조하는 것은 당연히 합법적 행위였다. 친일을 통해 축적한 재산 역시 합법적이었다. 친일파의 후손들은 행위 시 합법적이었던 일에 대해 사후에 법을 만들어 재산을 환수하는 것은 소급 입법 금지 원칙에 위배된다고 주장했다. 헌법재판소 역시 「친일재산 귀속법」이 소급 입법에 해당한다는 것은 인정했다. 그럼에도 위법은 아니라고 판단했다. 법률의 제정을 충분히 예상할 수 있었다면 예외적으로 소급 입법도 가능하다는 이유였다.

〈암살〉의 염석진은 "몰랐으니까, 해방될지 몰랐으니까. 알면 그랬겠나?"라며 조국이 독립되지 않을 것 같아 친일을 했다고 말했다. 거꾸로 해석하면 그는 해방이 되면 친일 행적을 처벌하는 법률이 제정된다고 예상할 수 있었다는 말이다. 친일은 민족을 배신하는 행위다. 일제강점기라 하더라도 해방이 될 경우 친일은 처벌받을 행위라는 것은 누구나 예상할 수 있었다. 헌법재판소는 친일파들도 친일을 대가로 축적한 재산을 해방된 조국에서까지 계속 보유할 수 없을 것이라 충분히 예상 가능했기 때문에 「친일재산 귀속법」은 비록 소급 입법이지만 위법하지는 않다고 판단했다.

재산권 침해 주장은 또 어떤가. 친일을 대가로 받은 재산일지라도 엄연한 개인 재산이므로 함부로 제한할 수는 없다는 것이다. 하지만 재산권은 절대적 권리가 아니다. 정당한 목적을 위한 적절한 수준의 제한은 가능하다. 재산권 침해 주장은 친일 행각의 정도가 비교적 적은 이들을 중심으로 주장되었다. 자신들의 재산까지 귀속시키는 것은 억울하다는 입장이었다. 하지만 헌법재판소는 「친일재산 귀속법」을 '정당한 목적 달성을 위한 적합한 수단'이라고 보았다.

「친일재산 귀속법」은 일제로부터 작위를 받거나 이를 계승한 자라도 작위를 거부·반납하거나 후에 독립운동에 적극 참여한 자와 같이 친일 반민족 행위적 성격이 상대적으로 경미하거나, 행위를 달리 평가할 수 있는 여지가 있는 경우 귀속 대상에서 제외시켰다(친일재산 귀속법 제2조 제1호 나목 단서). 일제강점기 친일의 대가로 취득한 재산은 친일 재산으로 추정하지만, 그 재산이 그러한 대가로 취득한 것이 아니라는 점을 입증한다면 이 역시 귀속 대상에서 제외했다(친일재산 귀속법 제2조 제2호). 이처럼 「친일재산 귀속법」은 친일 행적이 있는 모든 이의 재산을 일률적으로 환수하는 것이 아니라 적합한 기준에 따라 대상을 분류하여 환수 여부를 결정하기 때문에 재산권의 본질적인 침해일 수 없다는 것이 헌법재판소의 판단이었다.

친일 반민족 행위자의 자손들은 물려받은 부를 바탕으로 대를 이어 부유하게 살아가는 반면 모든 가산을 독립운동에 쏟아부은 독립운동가의 자손들은 해방된 조국에서도 가난에 허덕이고 있다.[44] 사회 정의가 바로 잡히지 못한 것이다. 정의가 서지 않는 국가에서는 어느 누구도 국가를 위해 희생하려 하지 않을 것이다.

대한민국이 독립한 지 70년이 넘어 대부분의 친일파들이 사망한 지금 그들을 직접 처벌하는 것은 불가능하다. 다만 민족문제연구소의 『친일인명사전』과 같이 그들의 행적을 정리하고 공개하여 올바른 평가를 받도록 하는 것과 친일의 대가로 축적한 부가 상속되어 그들의 후손들이 계속 향유하는 것을 막는 것이 현 시점에서 가장 실효성 있는 친일의 청산이라고 본다.

그러나 『친일인명사전』 편찬은 친일 세력의 끈질긴 방해 속에 우여곡절을 겪어야 했고 4,389명의 친일 행각만을 담는 데 그쳤다. 반민특위가 파악했던 처벌 대상 친일파는 7,000여 명이었다. 입법의회가 파악했던 민족 반역자와 전범자는 1,300여 명에 달했다. 이에 비하면 『친일인명사전』의 4,389명은 미미하다고 볼 수 있다. 친일 재산의 환수 역시 친일파가 남긴 재산의 0.05퍼센트 수준에 그치고 말았다.[45]

헌법재판소는 친일 재산의 환수를 친일 세력 청산의 일환으로 보았다. 친일 세력의 청산은 민족정기를 바로세우고 헌법 이념을 실현하는 것이라고 판단했다. 하지만 독립한 지 70년이 지나도록 우리는 제대로 된 친

---

44 안동MBC 2017.8.27. 「3대가 망한 독립운동가 많아」

45 SBS 2017.8.14. 「[마부작침] 단독공개! 친일파 재산보고서① 친일파 이완용 재산 전모 최초 확인 … 여의도 7.7배」

일 청산을 하지 못했다. 친일 재산 환수 역시 4년이라는 제한된 기간 속에 진행되었고, 이명박 대통령은 2년의 짧은 연장마저 거부했다. 친일 세력은 이마저도 용납할 수 없다며 「친일재산 귀속법」이 헌법에 위반된다고 주장했지만 다행히 헌법재판소는 친일을 대가로 축적한 재산을 국고에 환수시키는 것은 정당하다고 판단했다.

환수된 친일 재산이 극히 일부에 지나지 않았지만 그렇다고 헌법재판소의 「친일재산 귀속법」에 대한 합헌 결정의 의미가 퇴색되지는 않는다. 헌법재판소의 결정은 「친일재산 환수법」의 좌초를 막았다는 결정 사항보다도 소급 입법 금지 원칙의 예외를 말하면서 시간이 아무리 오래 흘렀어도 친일 청산은 여전히 정당하다는 결정 이유가 돋보이는 판단이었다.

대부분의 친일파들이 이미 세상을 떠났고 그들이 남긴 재산의 환수도 한 차례의 시도를 끝으로 더 이상 추진하기는 어렵게 되었다. 하지만 그들의 행위를 파헤치고 국민에게 알려 올바른 평가를 받게 하는 노력은 계속되어야 한다. 헌법재판소도 인정하였듯 친일 청산은 시간의 흐름과는 관계가 없기 때문이다.

여성에게 병역의무를
부과하는 것이 성 평등인가

07 여성에게 병역의무를 부과하는 것이 성 평등인가

● 헌법재판소 2014.2.27. 2011헌마825 결정

헌법재판소 결정 주문

이 사건 심판청구를 기각한다.

병역의무는 남성에게만 부과된 것일까? 여성이 배제된 것일까?

1592년 임진년 일본은 명을 치는 길을 내어달라며 대대적인 조선 침략을 감행했다. 임진왜란이었다. 일본의 기세는 대단했다. 불과 두 달 만에 조선 대부분을 점령해나갔다. 조선의 패망이 눈앞에 보이는 듯했다. 그러나 이순신이 이끄는 수병이 일본의 보급로를 차단하면서 일본의 진격은 다소 주춤해졌다. 명의 원군이 개입하고 의병이 일어나면서 조선을 집어삼킬 것 같았던 일본의 기세는 꺾이기 시작했다. 1593년 1월, 조선과 명의 연합군은 일본에게 점령당했던 평양성을 수복했다. 전세가 역전되자 일본군은 총퇴각을 감행해야 했다.

1593년 2월, 한양의 수복을 위해 군사를 이끌고 수원성에 머물고 있던 전라도 순찰사 권율은 한양에서 퇴각하는 일본군이 행주산성을 공격할 것이라 생각했다. 권율은 1만여 병력을 행주산성에 집결시켰다. 성을 수축하고 목책을 만들어 전투를 준비했다. 2월 12일 새벽에 일본군은 예상대로 행주산성을 습격했다. 일본군은 추격해오던 명군을 벽제관에서 크게 격파하여 사기가 충전되어 있었고, 병력은 권율이 이끄는 조선군의 3배인 3만에 달했다.

일본군은 행주산성을 포위하고 공격을 퍼부었다. 조선군은 화차, 수차석포, 진천뢰, 총통, 신기전 등 다양한 무기를 동원하며 일본군과 아홉 차례에 걸친 치열한 전투를 이어갔다. 이 전투에서 일본군은 큰 피해를 입고 퇴각했고, 권율은 퇴각하는 일본군을 추격하여 총대장 등 본진의 장수들에게까지 큰 부상을 입히는 대승을 거두었다. 행주산성에서 거둔 대승에는 숨은 공신이 있었다. 바로 성내에 살던 아낙들이다. 아낙들이 물을 끓여 병사들에게 날라주고 긴 치마를 잘라 허리에 두른 채 돌을 옮겨준 덕분에 성벽을 기어오르는 일본군을 방어할 수 있었다.

행주대첩은 근대 이전 전쟁에서 나타난 성性 분업을 잘 보여주는 사례다. 전쟁에서 남성과 여성의 영역은 명확히 구분된다. 남성이 격전지에서 전투에 매진할 때 여성은 생산 영역에서 남성의 빈자리를 메워 전쟁 물자를 지원했다. 행주산성에서와 같이 전장(성곽)과 삶의 터전(성내)이 근접할 경우 여성이 전투에 참여하기도 하지만 행주치마에 돌을 담아 날라주는 정도의 간접적 역할에 그친다.

현대전에서 성 분업은 변화된 모습으로 나타났다. 더 이상 여성들이 가정과 고향에서 남성의 빈자리를 메우는 역할에만 그치지 않았다. 전쟁에서 이기기 위해서는 전쟁 물자를 공급하는 군수공장이 쉴 틈 없이 돌아가야 했고 여성은 전장에 나간 남성을 대신해 공장노동자가 되어야 했다. 때로는 여성이 전투에 투입되기도 했다. 한국에서는 한국전쟁 발발 직후인 1950년 8월 말 대한여자의용군(여자의용군)을 창설함으로써 여성이 병사로 동원되기 시작했다.[1] 여자의용군 소속 병사들은 주로 정훈대대, 예술대, 후방 행정요원으로 활동했다. 전투부대에 배치된 경우 여자의용군의 주요 임무는 문서 연락, 필서 등 단순 행정 업무나 포로가 된 북한군이나 중공군 여성 병사의 심문에 입회하는 정도였고, 실제 전투에는 거의 나가지 않았다. 현대전에서 여성이 군수산업에 동원되거나 전쟁에 직접 투입되는 등 근대 이전 전쟁과는 본질적으로 다른 변화가 나타났다고는 하지만 남성에 대한 보조 역할에서 크게 벗어나지 못했다.

전장과 비전장으로 구분하여 전장은 남성이 맡고 여성은 비전장에서 남성의 빈자리를 메우는 구조는 현대까지 이어져 「병역법」에도 그대로 반영되었다. 「병역법」은 병역을 남성은 의무, 여성은 지원志願이라는 구도로 설정하고 있다(제3조 제1항). 남성은 모두가 현역으로 군복무를 해야 하며 예외적으로 의무를 면제받는 반면 여성은 지원자에 한해서 일정한 자격 요건을 충족하면 예외적으로 군복무를 할 수 있다.

그런데 전쟁을 전장과 비전장으로 구분 짓고 남성은 전장, 여성은 비전장에 배치시키는 것은 그 자체로 권력적 행위다. 권력과 자본이 그것에 따라 배분되기 때문이다. 현대에도 군이라는 거대 조직은 철저히 남성이 장악하고 있다. 직업군인으로 입대한 여성들은 전투 분야 보직에서 소외되어 승진에 어려움을 겪기도 한다. 대한민국 군대는 1950년 창군했지만 2001년에야 처음으로 간호장교 출신 양승숙이 준장에 진급해 장성이 되었고, 전투병과에서 여성 장성(송명순 준장)이 배출된 것은 그로부터 9년이 지나서였다.[2]

이처럼 남성에 의해 장악되고 여성이 배제된 군복무에 대해 헌법 소원

• • •

1 여자의용군의 창설은 한국전쟁 이전부터 활동하던 육군 여자배속장교들에 의해 추진되었는데 당시 여자의용군 모집은 뜻밖의 호응을 얻어 지원자가 모집 인원을 몇 배나 초과했다. 여자의용군 제1기는 9월 4일 입대식을 거쳐 화기학, 분대전투, 도수각개훈련, 실탄사격, 독도법, 야간훈련 등의 기초훈련을 이수했다. 1기 수료생 중 20명은 교육대로, 471명은 여군 중대로 배치되었다. 이후 1950년 12월에는 2기 393명, 1953년 2월에는 3기 393명 그리고 1953년 6월에는 4기 91명이 배출되었다.

2 아시아경제 2017.8.17. 「'금녀의 벽' 허물었던 여성들, 그들은 누구?」

이 제기되었다(병역법 위헌 확인). 그런데 헌법 소원을 제기한 이들은 여성이 아니라 남성이었다. 병역의무가 남성에게만 부여되는 것이 남성에 대한 차별이라는 것이다.

남성들의 분노를 촉발시킨 군가산점 폐지

「병역법」 위헌 확인 사건을 이해하기 위해서는 먼저 군가산점 폐지에 대해 살펴보아야 한다. 1999년 헌법재판소는 제대 군인 가산점 제도가 헌법에 어긋난다는 결정을 내렸다.[3] 제대 군인 가산점 제도는 군복무를 마친 사람이 공무원시험에 응시할 경우 과목별 득점에 과목별 만점의 3~5퍼센트를 가산하는 제도였다. 공무원시험 응시자가 많아지면서 경쟁도 치열해지고 합격선도 올라갔다. 1998년 일반행정직 7급의 합격선은 86.42점이었고 9급은 무려 95.50점이었다.[4] 합격선이 100점에 근접할 정도로 높았기 때문에 가산점을 받지 못하는 응시자는 실수로 한두 문제만 틀려도 합격을 장담할 수 없었다. 심지어 1998년 5월에 치러진 순천지방철도청 일반 기계직 9급 시험에서는 합격선이 100.5점으로 만점인 100점을 넘어서는 현상까지 발생했다.[5] 그러자 공무원시험에서 제대 군인 가산점이란 '군 미필자는 사절'이라는 말까지 등장했다.

신체장애 등의 사유로 병역의무를 면제받은 소수를 제외하고는 일정 연령이 되면 남성은 대부분 군대를 다녀오게 된다. 반면 의무복무 대상

• • •

3 헌재 1999.12.23. 98헌마363
4 동아일보 1999.12.31. 「군필자 가산점 위헌 결정」
5 경향신문 1998.9.16. 「만점받아도 불합격 '이상한 공무원 채용' 軍(군)복무가산점 性(성)차별 논란」

에서 제외된 여성이 입대할 수 있는 방법은 치열한 경쟁을 뚫어야만 하는 직업군인밖에 없었다. 제대 군인 가산점을 받을 수 있는 대상 역시 남성이 압도적으로 많았고 공무원시험 합격자 중 남성이 차지하는 비율도 매우 높았다. 1999년, 전체 공무원 중 여성의 비율은 21.8퍼센트에 불과했다.[6] 여성과 병역 면제 처분을 받은 남성이 제대 군인 가산점이라는 진입 장벽에 막혀 공무원시험 합격에 큰 어려움을 겪고 있다고 볼 수 있었다.

헌법재판소는 제대 군인 가산점 제도가 평등 원칙과 직업 선택의 자유를 침해한다며 위헌 결정을 내렸고, 제대 군인 가산점 제도는 폐지되었다. 그러자 일부 남성을 중심으로 강한 불만이 제기되기 시작했다. PC통신이 유행하던 당시 각 통신망의 토론장과 자유게시판에는 헌법재판소의 결정을 비난하는 게시물이 넘쳐났다. 여성단체와 관련 정부 부처의 홈페이지는 욕설로 도배되며 시스템이 중단되기도 했다.[7]

제대 군인 가산점 제도의 폐지에 대해 일부 남성은 "그럼 여성도 군대에 가라"라는 주장을 했고, 급기야 병역의무를 남성에게만 규정한 「병역법」 제3조 제1항에 대한 위헌 소송으로까지 이어졌다. 제기된 위헌 소송에 대해서 헌법재판소는 보충성 위반(2000헌마30)과 제소기간 도과(2002헌마79)를 이유로 헌법 소원 청구를 각하(소송 제기의 법률적 요건을 충족하지 못해 심리할 필요 없이 사건을 종결한다는 뜻)시켰다. 두 번의 각하 결정에도 2011년 또다시 「병역법」 제3조 제1항에 대한 위헌 소송이 제기되었다. 이번에는 절차적 요건을 모두 갖추었기에 결국 헌법재판소는 본안을 판단하기로 결정했다.

• • •

6 통계청 http://www.index.go.kr/potal/stts/idxMain/selectPoSttsIdxSearch.do?idx_cd=1762 최종 접속일 2017.9.5.

7 경향신문 1998.9.16. 「군필자 가산점 폐지 둘러싼 남성들의 '사이버 테러'」

어쩌다, 성역할의 공식을 깬 헌법재판소

차별과 평등은 동전의 앞뒷면과 같다. 평등하다면 차별은 성립할 수 없다. 차별은 같음에도 다르게 취급하는 것이기 때문이다. 병역의무가 남성에게만 부여되는 것이 차별이 되려면 두 가지 전제 조건이 성립되어야 한다. 우선 남성과 여성이 같다는 점, 또 한 가지는 그럼에도 달리 취급한다는 점이다. 병역의무는 국방의무의 일부로 국민에게 부여된 의무다. 남성과 여성은 성별은 다르지만 국민이라는 개념에서는 동일한 주체다. 그런 의미에서 본다면 남성에게만 병역의무가 부여되는 것은 같지만 다르게 취급하는 차별이다. 여기서 남성에게만 병역의무가 부여되는 것이 성별에 의한 차별로 헌법에 위배되기 위해서는 합리적인 이유의 부재라는 조건이 충족되어야 한다.

성별에 따른 병역의무가 헌법상 허용되는 차별이 되려면 남성과 구분되는 여성의 특징이 군복무에 적합하지 않아야 한다. 헌법재판소는 군대를 전투와 훈련을 위한 조직으로 규정하고 여성은 근력이 약하고 생리, 임신, 출산이라는 생래적 특징을 갖기 때문에 군대에 적합하지 않다는 것을 차별의 합리적 이유로 들었다. 그리고 병역의무가 여성에게 전면적으로 개방될 경우 남성 중심으로 설치된 군 시설의 개보수에 많은 비용이 들 수 있다는 것과 남성 중심의 군대 문화에 여성이 들어옴으로써 발생할 수 있는 성범죄와 기강 해이도 차별의 합리적 이유로 제시했다.

어떤 여성은 남성보다 근력이 강할 수 있고 반대로 남성임에도 여성보다 근력이 약할 수도 있다. 그리고 군복무의 모든 영역에 강한 근력이 필요한 것은 아니라는 반론도 가능하다.[8] 생리와 임신, 출산 역시 군복무에 심각한 장애를 초래할 정도는 아니고 임신·출산에 의해 군복무를 수행할 수 없는 기간이 여성을 병역의무에서 배제시킬 정도는 아니라는 반론도 제기될 수 있다. 군 시설 개보수에 필요한 비용이 병역의무 차별을 유지해야 할 정도로 엄청난 규모인지에 대해서도 의문이 들고, 또 성범죄와 기강 해이는 단속과 처벌을 통해 올바른 문화로 만들어 나가야 하는 것이지 차별의 합리적 이유가 되기에는 설득력이 부족하다.

이렇듯 병역의무를 남성에게만 부여하는 「병역법」에 대한 헌법재판소의 판시 내용은 그다지 논리적이지도 설득력이 있지도 않았다. 합헌이라는 결정을 미리 정해두고 그에 맞춰 근거를 짜맞춘 느낌이 강했다. 헌법재판소는 차라리 군대는 '남성의 영역이니 여성에게 개방할 수 없다'고 말하고 싶었는지도 모른다. 헌법재판소의 판단은 여성의 병역의무가 배제된 이유를 성역할이 아닌 여성이 가진 고유한 특성에서 찾았다는 점에서 군대에 대한 기존 통념을 뒤집었고, 동시에 군대를 강한 근력이 요구되는 전투와 훈련을 위해 존재하는 조직으로 규정함으로써 기존의 통념에서 완전히 벗어나지 못한 한계점도 드러냈다.

군대에는 행정이나 정훈과 같이 강한 근력이 요구되지 않는 병과도 다수 존재한다. 그럼에도 군대를 일률적으로 강한 근력이 필요한 조직으로 규정하고 남성만이 군대에서 요구되는 이 같은 사항을 충족할 수 있다고 판단했다. 군대, 근력, 남성이라는 세 개념이 하나의 범주로 묶여 군대는 여전히 남성의 영역으로 남게 된 것이다.

• • •

8 연합뉴스 2019.2.25. 「미 법원 '남자만 징병 등록, 헌법에 어긋나」.―최근 미국 텍사스 남부지구 연방법원에서는 남자만 징병 등록하는 것은 헌법에 어긋난다며 전국남성연대가 제기한 소송에서 위헌 결정을 내렸고 결정 이유에서 「전투 역할은 더는 일률적으로 근육의 크기를 요구하지 않는다」고 했다. 또 「군대 내에서 여성에 대한 역사적 제한이 과거의 차별을 정당화했을지 모르지만 남녀는 이제 징병 혹은 등록의 목적에 적합하다는 데는 다를 바가 없다」고 했다.

여성 혐오와 젠더 갈등 그 중심에 서 있는 징병제

강남역 묻지마 살인 사건, 홍대 누드 모델 사건 그리고 이수역 폭행 사건까지 지금 우리 사회는 남녀가 서로 혐오하는 현상이 사회문제로까지 번지고 있는 상황이다. 여성들은 미투Me Too 운동을 계기로 적극적으로 성 불평등 사회의 근본적 변화를 요구하는 반면 남성들은 페미니즘과 성 평등 정책에 반감을 가지고 역차별을 당하고 있다고 주장해 갈등의 골이 깊어지는 양상을 보이고 있기도 하다. 한국여성정책연구원이 〈성 불평등과 남성의 삶의 질에 관한 연구〉 보고서를 통해 발표한 내용에 따르면, 20대 남성 사이에선 군복무에 대한 억울함, 역차별 당한다는 정서가 결합해 페미니즘에 대한 혐오로 표출된다고 한다. 또한 20대 남성 입장에서는 여성은 이미 충분히 남성과 동등한 지위와 권력을 가지고 있는 상태라고 생각했다.

20대 남성이 느끼는 역차별과 억울함의 표출은 남성만 병역의무를 지는 징병제에서 정점을 찍는다고 해도 과언이 아니다. 2017년 청와대 국민청원 게시판에는 여성 징병제 관련한 청원이 올라왔고 청원기간에 12만 3,204명의 서명을 받았다. 청와대의 공식 답변을 얻지는 못했지만(청와대 국민청원은 30일 동안 20만 명 이상의 국민들이 추천한 청원에 대해서 정부 및 청와대 관계자가 답을 하게 되어 있다.) 청와대 수석보좌관 회의에서 문재인 대통령이 "국방의무를 남녀 함께 하게 해달라는 청원도 재밌는 이슈"라고 언급할 정도로 우리 사회에서 뜨거운 감자인 것만은 분명하다. 지금도 청와대 국민청원 게시판에 '여성 징병제'로 검색하면 700건이 넘는 청원 글이 올라와 있는 것을 확인할 수 있다.[9]

● ● ●

9 2019.3.6. 청와대 국민청원 게시판 검색 기준

여성도 군대에 가야 한다는 여성 징병제가 나온 배경에는 앞서 살펴본 것처럼 남성이 느끼는 부당한 역차별과 동시에 여성이 동등한 권리와 대우를 요구하는 만큼 그에 상응하는 의무도 동반되어야 한다는 생각이 자리잡고 있다. 그러나 여기서 중요하게 짚고 넘어가야 할 부분은 여성 징병제와 병역의무에 대한 문제를 단순히 남성과 여성이라는 젠더 갈등 차원에 국한해서는 안 된다는 것이다. 남성이 느끼는 역차별과 억울함을 들여다보면 군대에 가야 하는 시기가 앞으로의 삶을 준비하고 계획하기 위해서 학업에 매진하고 취업을 대비해야 하는 때인데 그런 인생의 중요한 시기에 2년이란 시간을 군대라는 곳에서 자신의 의지와 상관없이 보내야만 하고, 그래서는 이 살벌한 경쟁시대에서 뒤처지지 않을까 하는 불안감을 품고 있다. 무한 경쟁사회에서 취업난이 심화되면서 젠더 갈등이 징병제가 기폭제로 작용하여 폭발해버린 것이다.

　　그러나 이 문제는 병역 비리 등 사회적 불평등과 박탈감에서 오는 부분도 많은 것이 사실이다. 따라서 징병제라는 문제, 병역의무라는 과제에는 남성과 여성이 서로 치열하게 경쟁해서 살아남아야 하는 현실에서의 생존에 대한 위기감, 사회 계층 간의 차이로 대변되는 병역 비리, 입대 시기, 군복무 기간, 군복무 형식 등 복합적인 문제가 얽혀 있기 때문에 남성과 여성의 성 대결이나 젠더 갈등의 차원으로 부각시키거나 주안점을 두어 해결해야 할 문제는 아니다. 여성 징병제와 남성의 병역의무 문제는 결국 사회적 차원의 문제로 바라봐야 하고 거기서부터 해결의 실마리를 찾아야 한다.

여성의 병역의무는 평등한 사회에서 가능

여성이 병역의무를 수행하지 않아도 된다는 것은 남성에게만 병역의무가 부여된다는 측면에서 남성에 대한 차별이다. 반대로 병역의무에서 여성이 배제된다는 측면에서는 여성에 대한 차별일 수도 있다. 여성의 병역의무를 어느 측면에서 바라보느냐에 따라 해결 방법은 매우 달라진다. 남성에 대한 차별로 본다면 여성에게 병역의무를 부여하면 그만이다. 그러나 여성 입장에서 여성에 대한 차별로 본다면 문제의 해결은 단순하지 않다.

현재 징병제가 존재하는 국가는 70여 개 정도로 알려져 있다. 이 중 남성과 여성 모두 해당되는 징병제를 운영하는 국가는 쿠바, 이스라엘, 북한, 볼리비아, 수단 등 10여 개이다. 특히 유럽을 중심으로 여성 징병제에 대한 논의가 활발히 진행 중인데 최근 1~2년 사이 노르웨이, 네덜란드, 스웨덴이 여성 징병제 도입을 결정했고 스위스, 오스트리아, 덴마크에서도 논의가 이어지고 있다.[10] 쿠바나 이스라엘, 볼리비아와 같이 군사적 긴장관계가 있는 국가뿐만 아니라 유럽 국가와 같이 민주주의가 잘 발달된 나라에서도 여성 징병제에 긍정적으로 접근하고 있다. 그러나 단순히 국제적으로 여성 징병제가 확산되고 있다고 해석할 수는 없다.

세계경제포럼WEF이 2017년 발표한 성 격차 보고서에 따르면 여성 징병제를 도입하였거나 도입 예정인 국가는 대부분 성별에 따른 격차가 적은 것으로 나타났다. 구체적으로 노르웨이(2위), 스웨덴(5위), 덴마크

● ● ●

10 월간조선 2017.11. 「안보위기 북유럽 국가들 속속 여성징병제 도입 … 문재인 대통령도 후보시절 女軍 확대 공약」

(14위), 볼리비아(17위), 스위스(21위), 쿠바(25위), 네덜란드(32위) 등은 최상위 그룹이었고 비교적 순위가 낮은 오스트리아(57위)와 이스라엘(65위)도 상위권에 속했다. 반면 한국은 118위로 성별에 따른 격차가 매우 심각한 것으로 나타났다.[11] 이는 여성 징병제를 도입하는 나라일수록 성 평등 정도가 높다는 것을 뜻한다. 여성 징병제가 시행되었거나 논의 중인 국가들의 성 평등 지수가 높다는 것은 여성 징병제를 도입하기 위해서는 성 평등이 선행되어야 한다고 해석할 수 있다.

병역의무를 성별에 구분을 두지 않고 부여하는 것이 평등하다는 것에는 반론의 여지가 없다고 본다. 하지만 남성에게 집중된 사회·경제적 권력구조 속에서 여성에게도 병역의무를 부여한다면 오히려 심각한 부작용이 발생할 것이다. 60년이 넘는 대한민국 군대 역사에서 여군 사단장은 단 한 명도 배출되지 못했다. 정확한 통계는 없지만 여군을 상대로 한 군대 내 성폭력의 수준은 매우 심각한 것으로 알려져 있다.[12] 2017년 해군은 군대 내 여군에 대한 성폭력사건이 빈발하자 '여군 성폭력 사건과 관련해 관용과 선처 없는 성폭력 근절 대책'을 추진하기도 했다.[13] 여성이 일정 수준 이상 승진을 할 수 없는, 이른바 유리천장 문제와 성폭력 피해자의 절대 다수가 여성이라는 것은 생물학적 특성에 따른 것이 아닌 성별에 따른 권력구조의 문제다. 남성이 장악한 권력구조 내에서 여성의 승진에는 한계가 있을 수밖에 없다. 성폭력 피해자의 대부분이 여성이라는 것 역시 여성이 폭력에 노출될 수밖에 없는 권력적 구조가 반영된 현상으로 해석해야 한다. 이처럼 여성의 지위가 낮은 현실에서 여성에게

• • •

11 WEF 「The Global Gender Gap Report 2017」
12 노컷뉴스 2017.11.4. 「'여군 1만 시대' 여전히 성범죄에 취약한 여군」
13 뉴스1 2017.10.19. 해군 「관용·선처 없는 성폭력 대책 추진 … 원아웃 시행」

병역의무를 부여하는 것은 평등이 아닌 더 큰 불평등을 야기할 위험이 크다. 여성에게만 병역의무가 없다는 것은 분명 불평등이지만 역설적이게도 불평등을 해소하기 위해서는 더 큰 평등이 필요하다는 것을 알아야 한다. 여성 징병제의 도입 문제는 한국사회와 군대가 과연 군대의 절반을 여성에게 할당할 준비가 되었는지부터 살펴본 다음 고민해봐야 할 사안이다.

'집회의 자유'에
밤과 낮이 있는가

08 '집회의 자유'에 밤과 낮이 있는가

● 헌법재판소 2014.3.27. 2010헌가2 결정

헌법재판소 결정 주문

「집회 및 시위에 관한 법률」(2007.5.11. 법률 제8424호로 개정된 것) 제10조 본문 중 '시위'에 관한 부분 및 제23조 제3호 중 '제10조 본문' 가운데 '시위'에 관한 부분은 각 '해가 진 후부터 같은 날 24시까지의 시위'에 적용하는 한 헌법에 위반된다.

촛불집회 10년

2008년 이명박정부 시절 서울 청계광장에서는 '쇠고기 수입 반대' 구호를 외치며 미국산 쇠고기 수입 반대 촛불집회가 일어났다. 촛불집회를 열면서까지 미국산 쇠고기 수입을 반대하는 이유는 미국에서 광우병 소가 발견되었고, 광우병 발생 위험이 있는 쇠고기 수입 여부를 두고 우리 정부가 미국과 밀실 합의로 미국의 요구를 대거 수용했기 때문이다.

광우병은 주로 태어난 지 4~5년 된 소에서 발생하는 해면상뇌증으로 미친 소처럼 행동하다가 죽어간다고 하여 붙은 이름이다. 발병률은 높지 않지만 치사율은 100퍼센트로 알려져 있다. 광우병을 일으키는 원인은 프리온Prion 단백질인데 단백질Protein과 감염Infection의 합성어로 전염력을 가진 단백질 입자라는 뜻이다. 광우병이 인간에게 전염되는가에 관한 논란이 커지던 중 1996년 영국 보건부장관은 프리온 단백질의 화학구조가 인간에게 발생하는 야콥병의 원인물질과 비슷하다는 연구결과를 수용한다고 발표했다. 광우병의 인간 전염 가능성이 공식적으로 인정된 것이다.[1] 광우병의 인간 전염 가능성이 확인되자 대부분의 국가에서는 광우병 발생 국가의 축산물에 대한 수입을 금지하기 시작했다.

2003년 국제사회에서 광우병에 대한 새로운 논란을 촉발시키는 사건이 발생했다. 주요 쇠고기 수출국의 하나인 미국 워싱턴주에서 몸을 격렬하게 움직이다가 주저앉아버리는 소가 발견된 것이다. 광우병 증세였다. 우리 농림부는 즉각 미국산 쇠고기와 육가공품 등에 대한 통관을 보류했다. 통관이 보류되면 국내에 도착한 수입 물량에 대한 검역도 할 수 없었다. 사실상 수입 금지였다.[2] 쇠고기의 수입이 금지되자 미국은 자국 축산업의 보호를 위해 한국 정부에 수입 재개를 압박했다. 정부는 미국의 압박에 오래 버티지 못했다. 결국 정부는 미국산 쇠고기 수입 재개를 논의하는 협상 테이블에 앉아야 했다. 2006년에는 미국산 쇠고기가 제한적으로 다시 수입되었다. 2006년 1월 13일 농림부는 30개월 미만 소의 살코기에 한해 수입을 재개한다는 협상 결과를 발표했다.[3] 광우병이 주로 30개월 이상의 소에서 발생하고 30개월 미만 소의 경우 뼈 부위 등 주요 위험 부위를 제거하면 안전하다는 설명도 덧붙였다.

봉준호 감독의 영화 〈옥자〉(2017)에는 자동화된 도축장 모습이 등장한다. 도축된 돼지들은 컨베이어벨트에 실려 이동하고 모든 작업은 기계화되어 있다. 〈옥자〉의 도축장은 미국의 도축 시스템에 영화적 상상력을 가미한 것이지만 실제 미국 도축장의 모습과 크게 다르지 않다. 미국의 도축은 거의 모든 과정이 컨베이어벨트와 전기톱을 이용해 진행된다. 도축된 소가 전기톱으로 해체되는 과정에서 뼛조각이 사방으로 튀는데, 이

• • •

1 두산백과, 「광우병」, 「프리온」

2 머니투데이 2003.12.24. 「美 쇠고기 사실상 수입금지조치─농림부」

3 연합뉴스 2006.1.13. 「한미 쇠고기 협상 타결 … 살코기만 수입」

러한 도축 방식에서 뼛조각이 전혀 없는 살코기를 낸다는 것은 매우 어려운 일이었다.

수입이 재개된 미국산 쇠고기에서는 계속 뼛조각이 발견되었고 전량 반송되는 일이 반복되었다.[4] 그러자 미국은 뼛조각을 제거하려는 노력은 하지 않고 오히려 쇠고기의 조건 없는 수입을 요구했다. 2007년 정부는 다시 미국과 쇠고기 수입 조건 개정을 위한 협상 테이블에 앉았다. 하지만 광우병 위험 부위에 대한 수입 여부를 두고 양측의 의견은 좁혀지지 않아 협상은 결렬되었다.[5]

30개월 미만 소의 살코기만 수입하겠다는 이전 참여정부의 원칙은 2008년 이명박정부가 출범하면서 급변했다. 2008년 4월 18일 정부는 한미정상회담을 하루 남겨놓고 전격적으로 쇠고기 협상의 타결을 발표했다.[6] 협상 내용은 미국으로부터 광우병의 발생 원인 중 하나로 알려진 '동물 사료 금지 조치 강화 노력'을 약속받는 대신 연령 제한을 풀고 갈비 등 '뼈 있는 쇠고기'까지 개방 폭을 넓히는 것이었다. 사실상 전면 수입 재개였다.[7]

정부의 협상 내용이 전해지자 '정부가 국민의 안전을 팽개쳤다'며 분노한 수많은 국민이 촛불을 들고 거리로 나섰다. 촛불시위는 연일 이어졌고 참여 인원도 지속적으로 증가했다. 당시 촛불시위에는 서울에서만 70만 명, 전국적으로 100만 명이 넘는 시민들이 참여했다.[8] 정부는 경찰 병력을 동원해 촛불시위를 진압했다. 급기야 2008년 6월 10일, 경찰

• • •

4 경향신문 2006.12.1. 「美産쇠고기에 또 뼛조각 … 3.2톤 전량 반송 조치」

5 세계일보 2007.10.12. 「韓 · 美 소고기협상 결론 못내」

6 노컷뉴스 2008.4.18. 「한미 쇠고기협상 철야협상 끝 사실상 타결(1보)」

7 한국경제 2008.4.18. 「한미 쇠고기 협상 타결 … 연령제한 풀고 금수부위 확대」

8 한겨레 2008.6.10. 「먹통 '명박 산성'에 올라 소통을 외치다」

은 광화문 사거리를 컨테이너로 벽을 세워 차단해 시위대를 막았다. 그들은 화가 난 수십만에 이르는 시민들이 컨테이너를 들어내지 못하도록 컨테이너를 서로 용접하고 그 속에 모래주머니까지 채워넣었다.

촛불시위에 대한 탄압은 경찰력에서 그치지 않았다. 「집회 및 시위에 관한 법률」(이하 '집시법'이라고 한다)에 따르면 해가 뜨기 전이나 해가 진 후의 시위는 불법이었다. 6월의 서울은 하절기로 해가 늦게 질 때임에도 일몰시간은 8시가 채 되지 않았다. 대부분 회사의 퇴근시간이 6시 이후인 점을 감안하면 퇴근 후 시위에 참가한 이들은 시작과 동시에 해산해야 했다. 주말이나 휴일 역시 시위가 한창 진행 중이던 저녁 7~8시에 해산하는 것은 거의 불가능했다. 이에 검찰은 해가 진 후에도 촛불시위를 이어간 참가자들을 무더기로 기소했다.

집시법과 헌법재판소의 지난한 인연

해가 진 후 시위에 참여했다는 이유로 기소된 시민들은 「집시법」 제10조가 집회 및 시위의 자유를 침해한다며 위헌 심판을 제청했다. 「집시법」 제10조에 대한 헌법 소원은 그때가 처음은 아니었다. 이미 헌법재판소에서는 1994년과 2009년 동일한 규정에 대한 판단을 내린 바 있다. 그만큼 「집시법」 제10조의 위헌성 논란은 컸다.

「집시법」 제10조는 집회와 시위를 구분한다. 집회는 다시 개최 장소에 따라 실외에서 이루어지는 옥외 집회와 실내에서 이루어지는 옥내 집회로 나뉜다. 시위가 집회와 구분되는 점은 불특정 다수에게 영향력을 미칠 수 있는지 여부다. 구호를 외치거나 행진 등을 통해 불특정 다수의 국민에게 영향을 미칠 수 있는 행동이 있으면 시위에 해당한다. 하지만 수많은 사람들이 모여 다른 국민에게 아무런 영향도 미치지 않고 해산한다는 것은 상상하기 어렵다. 설사 가능하다고 해도 그런 경우 다른 이들에게 영향을 미치지 않으므로 규제할 필요가 없다. 그러니 문제가 되는 경우가 '집회'로 간주되기는 어렵다.

헌법재판소가 처음으로 「집시법」 제10조의 위헌성을 판단한 것은 1994년이다. 당시 헌법재판소는 「집시법」 제10조가 헌법에 위반되지 않는다고 판단했다. 야간이라도 옥내 집회는 허용되고 옥외 집회도 일정한 조건에 따른 허가를 받으면 가능했기 때문에 집회의 자유를 본질적으로 침해하지 않는다는 이유였다.[9]

하지만 2009년에 헌법재판소는 종전의 견해를 변경했다. 「집시법」 제10조 중 옥외 집회 부분이 집회의 사전 허가제에 해당하여 헌법에 어긋난다는 결정을 내렸다. 집회의 자유는 집회를 자유롭게 개최할 수 있어야 보장되는데, 야간 옥외 집회를 원칙적으로 금지하고 허가를 받아 예외적으로 개최할 수 있도록 하는 것은 집회의 사전 허가제에 해당한다고 보았다.[10] 이때 헌법재판소는 단순 위헌 결정을 내리지는 않았다. 야간 옥외 집회를 금지하는 규정 전부를 위헌으로 볼 수는 없다는 이유였다. 헌법재판소는 입법자(국회)에게 해가 진 후부터 다음 날 해가 뜰 때까지 시간 중 옥외 집회가 금지되는 시간대를 규정하여 2010년 6월 30일까지 개선 입법을 하도록 했다. 만약 시한까지 개정되지 않으면 해당 규정은 효력을 상실한다는 단서도 붙였다. 그러나 국회는 법률 개정을 하지 않았고 「집시법」 제10조의 '옥외 집회' 부분은 2010년 7월 1일부터 효력을 상실했다.

• • •

9 헌재 1994.4.28. 91헌바14

10 헌재 2009.9.24. 2008헌가25

2009년에 '옥외 집회' 부분에 대한 헌법 불합치 결정이 내려지면서 「집시법」 제10조는 '시위'에 대한 부분만 남았다. '옥외 집회'가 효력을 상실했다고 해도 야간 시위는 여전히 금지였으므로 「집시법」 제10조는 아직 유효했다. 검찰은 2008년 미국산 쇠고기 수입 반대 촛불집회 참가자들을 「집시법」 제10조를 적용하여 기소했다. 헌법재판소가 남겨둔 「집시법」 제10조의 '시위' 부분에 대한 헌법 소원이 다시 제기되는 것은 당연한 수순이었다. 헌법재판소는 「집시법」 제10조에 대한 세 번째 판단을 해야 했다.

입법하는 헌법재판소?

법률이 헌법에 어긋나면 위헌 결정을 받고 그 반대면 합헌 결정을 받는다. 그런데 헌법재판소의 결정 중에는 위헌도 합헌도 아닌 한정 위헌 결정이 있다. 한정 위헌 결정을 내릴 때 헌법재판소는 "~에 적용하는 한 헌법에 위반된다." 또는 "~라고 해석하는 한 헌법에 위반된다."라는 표현을 사용한다. 법률 자체에는 문제가 없지만 특정한 행위에 적용되거나 특정하게 해석될 경우 위헌이라는 뜻이다. 예컨대 야간 옥외 시위를 전부 금지하는 것은 위헌 소지가 있으나 자정 이후의 시위를 금지하는 것은 헌법에 부합한다는 판단이 든다면 '시위에 관한 부분은 해가 진 후부터 같은 날 24시까지의 시위에 적용하는 한 헌법에 위반된다'고 결정해 「집시법」 제10조 중 자정부터 다음 날 새벽까지에 대해서만 위헌으로 판단하는 방식이다.

한정 위헌 결정은 매우 합리적인 판단으로 보일 수도 있다. 합헌인 부분이 있는데도 법률 전체를 위헌으로 결정해 효력을 상실시키는 것은 매우 비효율적이기 때문이다. 하지만 우선 하나의 법을 합헌과 위헌인 부분으로 정확히 나누는 것이 가능한지에서부터 의문이 든다. 게다가 하나의 법률에서 이렇게 보면 맞고 저렇게 보면 틀리다는 것은 자칫 사회적 혼란을 야기할 수도 있다. 한정 위헌 결정에 대한 비판이 끊이지 않는 이유는 이 때문이다.

백번 양보해 법률이 해석되는 범위에 따라 위헌과 합헌으로 나뉠 수 있고, 필요성 역시 있다고 해도 논란은 끝나지 않는다. 합헌인 부분은 그대로 두고 나머지 부분에 대해서만 위헌을 선언할 권한이 헌법재판소에 있는가라는 문제가 남기 때문이다. 헌법재판소는 법률의 위헌 여부를 판단하는 사법기관이지 법률을 만드는 입법기관은 아니다. 법률이 헌법재판소에서 위헌 결정을 받으면 위헌 요소만 제거할 것인지 법률 자체를 폐지할 것인지는 입법부에서 판단할 문제다. 그런데 헌법재판소가 '이렇게 해석하면 위헌이고, 나머지는 합헌이다'는 식으로 결정해버리면 실질적으로 법을 만드는 결과를 초래한다. 이렇게 볼 때 「집시법」에 대한 한정 위헌 결정은 '누구든지 해가 뜨기 전이나 해가 진 후에는 옥외 집회 또는 시위를 하여서는 아니 된다'는 법률을 폐지하는 것이 아니라 '누구든지 해가 진 후부터 24시까지는 옥외 집회 또는 시위를 하여서는 아니 된다'는 새로운 법을 만든 것과 같다. 사실상 헌법재판소가 입법 활동을 한 셈이다.

반드시 한정 위헌 결정이 가진 많은 문제점 때문은 아니겠지만 대법원은 일관되게 한정 위헌 결정이 법원의 재판을 기속할 수 없다는 입장을 고수해왔다. 법령의 해석과 적용에 관한 권한은 대법원을 중심으로 하는 법원에 있으므로 한정 위헌 결정은 헌법재판소의 단순한 의견에 불과하다고 보았다.[11] 법원이 해석하고 적용할 규범은 입법부가 만든 법이기 때문에 헌법재판소가 내린 법에 대한 해석에 구애받지 않겠다는 뜻이다. 헌법재판소는 법률의 해석과 적용에 관한 부분까지 판단해 실질적 입법 행위를 하고자 하지만 법원은 '그것은 너희의 영역이 아니'라며 무시해버리는 경우라고 할 수 있다.

헌법적 판단인가 주관적 견해인가

「헌법재판소법」에 따르면 헌법재판소는 법률 또는 법률 조항의 위헌 여부만 결정하여야 한다(제45조). 그리고 위헌 결정은 법원과 국가기관 및 지방자치단체를 기속한다(제47조 제1항). 법률의 특정 해석 또는 특정한 적용 범위에 대해 위헌을 선언하는 한정 위헌 결정은 애당초 헌법재판소의 권한도 아니다. 게다가 법원이 기속되는 것은 위헌 결정에 국한되기 때문에 대법원이 한정 위헌 결정을 헌법재판소의 견해에 불과하다며 판결에 적용하지 않는 것을 비판할 수도 없다. 물론 국가나 지방자치단체 역시 마찬가지다. 이렇듯 한정 위헌 결정은 결정을 내린 헌법재판소 외에는 어느 누구에게도 영향을 미치지 못한다. 그럼에도 헌법재판소는 한정 위헌 결정을 포기하지 않고 있다.

「집시법」 제10조의 경우도 동일하다. 헌법재판소는 「집시법」 제10조의 위헌 여부만 결정해야 하는데도 "'해가 진 후부터 같은 날 24시까지의 시위'에 적용"하면 헌법에 어긋난다며 한정 위헌 결정을 내렸다. 헌법재판

• • •
11 대법원 1996.4.9. 선고 95누11405 판결

소의 한정 위헌 결정은 법원을 기속하지 못해 재판에 반영되지 않는다는 것 외에도 큰 문제가 있다. 헌법재판소의 자의적 판단이 개입될 가능성이 크다는 점이다. 헌법재판소는 「집시법」 제10조에 대한 한정 위헌 결정에서 24시를 합법 시위와 불법 시위의 기준으로 삼았다. 도대체 왜 24시가 시위의 합법성을 따지는 기준이 되었는지에 대해서는 명확히 밝히지 않았다. 단지 국민의 생활 형태, 일반적으로 집회·시위의 소요되는 시간과 모습, 대중교통의 운행 시간, 도심지 점포·상가 등의 운영 시간 등을 고려하여 24시를 기준으로 삼았다고 밝힐 뿐이다. 이것은 헌법재판소의 법리적 판단이 아니라 주관적 견해에 불과하다. 좀 더 정확히 표현하면 다수 의견에 포함된 재판관 6명의 주관일 뿐이다. 헌법재판소에는 헌법적 판단의 권한은 있지만 법리적 판단에 근거한 것도 아닌 주관적 의견에 따라 법률을 판단할 권한은 없다.

한정 위헌, 적어도 「집시법」 제10조에 대한 한정 위헌 결정은 헌법재판소의 '내 마음대로 결정'이다. 헌법재판소가 24시를 중요하게 여기는 것은 문제되지 않는다. 헌법재판소가 중요하게 여긴다고 해서 국민도 중요하게 보아야 하는 것은 아니기 때문이다. 더욱이 국민의 집회 및 시위의 권리를 제한하고 위반 시 형사 처벌까지 받을 수 있는 법규범의 위헌 여부가 헌법재판소의 주관적 판단에 따라 결정된다는 것은 있을 수 없는 일이다. 「집시법」 제10조는 "누구든지 해가 뜨기 전이나 해가 진 후에는 옥외 집회 또는 시위를 하여서는 아니 된다."라고 규정한다. 해가 진 후부터 다음 날 해가 뜨기 전까지 시위를 전면적으로 금지하는 것은 과도한 규제이고 이것으로 인해 국민의 집회 및 시위의 권리가 침해받는다면 헌법에 어긋나는 일이다. 헌법재판소는 단순 위헌 결정을 내렸어야 했다. 그런데 헌법재판소는 주관적 견해에 따라 24시를 기준으로 위헌과 합헌을 나누어 한정 위헌 결정을 했다.

2014년 한정 위헌 결정은 종전의 견해에도 위배되었지만 그 견해를 수정한다는 언급조차 하지 않았다. 2009년에 헌법재판소는 옥외 집회가 금지되는 야간 중 집회의 자유가 보장되어야 할 시간대와 그렇지 않은 시간대를 구분하는 것은 입법자가 하여야 한다며 「집시법」 제10조 중 '옥외 집회' 부분에 대해 헌법 불합치 결정을 내렸다. 그런데 5년 후에 입법자의 영역이라던 시위가 금지되는 시점을 스스로 규정해버렸다. 물론 2009년 결정은 '옥외 집회'를 대상으로 한 데 반해 2014년 결정은 '시위'를 대상으로 한다는 차이는 있다. 그러나 국민의 기본권을 제한하는 기준을 누가 설정하여야 하는가라는 점에서는 차이가 없다. 헌법재판소는 한정 위헌 결정을 내리기 위해 종전 자신들의 의견까지 바꾼 셈이다.

대법원의 돌변

대법원은 계속하여 한정 위헌 결정을 헌법재판소의 의견에 불과한 것으로 치부해왔다. 그런데 유독 「집시법」 제10조에 대한 한정 위헌 결정만은 효력을 인정해 판결에 적용했다. 헌법재판소와의 갈등을 감수하면서까지 적용을 거부해왔던 한정 위헌 결정을 대법원이 수용한 것이다. 이렇게 되면 향후 다른 법률에 대한 한정 위헌 결정도 수용해야 되는 상황이 발생한다. 한정 위헌 결정을 대법원의 입맛에 따라 적용 여부를 판단할 수는 없기 때문이다. 대법원도 이 부분을 우려했던 듯 「집시법」 제10조에 대한 헌법재판소의 한정 위헌 결정을 "주문의 표현 형식에도 불구하고 「집시법」의 위 각 조항의 '시위'에 관한 부분 중 '해가 진 후부터 같은 날 24시까지' 부분이 헌법에 위반된다는 일부 위헌의 취지라고 보아야 하므로, 「헌법재판소법」 제47조에서 정한 위헌 결정으로서의 효력을 갖는다."라고 주장했다.[12] 한정 위헌이라는 헌법재판소의 결정을 대법원이 일부 위헌이라며 재판에 적용하겠다는 모양새였다. 한정 위헌 결정은 헌법재판소의 해석에 불과하므로 재판에 적용할 수 없다는 대법원의 기존 입장을 유지하면서도 「집시법」 제10조에 대해서만은 예외를 두고 싶었던 것이다.

대법원이 왜 헌법재판소의 주문 형태를 무시하면서까지 해당 결정을 위헌 결정으로 해석했는지는 알 수 없다. 하지만 대법원의 판결은 현실에 엄청난 영향을 끼쳤다. 헌법재판소의 결정이 위헌 결정이라면 소급효를 가진다. 따라서 현재 계류 중인 미국산 쇠고기 수입 반대 촛불시위에 대한 재판에도 적용된다. 대법원이 헌법재판소의 결정을 '해가 진 후부터 같은 날 24시까지' 부분에 대한 위헌 결정으로 해석하자 검찰은 「집시법」 제10조 위반 사건들의 공소 사실을 '24시 이후의 야간 시위'로 고치는 내용의 공소장 변경을 신청했다. 법원은 공소장 변경을 허가한 후 24시 이후 야간 시위에 대하여 「집시법」 제10조를 적용하여 기계적으로 유죄를 선고했다.[13]

헌법재판소가 단순 위헌 결정을 했다면 미국산 쇠고기 수입 반대 촛불집회에 참여했다가 「집시법」 제10조가 적용되어 기소된 국민은 무죄를 선고받을 수 있었다. 국회 역시 반드시 「집시법」 제10조를 개정해야 했다. 그러나 헌법재판소가 개정의 강제력이 없는 한정 위헌 결정을 함으로써 국회는 개정을 하지 않았다. 헌법재판소의 해석에 불과하다며 대법

● ● ●
12 대법원 2014.7.10. 선고 2011도1602 판결
13 김종서, 「24시 이후 야간시위 금지에 대한 평가」, 민주법학 Vol. 57, 2015

원이 한정 위헌 결정의 적용을 거부했다면 유죄 판결에 대한 비난 여론은 거셌을 것이다. 또한 당시 촛불시위에 대한 여론을 고려한다면 국회역시 「집시법」 제10조의 개정을 미루기는 어려웠을 것이다. 그런데 어떠한 일인지 대법원은 유독 「집시법」 제10조에 대해서는 주문의 형태만 한정 위헌일 뿐 위헌 결정으로 보아야 한다며 판결에 적용했다. 대법원은 헌법재판소의 결정을 반영한 판단을 함으로써 유죄 판결에 대한 비난을 피해갔다.

군이 한정 위헌 결정을 내린 헌법재판소와 유독 이번에만 한정 위헌 결정을 적용한 대법원, 그리고 개정이 필요하다는 한정 위헌 결정의 의미를 무시하고 법률의 개정을 미룬 국회까지 「집시법」 제10조를 둘러싼 헌법재판소, 대법원, 검찰 그리고 국회의 호흡은 유난히도 잘 맞아떨어졌다.

소통을 통한 광장 민주주의의 실현

미국산 쇠고기에 대한 국민의 신뢰는 극도로 낮았다. 평소 정치 현안에 대해 소신 있는 발언을 자주해 개념배우라고 불렸던 김민선은 "미국산 쇠고기를 먹느니 차라리 청산가리를 입안에 털어넣는 편이 오히려 낫겠다."라는 발언을 했다. 광우병 발생 지역 쇠고기의 위험성이 과학적으로 증명되기는 했지만 청산가리에 비유한 것은 과학적이라기보다는 다소 감정적 발언이었다. 그럼에도 많은 국민이 그녀의 발언을 지지했다.[14] 그만큼 미국산 쇠고기와 정부의 대응에 대한 국민의 불신이 컸다.

• • •
14 스포츠경향 2008.5.1. 「김민선, 김혜성 '청산가리를 먹을 테니 수입소고기 당신들이나 드세!」

정부는 국민의 요구대로 미국산 쇠고기의 수입을 철회하지도 합리적인 근거로 국민을 설득하려 하지도 않았다. 단지 안전하다는 말만 되풀이했다. 물대포로 상징되는 물리력을 가해 시위대를 해산시키려고만 했다.[15] 촛불시위에 참가한 단체에 대해서는 보조금을 끊겠다며 협박을 가했다.[16] 정부에 비판적인 태도를 보인 인사들에게는 두고두고 불이익을 주었다. 여당인 한나라당은 국민과 정부의 갈등을 중재하기는커녕 국민을 가르치려는 오만함까지 보였다. 그들은 국회의원회관에서 미국산 쇠고기 시식 행사를 벌였다. 시식 행사에는 38명의 국회의원을 포함해 당직자 등 100여 명이 참석했다.[17] 미국산 쇠고기로 만든 스테이크를 먹으며 국회의원들은 기자들을 향해 "이거 한우보다 더 맛있는데……", "그래 맛있어, 한우보다 나아"라는 소리를 연발했다.[18] 한우보다 맛있다는 발언에 한우 농가들의 반발이 있었지만 오히려 시식회를 주최한 심재철 의원은 조만간 미국산 곱창 시식회도 하겠다고 큰소리쳤다.[19] 국회의원인 우리가 맛있게 먹을 정도로 안전하니 국민도 걱정 말고 먹으라는 어이없는 행태였다.

　　미국산 쇠고기 수입 반대 촛불시위는 불만의 소리를 그저 막으려고만 한 정부를 향해 국민이 직접 행동에 나선 것이다. 촛불시위 참가자들은 자신들의 생각을 직접 정부와 다른 많은 사람들에게 전달하고자 했다. 그래서 광장으로 나가 모였고 정부에 대해 외쳤다.

　　광장에 모여 목소리를 높이는 시위는 사회적 평온함과 충돌할 수밖에

* * *

15 뉴시스 2008.8.5. 「경찰, 물대포 발사·시위대 연행 초반부터 '강경대응'」
16 오마이뉴스 2008.7.16. 「한승수 '폭력시위 가담단체 보조금 회수 계획'」
17 연합뉴스 2008.7.8. 「한나라당 의원들, 미국산쇠고기 시식」
18 오마이뉴스 2008.7.10. 「노무현정부가 들여온 쇠고기 홍보하는 이명박정부」
19 뷰스앤뉴스 2008.7.9. 「한우농민들 '한나라, 미국 국회의원이냐'」

없다. 그러나 민주주의는 국민이 자유롭게 의견을 표출하고 그 의견이 소통 속에서 수렴되어야 발전할 수 있다. 언론이나 대리인을 통하지 않고 정부 또는 다른 국민을 향해 자신의 의견을 직접 표출하는 것은 국민이 민주주의를 실천하는 가장 기본적인 방식이다. 따라서 시위의 자유가 보장되지 않는다면 민주주의도 발전할 수 없다. 집회 및 시위의 자유는 당연히 보장되어야 한다. 야간 시위를 몇 시까지 보장할 것인지의 문제는 집회 및 시위의 자유와 그것으로 침해되는 다른 권리 간 균형점을 찾는 것이다. 균형점은 앞서 설명하였듯 국민의 의견을 수렴하여 입법부인 국회가 찾아야지 헌법재판소가 결정할 문제는 아니다.

「집시법」 제10조에 대한 세 번의 헌법재판소 판단 끝에 야간 옥외 집회에 대해서는 헌법 불합치 결정이, 야간 시위에 대해서는 한정 위헌 결정이 내려졌다. 국회는 여전히 「집시법」 제10조를 개정할 움직임조차 보이지 않고 있다. 최고 헌법기관인 헌법재판소가 개정의 필요성을 제시했음에도 입법부인 국회가 개정의 노력조차 보이지 않는 데 대한 비난을 피할 수는 없을 것이다.

"누구든지 해가 뜨기 전이나 해가 진 후에는 옥외 집회 또는 시위를 하여서는 아니 된다. 다만, 집회의 성격상 부득이하여 주최자가 질서유지인을 두고 미리 신고한 경우에는 관할 경찰관서장은 질서 유지를 위한 조건을 붙여 해가 뜨기 전이나 해가 진 후에도 옥외 집회를 허용할 수 있다." 「집시법」 제10조는 헌법재판소의 한정 위헌 결정, 대법원의 이례적 수용, 그리고 국회의 직무 유기에 의해 '해가 뜨기 전이나 해가 진 후에'로 쓰고 '24시부터 해가 뜨기 전까지'로 읽히고 있다. 검찰 역시 24시 이후 시위에 대해서만 기소하고 법원은 기계적으로 유죄를 선고한다. 이미 한정 위헌 결정이 내려진 「집시법」 제10조에 대해 다시 헌법 소원을 제기하는 것은 어렵다. 그렇다면 국회가 법률 개정에 나서는 것만이 유일한 해결책이다. 「집시법」 제10조의 개정을 통해 시위 참여자, 주변 상인 또는 주민, 그리고 안전한 시위를 책임지는 경찰에까지 모두 적용되는 합리적이고 명확한 가이드라인이 만들어져야 한다. 안전하고 평화로운 시위가 보장되는 지름길이 될 것이다.

재외국민의
참정권을 둘러싼 갈등

09 재외국민의 참정권을 둘러싼 갈등

● 헌법재판소 2014.7.24. 2009헌마256 결정

헌법재판소 결정 주문

1. 「국민투표법」(2009.2.12. 법률 제9467호로 개정된 것) 제14조 제1항 중 '그 관할 구역 안에 주민등록이 되어 있는 투표권자 및 「재외동포의 출입국과 법적 지위에 관한 법률」 제2조에 따른 재외국민으로서 같은 법 제6조에 따른 국내거소신고가 되어 있는 투표권자'에 관한 부분은 헌법에 합치되지 아니한다. 위 법률조항 부분은 2015.12.31.을 시한으로 입법자가 개정할 때까지 계속 적용된다.

2. 청구인 사단법인 ○○유권자총연합회의 심판청구와 나머지 청구인들의 「공직선거법」(2014.1.17. 법률 제12267호로 개정된 것) 제218조의4 제1항 중 '주민등록이 되어 있거나 국내거소신고를 한 사람' 부분, 「국민투표법」(1989.3.25. 법률 제4086호로 개정된 것) 제14조 제2항 중 '국내거주자' 부분에 대한 심판청구를 각하한다.

3. 청구인 사단법인 ○○유권자총연합회를 제외한 나머지 청구인들의 나머지 심판청구를 모두 기각한다.

국외에서 참정권을 보장받기 위한 지난한 노력

　국민이라면 당연히 보장받아야 하는 참정권. 그러나 재외국민이 선거권을 보장받는 데는 너무나도 오랜 시간이 걸렸다. 재외국민이란 외국에 거주하지만 한국 국적을 가지고 있는 사람을 말한다. 재외국민은 오랫동안 한국인임에도 선거권을 행사하지 못하고 살아왔다. 외국에서 투표를 할 수 있는 방법이 없었기 때문이다. 그렇다고 때마다 한국에 들어와 투표를 할 수도 없었다. 물리적·경제적 부담도 컸지만 한국에 주민등록이 없어 선거인명부에 이름을 올리기가 어려웠기 때문이다. "자기 발로 나간 사람에게까지 선거권을 보장해줘야 하느냐"는 일부의 인식이 재외국민 투표권 행사의 큰 걸림돌 중 하나였다. 하지만 외국에 거주하는 한국인들에게는 저마다의 사연이 있다. 근래에는 외국에서의 삶을 스스로 선택하여 한국을 떠나는 사람들도 많지만 과거에는 타의로 한국을 떠난 사람들이 대부분이었다. 그들은 식민지배, 한국전쟁, 제주 4·3항쟁과 같은 굴곡진 역사 속에서 선택의 여지 없이 한국을 떠나야 했다.

전쟁은 많은 이들이 한국을 떠나 외국에서 생활하도록 만들었다. 그런데 재외국민에게 처음으로 투표권이 부여된 것 역시 아이러니하게도 전쟁이었다. 1965년 7월 2일 정부는 국무회의에서 '국군 1개 사단 및 필요한 지원부대'를 베트남에 파병하기로 의결했다. 건군 이래 첫 '전투병' 해외 파병이었다.

이어 10월 23일에는 육군 맹호부대가, 이듬해인 1966년 9월 22일에는 육군 백마부대가 베트남전에 뛰어들었다. 첫 파병 후 1973년 3월까지 8년 6개월 동안 연인원 32만 명의 국군이 베트남 땅을 밟았다. 한국은 미국에 이어 가장 많은 병력을 베트남에 파병했다.[1]

1967년 5월 3일에 예정된 제6대 대통령선거를 앞두고 베트남에서는 4월 20일에 대한민국 최초의 재외국민 부재자투표가 시행되었다. 부재자투표는 사전신고를 해야만 참여할 수 있었다.

베트남 주둔 4만 5천여 명의 병력 중 42,081명이 부재자 신고를 했다.[2] 국가를 위해 목숨을 걸고 싸웠고 국가 경제발전에도 큰 기여를 한 파병장병의 참정권을 보장하겠다는 데 불만을 가질 국민은 없었다. '자기가 좋아 외국에 나간 이들에게까지 참정권을 보장해야 하냐'는 비난이 끼어들 여지가 없었다. 하지만 재외국민 부재자투표는 오래가지 않았다. 국군이 베트남에서 철수하자 재외국민 부재자투표도 폐지되어버렸다.[3]

• • •

1 동아일보 2008.7.2. 「[책갈피 속의 오늘] 1965년 전투병 베트남 파병 의결」

2 경향신문 1967.4.20. 「주월군 부재자투표 오늘 아침 단위부대별로」

3 한승철, 「재외선거제도의 현황과 개선방안에 관한 헌법적 고찰」, 성균관대학교 법학 석사학위 청구논문, 2010

참정권의 선택적 부여

파병장병들로 인해 실시되었던 국외 부재자투표는 1967년 제6대 대통령선거, 1967년 제7대 국회의원선거, 1971년 제7대 대통령선거, 1971년 제8대 국회의원선거까지 총 4회 실시되고 폐지되었다. 1972년 유신헌법과 함께 출범한 제4공화국은 국민이 직접 대통령을 선출하던 직선제를 통일주체국민회의에서 대통령을 선출하는 간선제로 바꿔버렸다. 비록 통일주체국민회의 대의원은 국민이 뽑았지만 국내 거주자만 부재자 신고를 할 수 있도록 제한되어 재외국민은 부재자투표에서 배제되었다.[4]

1997년 대통령선거를 앞둔 시점에서도 재외국민 부재자투표가 도입되지 않을 것으로 보이자 9명의 재일교포 2세는 참정권이 침해되었다며 헌법 소원을 제기했고(선거인명부사건), 비슷한 시기에 주재원과 유학생으로 프랑스에서 거주 중이던 이들이 선거인명부에는 등재되었지만 부재자 신고가 국내 거주자로 한정되어 자신들의 참정권이 제한되었다며 헌법 소원을 제기했다(부재자 신고사건). 결과는 모두 기각이었다. 재일교포 2세들의 청구의 기각 이유는 조총련계 재일교포와 북한 주민이 투표에 참여한다면 선거 결과가 왜곡될 우려가 있다는 것, 선거의 공정성 확보가 어렵다는 것, 선거 기술상 불가피하다는 것, 의무 없이 권리만 행사할 수 없다는 것이었다. 공정성은 해외에서 선거를 치를 경우 국내보다 선거 관리가 소홀해질 우려가 있다는 것으로 해석된다. 선거 기술상 문제는 짧은 선거 기간 중에 전 세계를 대상으로 홍보, 투표용지 배부 및 수거 등이 모두 이루어져야 하는 데 따른 어려움이다. 따져볼 부분은 있

• • •

4 「통일주체국민회의대의원선거법」(법률 제2352호, 1972.11.25., 제정) 제17조 제4항

지만 오늘날처럼 정보통신이 발달하지 않았던 당시 상황을 고려해본다면 일정부분 이해될 수 있는 문제다. 그러나 조총련계 재일교포 및 북한에 의한 선거 왜곡과 의무 없는 권리 행사라고 보는 헌법재판소의 시각은 심각한 문제를 가지고 있다.

헌법 제3조는 대한민국의 영토를 '한반도와 그 부속도서로' 규정한다. 헌법에 따르면 북한 지역 역시 대한민국 영토다. 대한민국 영토에 합법적으로 거주하고 있는 북한 주민은 당연히 대한민국 국민이고 참정권을 보장받아야 한다. 다만 대한민국의 행정력이 미치지 않는 북한 지역에서 선거를 치르는 것이 불가능할 뿐이다. 해외에 체류 중인 북한 주민이 재외국민 부재자투표에 참여하고자 하면 법적으로 막을 근거는 찾기 어렵다. 하지만 다르게 생각하면 해외 거주 중인 북한 주민이 대한민국 선거에 참여하겠다는 것은 대한민국 국민으로서 권리를 행사하겠다는 의사가 된다. 대한민국과 대립하고 있는 북한 주민으로서의 지위를 포기하지 않는다면 불가능한 일이다. 결국 북한 주민이 대한민국 선거에 영향력을 미칠 참정권을 행사하는 일은 현실적으로 불가능하다.

재일교포들은 일본과 한국 어디에서도 국민의 권리를 인정받지 못해왔다. 제2차 세계대전 당시 일본은 전쟁 협력을 이끌어내기 위해 일본 거주 조선인에게 선거권을 부여하기로 결정했다. 그러나 재일교포의 선거권 행사가 실제로 실시되지는 못했다. 이마저도 1952년 샌프란시스코 조약으로 재일교포의 일본 국적이 박탈되면서 그들은 완전한 정치적 무권리 상태에 놓였다. 모든 권리를 박탈당한 채 한국에서조차 자신들의 목소리를 내지 못한 그들은 60년 이상 고통을 겪어야 했다.[5] 한국과 일

●●●

5 빅이슈 2012.3.2. 「〈SPECIAL 31호〉 재외국민 선거권과 재일동포」

본 어디에서도 국민으로서 권리를 누리지 못해온 재일교포들이 결국 한국인으로서 참정권을 보장해달라며 헌법재판소의 문을 두드린 것이다. 조총련은 '재일조선인총연합회'의 약칭으로 친북한계 재일교포 단체다. 대한민국에 우호적인 재일교포 단체는 '재일본조선인거류민단'으로 흔히 '민단'이라 불린다. 민단은 조총련에 비해 활동 규모가 아주 작다. 특히 조총련은 일본 내 여러 조선인학교를 운영하는 데 반해 민단은 특별한 교육기관을 운영하지 않는다. 그래서 재일교포 중에는 정치적 입장과 무관하게 자녀를 조선인학교에 보내기 위해 조총련에 가입한 경우도 많다고 알려져 있다. 헌법재판소는 근소한 차이로 당선자가 결정되는 경우 조총련계 재일교포의 투표가 선거 결과를 왜곡시킬 가능성을 우려했다. 그러나 가능성의 여부는 논외로 하더라도 엄연한 국민인 조총련계 재일교포의 참정권을 제한한다는 것은 정치적 성향을 이유로 국민의 기본권을 박탈하겠다는 매우 위험한 발상이다. 민주주의사회는 다양한 이념의 자유로운 경쟁 속에서 성장한다. 그 여러 이념은 선거 과정을 통해 국민으로부터 정당성을 부여받아 국가정책으로 이어진다. 그런데 헌법재판소의 논리대로라면 친북 성향을 가진 유권자의 투표권을 제한하고 선거를 치러야 한다는 뜻이 된다. 민주주의의 핵심 가치인 이념적 다양성이 부정되는 것이다.

참정권을 병역이나 납세 등 의무와 연관시켜 의무의 부담 없이 권리만 행사할 수 없다는 주장 역시 헌법재판소 스스로 헌법적 가치를 훼손한 판단이었다. 독재와 민주 정부의 차이점은 국민으로부터 권력의 정당성을 부여받았는지 여부다. 국민으로부터 위임받지 않은 권력으로 국민을 지배하면 독재가 되고, 국민을 지배하는 그 권력이 국민으로부터 정당하게 위임받은 것이라면 그것은 민주 정부다. 그렇기에 국가권력에게 정당성을 부여하는 국민과 국가권력의 지배를 받는 국민은 동일해야 한다. 이렇듯 국가권력에게 정당성을 부여하는 국민의 기본적 권리인 참정권은 절대적 권리다. 참정권은 국방이나 납세 등 의무 이행의 대가로 주어지는 것이 아니다. 그런데 헌법재판소는 재외국민은 국방이나 납세의무를 이행하지 않기 때문에 국민의 권리인 참정권의 행사도 제한되어야 한다고 판단했다. 국민의 권리를 의무의 이행과 연계시킨 헌법재판소의 주장이 더욱 위험한 것은 국민을 구분하고 차별하는 극단주의를 지지하는 논거로 작용할 수 있기 때문이다.

부재자 신고사건에 대해서도 청구를 기각했는데 그 이유는 청구인들 스스로 해외 체류를 선택했다는 점에서 국내 거주자와 근본적인 차이가 있다며 국내 거주자에게만 부재자 신고를 허용한 것이 차별은 아니라고 했다. 그러나 장기적으로 재외국민에게도 투표권을 부여하는 것이 바람직하다고 판단했다. 그러면서 모든 재외국민에게 부재자 투표권을 부여하는 것은 현실적으로 불가능하므로 군인과 공무원 등 국가의 명령에 따라 해외에 근무하고 있는 이들부터라도 점진적으로 도입할 것을 권고했다.

오락가락 판결에 혼란만 가중된 재외국민 투표

2007년 헌법재판소는, 대한민국 국적을 보유한 일본 영주권자이면서 현재 일본에 거주하고 있거나 국내에 거주하고 있는 만 19세 이상의 국민으로서 참정권 행사를 위한 요건으로 주민등록을 요구함으로써 주민등록을 할 수 없는 청구인들로 하여금 대통령·국회의원 선거권, 지방선거

선거권 및 피선거권을 행사할 수 없도록 한 것은 기본권을 침해한다고 주장하면서 헌법 소원 심판을 청구한 사건(2004헌마644)과 대한민국 국적을 보유한 만 19세 이상의 미국 또는 캐나다 영주권자들이 청구인으로 국내에 주민등록이 되어 있는 자만이 선거명부에 등재되어 선거권을 행사할 수 있도록 함으로써 국내에 주민등록이 되어 있지 아니하거나 말소된 국외 거주자에 대하여는 선거권을 행사할 수 없도록 하고, 선거인명부에 오를 자격이 있는 국내 거주자에 대하여만 부재자 신고를 할 수 있도록 함으로써 주민등록이 되어 있지 아니한 국외 거주자가 부재자로서 투표권을 행사할 수 없도록 한 것에 대한 헌법 소원 심판(2005헌마360) 청구에 대해서 기존의 합헌 결정을 파기하고 위헌 결정을 내렸다. 선거권의 제한은 불가피하게 요청되는 개별적·구체적 사유가 존재함이 명백할 경우에만 정당화될 수 있고, 막연하고 추상적인 위험이나 국가의 노력으로 극복될 수 있는 기술상의 어려움이나 장애 등을 사유로는 그 제한이 정당화될 수 없다고 판단했다. 또 국내 거주자에 대해서만 부재자 신고를 허용함으로써 재외국민과 단기 해외 체류자 등 국외 거주자 전부의 국정선거권을 부인하는 것은 국제화시대에 해외 이주의 기회가 많아진 상황에 그것이 자발적이라는 이유만으로 선거권 행사가 부인되는 것은 타당성을 갖기 어렵다고 보았다. 선거권 제한 입법의 헌법적 정당성을 판단하는 데 엄격한 심사기준을 적용하여 기존의 합헌 결정을 변경함으로써 주민등록을 기준으로 선거권 등 참정권 부여 여부를 결정하는 것은 헌법과 합치될 수 없다는 점을 분명하게 확인했다. 다만 단순 위헌 결정을 내려 관련 법령을 무효화시킬 경우 혼란이 발생할 수 있고 관련 제도를 정비하는 데 상당한 시간이 소요될 것으로 예상된다며 2008년 12월 31일까지 입법자로 하여금 개정할 것을 명했다. 헌법재판소의 위헌 결정에 따라 「공직선거법」은 개정되었지만 여전히 많은 문제를 남겨놓았다. 결국 재외국민 투표 문제는 또다시 헌법 소원이 제기되었다.

이번 헌법 소원의 쟁점은 다섯 가지다. 첫 번째 쟁점은 선거권 조항 및 재외선거인 등록신청 조항이 재외선거인에게 임기만료 지역구 국회의원의 선거권을 인정하지 않은 것이 위헌인지 여부이다. 지역구 국회의원은 국민의 대표임과 동시에 소속지역구의 이해관계를 대변하는 역할을 한다. 이러한 이중적 지위에 대해 헌법재판소는 지역 이해관계자의 대변자라는 역할을 좀 더 중요하게 판단하고 지역구 국회의원을 선출하기 위해서 해당 지역과의 관련성이 인정되어야 하므로 주민등록이나 거소신고가 지역과의 관련성을 확인하는 합리적인 방법이라고 보고 재외선거인의 선거권을 침해하지 않는다고 했다.

두 번째 쟁점은 재외선거인 등록 조항이 국회의원 재·보궐선거의 선거권을 인정하지 않는 것이 위헌인지 여부이다. 잦은 재·보궐선거에 비추어보면 투표율이 높지 않을 것으로 예상되는 점, 재·보궐선거 때마다 전 세계 해외 공관을 가동해야 하는 등 많은 비용과 시간이 소요된다는 점을 고려했을 때 재외선거인에게 국회의원 재·보궐 선거권을 부여하지 않는 것이 불합리하거나 불공정하다고 판단하지 않았다.

세 번째 쟁점은 정부에서 직권으로 재외선거인명부를 작성하지 않고 재외선거인의 등록신청을 받아 재외선거인명부를 작성하는 것이 재외국민의 선거권을 침해하는지 여부이다. 선거인명부 등록은 유권자의 관리와 관계되는 문제다. 한국은 모든 국민의 명부를 관리하는 주민등록제도를 운영 중이다. 이는 국제적으로 찾아보기 드문 한국만의 독특한 제도다. 제도의 당위성에 대한 문제는 논외로 하더라도 한국은 주민등록제도 덕분에 국내 거주자에 대해서는 별도의 선거인명부 등록 절차를 거칠 필요가 없다. 국가가 이미 모든 국민이 등록된 명부를 확보하고 있기 때문이다. 반면 재외국민은 그렇지 않다. 각국의 공관에서 해당 국가에 거주 중인 우리 국민을 정확히 파악하는 것은 쉬운 일이 아니다. 게다가 선거는 고도의 공정성이 요구되는 제도로 부정확한 선거인명부로 선거를 치를 수는 없다. 이런 이유로 재외국민이 선거인명부 등재신청을 직접 하도록 규정한 것은 일면 타당해보인다. 다만 선거인명부 등재신청 방법이 방문신청으로 제한된 것은 참정권을 부당하게 제한할 소지가 있었다. 재외국민이 참정권을 행사하기 위해서는 선거인명부 등재신청을 위해 한 번, 투표를 위해 한 번, 총 두 번 공관을 방문해야 했다. 해외 공관은 한국의 주민자치센터와 같이 지역별로 설치되어 있지 않다. 공관에 방문하기 위해서는 직장에 휴가를 내고 장시간 이동해야 하는 경우도 다반사다. 재외국민에게 공관을 두 번 방문한다는 것은 매우 큰 부담이었다.

선거는 국가의 의사결정에 국민이 직접 참여하거나 국민의 대표자가 국민으로부터 정당성을 확보하는 방법이다. 투표율이 낮다는 것은 그만큼 권력의 정당성이 부족하다는 뜻이다. 거꾸로 높은 투표율은 권력의 확고한 정당성을 의미한다. 투표율을 높이기 위한 노력은 국가가 국민으로부터 정당성을 부여받고자 애쓰는 것으로서 민주주의의 핵심 가치 중 하나다. 선거인 등록신청은 투표의 편리성에 직결되는 문제다. 투표의 편리성은 국민을 투표소까지 유인하는 매우 중요한 수단으로 투표율과도 직결된다. 그렇기에 투표 절차는 간편하면 간편할수록 좋다. 그러나 투표의 편리성과 공정성은 정비례하기 어려운 성질을 가진다. 선거를 공정하게 치르기 위해서는 다양한 절차가 요구되지만 절차가 복잡할수록 편리성은 낮아져 투표율의 저조로 이어질 위험이 크다. 그렇기 때문에 헌법재판소가 공관의 직접 방문만을 규정한 재외선거인명부 등재신청이 헌법에 어긋나지 않는다고 판단한 점은 다소 경솔했던 것으로 보인다. 다행히 제18대 대통령 재외선거의 신고·신청기간 중이었던 2012년 10월 2일 선거인명부 등재신청 방법에 전자우편, 가족대리제출 등이 추가되면서 선거인명부 등재신청 절차는 한결 수월해졌다.

네 번째 쟁점은 재외선거 투표 절차 조항이다. 헌법재판소는 선거의 공정성 확보와 투표용지 배송 등 선거 기술적인 측면 등을 고려했을 때 인터넷투표 방법이나 우편투표 방법을 채택하지 않고 원칙적으로 공관에 설치된 재외투표소에 직접 방문하여 투표하는 방법이 불공정하거나 불합리하지 않다고 판단했다.

마지막 다섯 번째는 주민등록이 되어 있지 않고 국내 거소 신고도 하지 않은 재외선거인의 국민투표권 제한이 위헌인지 여부이다. 헌법재판소는 「국민투표법」에서 국내 거소 신고가 되어 있는 재외국민에게만 투표권을 부여한 것은 헌법에 어긋난다고 판단했다. 지역구 국회의원 선거는 지역 현안과 밀접한 관련이 있지만 국민투표는 대의기관인 국회와 대통령의 의사결정에 대한 국민의 승인 절차이기 때문에 국내 거소 신고와 무관하다는 판단이었다. 다만 「국민투표법」 조항이 위헌으로 선언되어 즉시 효력을 상실하면 국민투표를 실시하고자 하여도 투표인 명부를 작성할 수 없어 혼란이 발생할 수 있기 때문에 국회로 하여금 2015년 12월 31일까지 개정할 것을 명하며 해당 조항을 한시적으로 유지시켰다.[6]

국회는 헌법재판소가 명한 입법 시한까지 「국민투표법」을 개정하지 않았다. 국민투표는 헌법을 개정하는 정도의 사건이 발생해야 시행하니 개

● ● ●
6 헌재 2014.7.24. 2009헌마256

정에 서두를 필요가 없었다. 특히 「국민투표법」이 효력을 상실한다고 해도 국회의원 선거는 「공직선거법」이 규율하기 때문에 자신들의 선거에는 아무런 영향을 주지 않아 국회로서는 급할 것이 전혀 없었다. 결국 국회는 개정에 신경을 쓰지 않았고 「국민투표법」은 2016년 1월 1일부로 효력을 상실했다.

재외(在外)국민은 제외(除外)?

국정농단으로 박근혜 대통령이 탄핵되면서 예상 못한 조기 대선이 치러지게 되었다. 조기 대선이 치러지면서 재외국민은 투표권을 행사할 수 없을지도 모를 위기에 처했다. 2009년 개정된 「공직선거법」 부칙 때문이었다. 부칙 제2항은 대통령의 궐위로 인한 선거 또는 재선거에 관하여 재외국민 투표를 2018년 1월 1일 이후 최초로 그 실시사유가 확정된 선거부터 적용한다고 규정하고 있다. 이 부칙에 따르면 2017년 5월 9일 치러지는 제19대 대통령선거에서 재외국민은 투표를 할 수 없다. 약 200만 명의 재외국민 선거권자는 투표권이 침해받는다고 목소리를 높였고, 2017년 3월 9일 법률 제14571호로 「공직선거법」을 개정하면서 해당 부칙 조항은 삭제했다. 이로써 촉박한 선거일정을 앞두고 투표권의 위기를 넘겨 재외국민은 대통령선거에 소중한 자신의 권리 한 표를 행사할 수 있게 되었다.

조기 대선이 치러지고 문재인정부가 출범하면서 개헌의 필요성이 대두되었다. 문재인정부는 개헌에 대한 국민투표를 2018년 6월 지방선거와 함께 시행하고자 했다. 하지만 재외국민의 국민투표권을 제한하는 「국민투표법」이 헌법재판소의 헌법 불합치 결정으로 효력을 상실한 상태였기 때문에 개헌안이 마련되어도 국민투표를 할 수 없는 상황이었다. 이에 청와대는 6월 지방선거와 개헌의 동시 투표를 위해 국회에 「국민투표법」 개정을 촉구했다. 그러나 국회는 헌법재판소가 정한 시한보다 2년 이상 늦은 시점에도 「국민투표법」을 개정하지 않았고, 2018년 지방선거와 개헌 국민투표 동시 진행은 무산되었다. 국회의 직무유기로 개헌은 시도조차 하지 못했고, 「국민투표법」 무산에 대해 직접적인 이해 당사자인 재외국민은 자신들이 재외在外 국민이 아니라 제외除外 국민이 되고 있는 현실에 분노했다.

오랜 줄타기, 이제 종지부를 찍을 때다

1977년 부가가치세가 처음 도입될 때 정부는 고속버스를 최고급 교통수단으로 분류했다. 고속버스는 사치품으로 취급받아 면세항목에서 제외되었고 승객은 운임에 10퍼센트의 부가가치세를 꼬박꼬박 냈다. 고속버스가 서민의 교통수단으로 인정받아 부가가치세를 면제받기까지는 장장 38년이 걸렸다.[7] 이처럼 고속버스가 사치품인 시절에 비행기를 타고 해외에 나가는 이들을 곱게 볼리는 없었다. 국민이라면 누구나 누려야 하는 참정권이 단지 외국에 거주한다는 이유만으로 제한받아야 했던 국민정서법이었다. 대한민국 최초의 재외국민 부재자투표가 목숨을 걸고 타지에 나가 싸운 베트남 파병 장병을 대상으로 이루어졌던 이유이기도

●●●
7 매일경제TV 2014.8.22. 「내년부터 일반 고속버스 요금 5% 내린다」

했다. 고속버스에 붙은 부가가치세가 사라지는 데 40년 가까운 세월이 흘렀듯 해외 거주 국민에 대한 삐딱한 시각이 사라지는 데도 그에 못지 않은 시간이 필요했다. 다만 헌법재판소가 조금 더 일찍 올바른 판단을 해주었다면 재외국민의 참정권을 둘러싼 불필요한 갈등이 발생하지 않았을 것이라는 아쉬움은 진하게 남는다.

헌법재판소는 재외국민 부재자투표 문제를 세 번에 걸쳐 판단했다. 투표 방법에 대한 문제는 정보통신 기술의 발전과 같은 환경과 기술적 변화에 크게 영향을 받는다. 그러나 재외국민의투표권 여부는 환경의 변화와는 무관한 논의다. 그럼에도 헌법재판소는 이념과 국민의 의무 등의 문제로 그들의 참정권을 제한할 수 있다는 당혹스러운 결정을 내리기도 했다. 헌법재판소가 국민으로서 당연히 가지는 참정권을 쉽게 인정하지 않았기에 재외국민 부재자투표 문제는 세 번에 걸쳐 헌법 소원의 대상이 되어야 했고 그만큼 오랫동안 갈등이 지속되었다.

아직도 갈등이 완전히 해결된 것은 아니다. 앞서 살펴보았듯 지역구 국회의원선거와 재·보궐선거 그리고 인터넷과 우편투표는 또다시 문제 될 소지가 크다. 조만간 재외국민 부재자투표에 대한 네 번째 헌법 소원이 제기될 수도 있다. 이제는 인터넷이나 우편투표를 계속해서 거부하기는 어려울 것이다. 정보통신의 발달은 투표를 반드시 오프라인으로만 제한할 명분을 약화시켰다. 다양한 인터넷 보안기술은 인터넷선거의 공정성을 충분히 확보해 줄 수 있을 정도로 발전했다. 선거는 공정성도 중요하지만 참여율도 중요하다. 특히 재외국민과 같이 공관을 방문하는 데많은 시간과 노력을 투자해야 한다면 인터넷투표를 도입해 선거의 편리성을 확보할 필요성이 커진다.

주권, 영토, 국민은 국가를 구성하는 3대 요소이다. 지금까지는 주권과 국민이 영토에 한정되어왔다. 하지만 이제 주권과 국민, 특히 국민은 영토의 제약에서 벗어나고 있다. 2016년 말 박근혜 대통령의 탄핵을 이끌어낸 촛불시위는 국내에서만 진행되지 않았다. 유럽, 아시아 등 해외 교민과 유학생들도 각자의 거주지에서 촛불시위에 동참했다.[8] 2017년 대선 과정에서 프랑스 파리 교민들은 민주당 경선 후보였던 이재명을 지지하기도 했다.[9]

해외에서의 선거가 국내에서와 같을 수는 없다. 행정력의 영향이나 가용할 수 있는 인적·물적 자원도 상이하다. 교포의 인구밀도 또한 국내와 엄청난 차이를 보인다. 따라서 국내에서 진행되는 선거 방식이 해외에서도 동일하게 적용되는 것은 불가능하다. 재외국민의 참정권을 보장하기로 결정했다면 그에 적합한 방법을 고려해야 한다. 인터넷이나 우편을 이용한 투표 등 재외국민 투표에 적절한 새로운 투표 방법의 도입을 적극적으로 고민해야 할 것이다.

• • •

8 이투데이 2016.11.13. 「[11·12 촛불집회] 독일·프랑스 교민들도 '박근혜 퇴진' 집회」

9 국민일보 2017.3.21. 「프랑스 한인 40여 명 '촛불혁명 완수 위해 우린 이재명이 필요하다'」

헌정사상 최초의 정당해산

10 헌정사상 최초의 정당해산

● 헌법재판소 2014.12.19. 2013헌다1 결정

헌법재판소 결정 주문

1. 피청구인 통합진보당을 해산한다.
2. 피청구인 소속 국회의원 김○회, 김○연, 오○윤, 이○규, 이○기는 의원직을 상실한다.

헌정사상 초유의 정당 해산, 통합진보당

1996년 12월 26일 새벽 5시 50분, 사전에 관광버스에 나누어 타고 국회로 이동해 대기하고 있던 신한국당 의원들은 은밀히 국회에 입장했다. 입장이라기보다는 잠입에 가까웠다. 이들은 국회 본회의장으로 모였고, 서청원 원내총무는 의원들을 일일이 맞았다. 의원들의 손에는 11개 법안 관련 서류봉투가 하나씩 들려있었다. 새벽 6시, 신한국당 소속의원 157명 가운데 김수한 국회의장 등 3명을 제외한 154명이 본회의장에 입장했다. 곧 오세응 부의장은 개회를 선언했다. "제1차 본회의를 개회하겠습니다." 이어 법률안을 상정하고 통과시키는 절차가 이어졌다. 오세응 국회부의장은 "이의 없으십니까?", "가결되었음을 선포합니다."를 반복하며 의사봉을 48번 두드렸다. 이른 새벽 국회에서 11개의 법률안이 그렇게 통과되었다. 이 모든 과정에 걸린 시간은 단 7분에 불과했다.[1]

• • •

1 MBC 1996.12.26. 「신한국당, 노동법 개정안과 안기부법 개정안 기습처리」

노동계는 즉각 반발했다. 특히 처리된 11개의 법률안 중 「근로기준법」이 문제였다. 날치기로 통과된 「근로기준법」 개정안은 정리해고 요건의 구체화, 복수노조의 도입, 파업기간 중 대체근로자 사용 도입, 파업기간 하도급 생산 도입, 쟁의기간 사용자의 임금 지급의무 면제 등을 포함하고 있었다.[2] 노동계는 사실상 노조를 무력화시키는 법안이라고 해석했다.

야당은 노동법 날치기 통과의 무효를 선언했다. 새정치국민회의와 자유민주연합 의원 전원이 항의농성에 들어갔다. 그들은 신한국당의 반민주적 행위를 비판하는 의미에서 검은 넥타이를 매고 여당 의원들의 명패에 검은 천을 씌웠다.[3] 하지만 누구보다도 자극을 받은 것은 노동계였다. 사건이 터진 다음 날, 노동계는 전면 총파업에 돌입했다. 당시 민주노총 위원장 권영길은 법안이 백지화될 때까지 무기한 총파업에 들어가겠다고 결의했다.[4] 한국노총을 비롯한 다른 노조들도 총파업에 동참했다. 방송 4사 노조도 법안이 철회되지 않자 동시 파업을 선언했다.[5] 노동계의 총파업은 역대 최대 규모였다.

김영삼 정부의 노동법 날치기 사건으로 노동계는 제도권 정치에 대한 비판의 날을 세웠다. 자극을 받은 노동계는 1997년 대한민국 대통령 선거에서 진보 진영 대통령 후보를 추대하기로 의견을 모으고 민주노총을 중심으로 건설국민승리21을 창당했다. 9월 7일에는 권영길을 대통령 후보로 추대했다. '일어나라 코리아'라는 기치 아래 "기성 정치세력을 물리치고 참된 개혁과 진보의 정치를 펴자"라는 구호를 들고 권영길은 대선에 뛰어들었다. 투표 결과 306,026표를 획득, 1.2퍼센트의 저조한 득표율을

• • •

2 한겨레 1996.12.27. 「노동계 총파업 돌입」
3 MBC 1996.12.26. 「야당, 신한국당의 법안 기습처리 관련 무효투쟁 결의」
4 한겨레 1996.12.10. 「총파업 결국 일어나나」
5 한겨레 1997.1.8. 「방송4사 첫 무기한 동시파업」

기록해 기대에 미치지는 못했다. 다만 1998년 실시된 제2회 지방선거에서는 노동계와 연대하면서 무소속 후보를 출마시켜 기초단체장 3명을 포함해 22명을 당선시키며 선전했다.[6] 이후 건설국민승리21은 외연 확대를 위해 1999년 11월 15일 정당해산 신청을 하고 민주노동당 창당준비위원회로 전환했다. 민주노동당은 이렇게 2000년 1월 30일 만들어졌다.[7]

진보정당, 분당과 갈등의 역사

민주노동당은 2000년 제16대 국회의원선거에서 평균 13.1퍼센트 득표, 2002년 지방선거에서 기초단체장 2명, 광역의원 11명(비례 9명 포함) 당선, 2002년 대통령선거에 권영길 후보가 출마하여 3.98퍼센트 득표 등 꾸준한 성과를 냈지만 크게 두각을 나타내지는 못했다. 그러다 2002년 효순이 미선이 미군 장갑차 사건과 2003년 이라크파병 반대시위 등의 사회적 분위기 속에서 2004년 제17대 국회의원선거에서는 10명의 국회의원을 배출하여 마침내 제도권 정당으로 진입할 수 있었다. 지역구 당선자는 권영길(경남 창원을)과 조승수(울산 북구) 2명에 그쳤지만 정당 투표에서 13.03퍼센트를 얻어 무려 8명의 비례대표 의원을 당선시켰다. 이를 두고 언론들은 "1960년 4·19혁명 분위기를 타고 사회대중당, 한국사회당 등의 원내 진출 이후 44년 만에 진보정당이 원내에 진출한 쾌거"라고까지 묘사했다.[8]

• • •

6 경향신문 1998.6.6. 「노동계 '정치속으로' 6·4선택」

7 연합뉴스 1999.12.21. 「민주노동당, 1월 30일 창당대회」

8 동아일보 2004.4.15. 「[선택 4·15] 민주노동당 '진보정당 진출 44년 만의 쾌거'」

첫 원내 진출을 이루어낸 민주노동당은 제도권 정치에 대한 자신감을 가졌다. 그러나 장밋빛 희망은 곧 내부 분열에 따른 반복된 위기를 겪으면서 잿빛으로 바뀌기 시작했다. 첫 위기는 2008년에 찾아왔다. 2007년 권영길은 심상정, 노회찬 두 후보를 누르고 대한민국 제17대 대통령선거 민주노동당 후보로 선출되었다.[9] 당시 경선에서는 소위 자주파와 평등파 간 진영 대결의 성격을 보이며 심각한 당내 갈등을 빚었다. 게다가 권영길이 대선에서 3퍼센트라는 저조한 성적을 거두자 갈등은 폭발했다. 결국 자주파로 분류되었던 문성현 대표를 포함한 당내 지도부는 대선 패배의 책임을 지고 총사퇴를 선언할 수밖에 없었다.[10]

자주파 지도부는 총사퇴를 하며 평등파로 분류되던 심상정을 비대위원장으로 추대했다. 이로써 당내 갈등은 봉합되는 듯했다. 그러나 추대를 받은 심상정이 당의 개혁을 위한 혁신안을 제시하면서 오히려 갈등은 더욱 커졌다. 심상정은 "공천권을 포함한 당 운영 전권이 비대위에 주어지지 않으면, 당의 전면 쇄신은 불가능하다."라며 비대위원장에 대한 포괄적 권한에 더해 '정파 수장 총선 비례대표 출마 포기'까지 요구했다. 이에 자주파가 "비례대표 자리는 흥정 대상이 아니다. 당을 수습하겠다는 것인지 진정성에 의구심이 든다."라며 거세게 반발하면서 비대위의 출범은 실패로 끝나고 말았다.[11] 결국 2008년 2월 3일 임시 당 대회에서 혁신안이 부결되고 자주파의 수정안이 통과되면서 민주노동당은 분당 수순에 들어갔다.[12] 평등파의 핵심인물이었던 심상정과 노회찬의 주도로 진보신

• • •

9 오마이뉴스 2007.9.15. 「권영길 민주노동당 대선후보 확정」

10 뷰스앤뉴스 2007.12.25. 「민노당 지도부 총사퇴키로, 심상정 체제 유력」

11 한겨레 2007.12.31. 「심상정 제안 놓고 민노당 계파 충돌」

12 경향신문 2008.2.3. 「'일심회 제명안' 부결에 민노당 심대표 퇴장」

당이 창당되면서 민주노동당은 창당 8년 만에 분당을 맞이하고 말았다.[13]

분당 후 치러진 제18대 국회의원선거는 진보정당의 위기와 동시에 재통합 논의의 단초를 제공했다. 민주노동당은 비례 3석과 지역구 2석을 얻는 데 그쳤고, 탈당파가 중심이 된 진보신당은 의석 확보에 실패했다. 이에 민주노동당과 진보신당은 2011년 12월 5일 민주노동당, 참여정부 인사가 주축된 국민참여당, 새진보통합연대(진보신당 탈당파)를 합쳐 통합진보당을 결성하면서 다시 한솥밥을 먹게 되었다.[14] 통합진보당은 제19대 국회의원선거에서 민주당과 선거연대를 하면서 13석(비례대표 6석, 지역구 7석)을 거머쥐는 역대 최고의 성적을 냈다.

선전의 기쁨은 오래가지 않았다. 곧 비례대표 부정선거 의혹이 불거졌다. 통합진보당은 2012년 3월 14일부터 3월 18일까지 비례대표 순위를 결정하는 온라인 및 현장투표를 실시했다. 그때 일부 지역 투표함에서 투표인명부와 실제 투표용지 수가 불일치해 당 중앙선관위가 해당 현장투표함 전체를 무효화하면서 일부 후보들이 반발하는 사건이 벌어졌다. 온라인투표 결과 1위를 기록한 오옥만 제주도당 공동위원장은 현장투표 결과가 반영되면서 9위 순번으로 밀려나기도 했다. 청년비례대표로 선출되어 3번을 받은 김재연 후보에 대해서는 온라인투표 시스템 로그파일이 훼손된 흔적이 발견되었다는 의혹까지 제기되었다.[15]

비례대표 부정경선 문제에서 경기동부연합이라는 한 조직의 이름이 오르내렸다. 경기동부연합은 1991년 창립된 민주주의민족통일전국연합(전국연합)의 지역조직 중 하나다.[16] 동시에 비례대표 경선에서 1위를 차

● ● ●

13 경향신문 2008.2.21. 「심상정·노회찬 내달 16일 진보신당 창당 '이명박정권 폭주 견제'」

14 서울신문 2011.12.5. 「통합진보정당 마침내 닻 올렸다」

15 경향신문 2012.3.20. 「통합진보당 비례대표 선정 또 연기」

16 경향신문 2012.3.26. 「'경기동부연합' 실체 논란」

지한 이석기에게 관심이 집중되었다. 이석기는 비례대표 경선에서 압도적인 표차로 1위에 올랐지만 정작 통합진보당 내부에서는 '이석기가 누구냐'는 말이 돌았다. 이석기가 당 안팎에 널리 알려진 인물이 아니었기 때문이다. 부정경선 문제를 제기하는 이들 중 일부는 당직자들에게도 제대로 알려지지 않았던 이석기가 경선에서 많은 표를 받은 것을 두고 종파 패권주의의 대표적인 사례라며 비난했다. 이석기가 경기동부연합으로 불리는 주류 정파의 숨겨진 핵심이자 실세였기에 당선되었다는 의미다. 그들은 이석기가 대표이사를 맡고 있던 '시엔피CNP 전략그룹'이란 광고기획사를 근거로 들었다. 이 회사는 2007년 권영길 민주노동당 대선 후보 광고를 비롯해 당, 노조, 대학 총학생회의 각종 기획 · 홍보물 등을 거의 독점한 것으로 알려졌다. 이와 관련하여 시엔피가 민노당과의 계약으로 올린 수익을 경기동부연합의 조직 관리 비용으로 썼다는 의혹이 제기되었다.[17]

　통합진보당은 선거 직후인 12일 공동대표단 회의를 열어 '비례대표 후보 선출선거 진상조사위원회'를 구성해 본격적인 조사에 나섰다.[18] 진상조사위는 그동안 당내에서 말로만 떠돌던 이른바 '유령당원'의 실체가 확인되었다고 발표했다. 투표를 하지 않았는데 당내 경선 참여 기록이 있거나, 당원이 아닌데도 당원으로 등록되어 투표를 했다고 집계된 사례가 확인된 것이다.[19] 그러나 당대표였던 이정희는 진상조사위의 조사 결과에 대해 "불신에 기초한 의혹만 내세울 뿐 합리적 추론도 하지 않았다.", "부풀리기식 결론은 모든 면에서 받아들일 수 없다."라며 수용불

● ● ●

17 한겨레 2012.5.3. 「'의혹 중심' 당권파 핵심, 이석기는 누구?」

18 경향신문 2012.4.20. 「'현장 · 온라인 투표 모두 … ' 통합진보당 부정선거 의혹」

19 한겨레 2012.5.4. 「통합진보당 '유령당원 투표' 드러났다」

가 입장을 밝혔다.[20] 결국 비례대표 부정경선 문제는 물리적 충돌로 이어졌다. 2012년 5월 12일 오후 9시 40분경 통합진보당 중앙위원회에서 강령 개정안을 의결하는 순간, 당권파 측 참관인들이 난입하면서 몸싸움이 벌어졌다.[21] 부정경선의 당사자로 지목된 김재연, 이석기에 대한 제명안을 상정하기도 했지만 이 역시 부결되고 말았다.[22] 비례대표 부정경선 문제를 스스로 해결할 기회는 완전히 사라져버렸다. 상황이 이쯤 되자 통합진보당의 전통적인 지지세력이었던 민주노총의 지지철회 사태까지 이어졌다.[23]

2012년 9월 7일 통합진보당은 의원총회를 열어 김제남, 박원석, 서기호, 정진후 의원 등 비례대표 의원 4명을 제명하는, 소위 셀프제명을 의결했다.[24] 비례대표 의원이 탈당을 하면 의원직을 상실하지만 제명된 경우는 의원직을 유지할 수 있었기 때문에 셀프제명으로 통합진보당 당적을 정리한 것이다. 이들과 함께 노회찬, 심상정, 조준호 등 당내 핵심 인물들이 통합진보당을 떠나 2012년 10월 7일 진보정의당을 창당하면서 통합진보당은 또다시 분당을 맞아야 했다.[25] 이때까지만 해도 이석기의 등장과 중앙위의 물리적 충돌이 통합진보당의 해산으로까지 이어진다고는 아무도 예상하지 못했다.

●●●

20 동아일보 2012.5.4. 「이정희 '조사결과 수용 못해 … 지도부 즉각 총사퇴 안돼'」

21 YTN 2012.5.12. 「통합진보당 당권파, 단상 난입 … 폭력사태 빚어져」

22 YTN 2012.7.27. 「이석기-김재연 제명처리 부결 파문 … 김병화 자진사퇴」

23 매일경제 2012.8.14. 「민노총, 진보당과 결별 … 지지철회 공식 선언」

24 경향신문 2012.9.7. 「[속보] 통합진보당 비례대표 의원 4명 제명 가결」

25 동아일보 2012.10.8. 「통진탈당파 새당명 '진보정의당'」

이석기의 내란음모 사건

2013년 8월 28일 오전 6시 30분, 국가정보원은 통합진보당 이석기 의원과 김홍열 경기도당위원장을 포함한 통합진보당 현역 의원 및 당직자 등 관련 인사의 자택과 사무실 10여 곳에 대한 압수수색을 전격적으로 단행했다.[26] 현직 국회의원이 포함된 원내정당 인사에 대한 대대적인 압수수색이었다. 이 과정에서 이석기 의원 국회사무실에서는 국정원과 통합진보당 현역 의원 및 당직자들이 장시간 대치하며 몸싸움이 벌어지기도 했다.[27]

통합진보당은 국정원의 압수수색을 공안탄압으로 규정하고 "박근혜 정권은 대를 이어 '긴급조치 제10호'를 발동했다.", "지난 70년대처럼 총칼로 억누른다고 하여 국민의 입을 막을 수 있다고 생각한다면 그야말로 엄청난 오산"이라며 반발했다.[28] 국정원은 압수수색과 더불어 통합진보당 인사인 홍순석 통합진보당 경기도당 부위원장, 이상호 경기진보연대 고문 그리고 한동근 통합진보당 수원시위원장을 체포했다.[29]

국정원은 하루 뒤인 29일, 내란음모·선동 및 「국가보안법」 위반 혐의로 이석기와 앞서 체포된 3명에 대한 사전구속영장을 신청했다.[30] 다음 날, 수원지방법원은 홍순석 등 3명에 대한 구속영장을 발부하고[31] 이석기에 대한 체포동의안 요구서를 검찰에 발송했다. 당시 대통령 박근혜는

• • •

26 연합뉴스 2013.8.28. 「국정원, 진보당 이석기 의원실 등 10곳 압수수색 착수」
27 연합뉴스 2013.8.28. 「몸싸움 벌어진 이석기 의원실」
28 머니투데이 2013.8.28. 「이석기 의원 등 압수수색 … 공안탄압」(상보)
29 연합뉴스 2013.8.28. 「국정원, 통합진보당 홍순석 부위원장 등 3명 체포」(2보)
30 연합뉴스 2013.8.29. 「국정원, 이석기 사전구속영장 신청 … 수사 급물살」(종합3보)
31 뉴시스 2013.8.31. 「법원, '내란음모 혐의' 3명 구속영장 발부」

9월 2일 국무총리실에 제출된 이석기에 대한 체포동의안을 결제했다.[32] 체포동의안은 이틀 후인 9월 4일 국회 본회의에 상정되었다. 야당이었던 민주당과 정의당마저 찬성을 당론으로 정하면서 체포동의안의 가결은 확실시되었다. 결국 이석기에 대한 체포동의안은 재적의원 298명 중 9명만이 불참해 289명이 표결에 참석한 가운데 258표의 압도적인 찬성으로 가결되었고,[33] 이로써 이석기는 현역 의원 신분으로 체포되었다.

이석기의 주요 혐의는 지하혁명조직Revolutionary Organization, RO을 결성해 대한민국 체제전복을 목적으로 합법·비합법, 폭력·비폭력적인 모든 수단을 동원하여 이른바 '남한 공산주의 혁명'을 도모했다는 내용이었다. 국정원은 2013년 5월 12일 서울 마포구 합정동의 한 종교시설에서 열린 모임을 주요 증거로 제시했다. 당시 모임에서 이석기는 통합진보당 당원 등 130여 명을 대상으로 강연을 했다. 국정원이 공개한 녹취록에서 이석기는 북한과 전쟁 상황이 발생하면 통신과 철도, 가스, 유류 같은 기간시설을 차단해야 한다고 주장했다. 이를 위한 방법으로 수입 장난감 총을 개조해 성능을 강화하고 인터넷에서 정보를 모아 폭탄 제조법을 숙지해 둘 것을 강조했다.[34]

전시에 국가기간시설을 공격하자는 현직 국회의원의 발언은 충격적이다. 하지만 개조한 장난감 총으로 군이나 경찰과 맞서 싸우자는 것과 누구나 접촉할 수 있는 인터넷 정보를 이용해 폭탄을 만들자는 것이 과연 국가에 얼마나 위험이 될지는 의문이다. 모임에 대해서도 국정원은 이석기가 주도하고 있는 지하혁명조직 'RO 산악회' 조직원의 비밀회합이라

• • •

32 연합뉴스 2013.9.2. 「朴대통령, '이석기 체포동의요구서' 재가」

33 경향신문 2013.9.4. 「이석기 체포동의안 본회의 통과」(속보)

34 한국일보 2013.9.2. 「국민·독자의 공정한 판단위해 'RO 녹취록' 전문 공개합니다」

고 주장했지만 통합진보당 측은 경기도당의 당원교육 모임이었다고 반박했다.[35]

소속 국회의원이 내란죄로 체포되자 통합진보당은 발칵 뒤집혔다. 특히나 내란죄는 1980년 신군부의 조작이라고 밝혀진 김대중 내란 사건 이후 33년 만에 등장했다. 통합진보당은 이석기 내란음모 사건을 신공안 정국으로 규정하고 강력히 반발했다. 하지만 정작 더 큰 문제가 도사리고 있었다. 정부는 이석기 내란음모가 단순히 의원 한 명의 사건이 아닌 통합진보당 차원의 문제라며 당 해산을 거론했다. 법무부는 위헌정당·단체 관련 대책 태스크포스TF를 만들고 통합진보당 해산에 대한 법리검토에 들어갔다.[36]

2013년 11월 5일 법무부는 통합진보당 해산심판을 청구하기로 결정하고 국무회의에 긴급안건으로 상정했다. 당시 대통령 박근혜는 해외순방 중이었다. 이에 '위헌정당 해산심판 청구의 건'은 정홍원 국무총리 주재로 열린 국무회의에서 심의·가결되었다.

1958년 죽산 조봉암 선생이 이끌던 '진보당'이 해산된 사례가 있지만, 이는 공보실에 의해 정당 등록이 취소되고 행정청이 직권으로 강제해산한 사안이었다. 헌법재판소를 통한 정당 해산심판 청구는 헌정사상 처음 있는 사건이었다.[37] 헌정사상 최초의 정당 해산심판 청구를 대통령 궐위로 국무총리가 주재한 국무회의에서 심의·의결하는 것이 정당한가의 문제도 제기되었다.

• • •

35 뉴스1 2013.8.30. 「이석기 녹취록에 나온 '5월 회합' 실체는?」
36 한국경제 2013.10.14. 「정부, 통진당 해산심판 청구한다 … 헌정 사상 최초」
37 연합뉴스 2013.11.5. 「통합진보당 해산심판 청구안 의결 … 헌정 첫 사례」

헌정사상 최초의 정당 해산

2014년 12월 19일 정부가 청구한 통합진보당 해산심판 및 정당 활동 정지 가처분 신청에서 헌정사상 최초로 정당 해산 결정이 내려졌다.

정당 해산심판은 원래 아이러니하게도 정당 보호를 위한 법적 절차다. 과거 우리나라에서 정당이 정권의 희생양이 되었던 잘못된 과거에 대한 반성으로 정권의 입맛에 따라 정당이 사라지는 일이 없도록 하기 위해 만든 제도이다. 그렇기 때문에 정당 해산심판은 오직 헌법에 따라 정당의 위헌성을 평가해야 한다. 오늘날 대의제 민주주의에서 국민의 정치의사 형성을 매개하는 정당의 자유로운 설립과 활동은 민주주의 실현의 필수불가결한 요소이다. 이러한 정당을 보호하기 위해 만들어진 제도이지만 정당의 강제적 해산 가능성을 헌법상 인정하는 것이고, 제소권자가 정부라는 점을 고려하면 제도의 운영 여하에 따라 민주주의에 대한 위협이 될 수 있다. 따라서 정당 해산심판제도는 매우 엄격하고 제한적으로 운영되어야 한다.

헌법 제8조 제4항은 "정당의 목적이나 활동이 민주적 기본질서에 위배될 때에는 정부는 헌법재판소에 그 해산을 제소할 수 있고, 정당은 헌법재판소의 심판에 의해 해산된다."라고 규정하고 있다. 정당 활동의 자유가 인정된다고 해도 '민주적 기본질서'를 침해하면 정당은 해산될 수 있다는 것이다. 그렇다면 통합진보당은 어떤 민주적 기본질서를 위배한 것일까?

헌법재판소가 통합진보당이 민주주의적 기본질서에 어긋난다고 판단한 근거는 크게 두 가지 였다. 첫 번째는 이석기의 내란음모 사건과 통합진보당이 무관하지 않다는 점이다. 이는 심판과정에서 계속된 쟁점이었고 통합진보당은 끊임없이 이석기와 선을 긋고자 노력했다. 하지만 이석기가 엄연히 통합진보당 소속 국회의원이었고 관련된 통합진보당 인사들 역시 적지 않았기에 전혀 무관한 사건이라고 주장하기는 어려웠다. 다만 관련 형사재판이 확정되기도 전에 이를 근거로 정당을 해산한다는 것은 통합진보당에게는 상당히 억울한 일이고, 비판의 여지 또한 매우 컸다. 두 번째 근거는 통합진보당이 반박하기 어려웠고 한국 민주주의 역사에서도 큰 오점으로 남을 사건이었다. 헌법재판소는 비례대표 부정경선 사건, 중앙위원회 폭력 사건, 국회의원 관악을 선거구 여론조작 사건 등을 근거로 통합진보당이 "내용적 측면에서는 국가의 존립, 의회제도, 법치주의 및 선거제도 등을 부정하는 것이고, 수단이나 성격의 측면에서는 자신의 의사를 관철하기 위해 폭력·위계 등을 적극적으로 사용하여 민주주의 이념에 반하는 것이다."라고 판시했다.[38] 당 내부 운영이 민주주의에 기반을 두지 않았다는 판단이다.

이로써 1년여 동안 진행된 통합진보당 정당 해산심판은 "해산한다."라는 헌법재판소장의 주문 낭독을 끝으로 진보정당으로서 걸어온 17년의 길을 마감해야 했다. 더불어 5명의 소속 국회의원 역시 의원직을 상실했고, 통합진보당이라는 명칭도 영구적으로 사용할 수 없게 되었다.

해산된 통합진보당, 계속된 논란

헌법재판소의 해산 결정으로 결국 통합진보당은 해산되었다. 하지만 정당 해산 이후에도 논란은 계속되었다. 결정 직후 문제가 되었던 것은

● ● ●
38 헌법재판소 2014.12.19. 선고 2013헌다1 결정

통합진보당 소속 지방의원의 의원직 상실이었다. 통합진보당이 해산되자 선거관리위원회는 통합진보당의 비례대표 지방의원 6명(광주광역시의회 이미옥, 전라남도의회 오미화, 여수시의회 김재영, 순천시의회 김재임, 해남군의회 김미희, 전북도의회 이현숙)에 대해 당의 자진해산에 의하지 않고 당적을 이탈했다며 퇴직 결정을 내렸다. 지방의회 의원들은 즉시 선거관리위원회의 처분에 대한 취소소송을 제기했다.[39] 선거관리위원회의 판단은 비례대표 의원의 경우 당의 자진해산이나 제명에 따라 당적이 없어졌을 경우에만 의원직을 유지할 수 있는데 통합진보당의 경우 헌법재판소의 해산 결정으로 당적이 없어졌기 때문에 의원직을 유지할 수 없다는 것이었다. 이 결정은 과거 선례와도 부합하지 않는다. 정당해산 결정이 있기 2년 전 국회의원선거에서 2퍼센트 이하 득표를 하는 경우 해산된다는 당시 규정에 따라 친박연대라는 정당이 해산된 바 있다. 친박연대가 자진해산한 것이 아니었음에도 선거관리위원회는 소속 지방의회 의원들의 의원직을 유지시켰다.[40] 선거관리위원회 스스로 과거 자신들의 결정을 번복한 것이다. 결국 1년이 넘는 소송 끝에 선거관리위원회가 패소하면서 통합진보당 소속 지방의회 의원들은 의원직을 되찾았다.[41]

다만 이 사건은 부수적 문제에 불과했다. 박근혜 대통령은 헌정사상 최초로 정당을 해산시켰지만 정작 2년여 후 자신도 헌법재판소의 탄핵 결정으로 대통령직에서 파면되고 말았다. 그런데 박근혜 대통령의 탄핵 과정에서 통합진보당 해산과 관련된 문제가 새롭게 드러났다. 박근혜 대통령 집권 시기 청와대 민정수석으로 재직했던 김영한의 사망 이후 유품을

• • •

39 KBS 2015.1.7. 「옛 통합진보당 전 비례 지방의원 6명 퇴직 처분 취소 소송」

40 경북매일 2012.6.14. 「대구시의원 29명 몽땅 새누리 당적 눈앞」

41 뉴시스 2016.5.19. 「옛 통진당 지방의원 퇴직취소 소송서 승소」

정리하던 중 발견된 그의 청와대 재직 시절 사용한 수첩에는 박근혜 대통령과 김기춘 대통령 비서실장의 지시사항이 꼼꼼히 적혀 있었다. 수첩 내용은 박근혜 대통령의 탄핵과 형사재판에 주요 증거로 제출되기도 했다. 수첩에는 통합진보당 해산 관련 사항도 기록되어 있었다. 전국언론노동조합이 일부 공개한 수첩의 2014년 8월 25일 자 메모에는 "통진당 사건 관련 지원방안 마련 시행"이라고 적혀 있었다. 그 밑에는 "재판 진행 상황, 법무부TF테스크포스와"라고 기록되어 있었다. 통합진보당 해산심판 관련 메모에는 빠지지 않고 김기춘 대통령 비서실장을 의미하는 '장長' 자가 표시되어 있었다. 9월 19일 메모에는 "보도 JTBC 2013.11.5.자 통진당 해산 청구 관련 편향 보도 – 방심위의 징계에 대한 행정소송"이라고 기록되어 있었다. 당시 2013년 11월 5일 방송된 'JTBC 뉴스 9'에서는 법무부의 진보당 해산 청구 소식을 1, 2번째 순서로 다룬 뒤 당시 김재연 통합진보당 대변인과 김종철 연세대 법학전문대학원 교수를 초청해 대담을 진행한 바 있다. 실제로 방송통신심의위원회는 이 보도에 대해 12월 19일 'JTBC 뉴스 9'를 방송심의규정 제9조(공정성)와 제14조(객관성)를 위반한 것으로 판단, '경고 및 관계자 징계'라는 중징계 처분을 내렸다. 이에 JTBC 측은 방통위를 상대로 불복 집행정지 및 행정소송을 제기했지만 메모가 쓰인 2014년 9월 19일 JTBC의 패소로 결론났다. 청와대가 통합진보당 해산심판과 관련하여 법무부 등과 협조하며 긴밀히 대응했고 JTBC의 징계와 재판에까지 관여했다는 의혹이 번졌다.

심지어 수첩에는 정당 해산심판 결정에 관한 내용까지 기록되어 있었다. 11월 28일 메모에는 "선관위 사무총장 – 지방의원 자격 불포함 – 법 흠결(?) 대체정당 – 법 규정 – 형식적 심사 – 이설(의견이 다름) 취소소송(행정), 헌법소송"이라는 내용이 있었다. 헌법재판소의 결정이 나오지도 않았는데 해산을 전세로 통합진보당 소속 지방의회 의원의 의원직 상실까지 염두에 둔 것이다. 메모는 청와대가 통합진보당 해산심판을 예의주시했다는 의혹에서 끝나지 않았다. 6월 25일 자 메모에는 '헌재, 통진당 사건'이라는 제목 아래, "'RO 사건 항소심 결심 7/28', 'RO 제보자 이성윤 8/5 증인신문 예정', 'RO 사건 공판기록 등사 후 7/8 이후 송부', '→ 8월 중순께 서증조사 완료 등 절차 사실상 마무리 예정'"이라는 재판부 핵심 관계자가 아니면 알 수 없는 내용도 기록되어 있었다. 이를 근거로 통합진보당 대표였던 이정희는 "김기춘 전 비서실장이 진보당 해산심판을 꼼꼼하게 챙긴 증거이며, 또한 헌재가 김기춘에게 비밀을 누설한 증거"라며 헌법재판소와 청와대의 결탁의혹을 제기했다.[42] 특히 12월 17일 자 메모에는 "장長월月 – 정당해산 확정, 비례대표 의원직 상실. 지역구의원 상실 이견 – 소장 의견 조율 중 금일. 조정 끝나면 19일, 22일 초반"이라는 헌법재판소 내부의 의견조율 정황이 그대로 나타나 있었다. 헌법재판소의 해산 결정일(12월 19일)보다 이틀이나 먼저 청와대 비서실장이 헌법재판소 내부 논의와 결정일까지 알고 있었던 것이다.[43] 사실상 청와대가 헌법재판소와 통합진보당 해산심판을 조율했다는 의심이 가는 부분이다.

헌법재판소는 관련 의혹을 밝히겠다며 자체적으로 경위조사위원회를 구성했다. 하지만 2017년 1월 11일 헌법재판소가 발표한 조사 결과에 따르면 "김영한 전 민정수석의 메모는 청와대 비서실이 수집한 각종 정보의 분석에 따른 추론으로 보는 것이 보다 합리적인 해석일 것"이며 "통합진보당 해산은 선고 당일 9시 30분 최종 표결을 하고 10시 5분에 선고를 했던 것으로, 이 사건의 최종 결론은 재판소장을 포함한 재판관 등 어

•••
42 오마이뉴스 2017.2.8. 「김영한 비망록에 통진당 기록 45건, '정적 제거에 골몰'」
43 시사IN 2016.12.23. 「죽은 김영한이 산 김기춘 잡나」

느 누구도 미리 알 수 없었다."가 전부다.[44] 모든 의혹을 청와대의 정보 수집 능력으로 돌린 것이다. 이후 통합진보당 해산심판에 대한 청와대와 헌법재판소의 연루설은 별다른 추가조사 없이 흐지부지되고 말았다.

그런데 바로 지금 우리 헌정사에서 또 한번 전무후무한 일이 벌어지고 있다. 사법농단이라는 충격적인 사건이다. 법관 블랙리스트 사건이 터지면서 조사가 시작되었을 때 대다수의 사람들은 보수화된 사법부가 일부 밉보인 법관들을 특별 관리해 인사상 불이익을 준 정도로 생각했다. 그런데 그 실체는 생각했던 것보다 엄청난 크기로 우리사회 전체를 무겁게 짓누르고 있다. 실체의 본질은 지금껏 들어보지 못한 '재판 거래'였다.

앞서 이야기한 고故 김영한의 수첩에서 드러난, 청와대가 통합진보당 해산심판과 관련하여 법무부와 긴밀히 대응하고 재판에 관여했다는 의혹은 최근 사법행정권 남용 의혹 관련 특별조사단이 사법농단과 관련한 조사 과정에서 이를 뒷받침하는 물증을 확보하면서 더욱 구체화되고 있다.

헌법 제103조는 "법관은 헌법과 법률에 의하여 그 양심에 따라 독립하여 심판한다."라고 규정하고 있다. 사법부는 선출되지 않은 권력이다. 권력분립과 법관의 독립은 헌법이 규정하고 있고 자유민주주의의 핵심 요소이다. 그렇기 때문에 재판이 거래가 될 수 있다고 그 누구도 상상할 수 없었고, 상상조차도 해서는 안 되는 일이다. 사법농단 사태는 아직 수사가 진행 중인 상황이다. 그래서 여기서 단정지어 말할 수는 없지만, 이러한 사태가 벌어지고 있다는 사실만으로도 사법의 위기이자 정의의 위기인 것만은 분명하다.

●●●
44 경향신문 2017.1.11. 「헌법재판소 '김기춘 전 실장의 통진당 심판 개입 사실 아니야' ⋯ 자체조사 결과 발표」

진보정당의 존립을 흔든 정당 해산심판이 남긴 것

1958년 2월 25일 이승만 정권이 행한 진보당의 등록 취소는 공보실에 의해 정당 등록이 취소되고 행정청 직권으로 강제해산된 것이다.[45] 법원이나 헌법재판소의 판결로 정당이 해산된 적은 단 한 번도 없었다. 통합진보당 해산은 헌정사상 초유의 사건이었다. 국제적으로도 서독(독일)에서 위헌정당으로 1952년 신나치정당인 사회주의국가당SRP, 1956년 독일공산당KPD이 해산된 것 외에는 유례를 찾아보기 어렵다.[46] 그런 이유로 여러 외신 역시 한국의 통합진보당 해산에 대해 많은 관심을 보였다.

AP통신은 "한국 헌재가 북한사상을 따른다는 혐의를 받아온 소규모 좌파 정당에 해산 결정을 내렸다면서 헌재가 정당 해산 결정을 한 것은 1988년 헌재 출범 이후 처음"이라고 전했다. 뉴욕타임스는 "한국 헌법재판소는 친북적pro-North 입장이라는 주장으로 핍박을 받아온 소규모 좌파 정당의 해산을 명했다."라고 보도했다. 영국 BBC방송은 "한국이 수십 년만에 처음으로 정당을 해산시켰다."면서 "이는 남한에서의 표현과 결사의 자유에 대한 우려를 고조시킨다."라고 평했다. 일본 교도통신은 "한국에서 정당이 강제적으로 해산되는 것은 1958년 조봉암 선생이 이끌던 진보당 이후 처음"이라고 보도했다. 중국 신화통신 역시 "한국의 헌법재판소가 '친북 정당'을 해산했다."라고 보도했고, 미국 월스트리트저널과 워싱턴포스트도 통합진보당 해산 결정 소식을 비중 있게 전했다.[47] 그만큼

• • •

45 경향신문 1958.2.26. 「진보당 등록을 취소 25일자로」
46 뉴데일리 2015.1.8. 「독일공산당(KPD) 해산결정이 한국에 주는 교훈」
47 동아일보 2014.12.19. 「통합진보당 해산 결정, 외신들도 일제히 관심 … 비중있게 보도」

통합진보당의 해산은 국내외를 막론하고 충격적인 사건이었다.

통합진보당 해산은 국제적 관심 외에도 한국 정치 지형에 큰 영향을 미쳤다. 해산 직전 치러진 제19대 국회의원선거에서 통합진보당은 총 13석을 차지했다. 크다고는 할 수 없지만 제2 야당의 지위였고 보수정당을 표방한 자유선진당의 5석에 비하면 세 배 가까운 의석수였다. 그러나 해산 이후 치러진 제20대 국회의원선거에서 홀로 남은 진보정당인 정의당은 6석을 확보하는 데 그쳤다. 의석수만 비교해보면 통합진보당의 해산으로 진보정당의 규모가 절반 이하로 줄어든 것이다. 여러 정치적 이념을 가진 정당들이 그들만의 정치적 비전을 통한 경쟁으로 국민에게 지지를 얻는 과정인 의회민주주의가 원활히 운영되기 위해서 정당의 다양성은 필수적이다. 이러한 관점에서 통합진보당 해산 후 진보정당의 급격한 위축은 한국 민주주의에 결코 바람직한 현상은 아니었다. 더욱이 통합진보당을 해산시킨 박근혜 정부는 국민들에 의해 탄핵되었다. 국민으로부터 부정당한 권력과 그들이 주도한 통합진보당의 해산, 그리고 해산의 계기를 촉발시킨 이석기 내란음모 사건과 관련해 제기되는 박근혜 정부 시절 국정원, 법무부 등 국가기관들의 수많은 의혹은 의회민주주의에 직접적 영향을 미칠 수 있는 정당 해산심판에 대해 우리사회가 좀 더 심도 깊은 고민을 해야 함을 말해준다. 박근혜 정부의 집념 속에 통합진보당은 1년여 만에 해산되었지만 진보정당의 기반이 다시 살아나기 위해서는 그보다 훨씬 긴 시간이 소요될 것이기 때문이다.

네 번의 위헌과 한 번의 합헌 결정 끝에 폐지된 간통죄

11 네 번의 위헌과 한 번의 합헌 결정 끝에 폐지된 간통죄

● 헌법재판소 2015.2.26. 2009헌바17 결정

헌법재판소 결정 주문

「형법」(1953.9.18. 법률 제293호로 제정된 것) 제241조는 헌법에 위반된다.

부부관계에까지 개입하겠다던 국가

2016년, 강수연과 전도연 이후 10년 만에 한국 여배우가 세계 3대 국제영화제 중 하나인 베를린 영화제에서 여우주연상을 수상했다. 그런데 정작 언론과 대중의 관심은 수상자 김민희의 연기나 영화 내용이 아니었다. 그녀에게 여우주연상을 안겨준 〈밤의 해변에서 혼자〉(2017)를 연출한 홍상수 감독과의 관계가 문제였다. 2016년 6월 21일 'TV리포트'는 김민희가 홍상수 감독과 연인관계라는 사실을 단독으로 보도했다.[1] 1960년생인 홍상수 감독과 1982년생인 김민희의 나이 차이는 무려 22살이었다. 큰 나이 차이도 놀라웠지만 홍상수 감독은 결혼한 지 30년이 넘은 유부남이었다. 슬하에는 대학생 딸까지 있었다. 유부남 감독과 젊은 여배우의 불륜에 대중은 놀라움을 감추지 못했다.[2] 하지만 김민희와 홍상수는 대중의 시선에 아랑곳하지 않고 연인관계임을 스스럼없이 드러

• • •

1 TV리포트 2016.6.21. 「[단독] 김민희, 홍상수 감독과 열애 … 1년째 부적절한 관계」

2 스포츠서울 2016.6.21. 「김민희, '유부남' 홍상수 감독과 열애 … 부적절한 관계에 '경악'」

냈다. 〈밤의 해변에서 혼자〉는 불륜 논란 속에서 만들어진 작품이었다.

　김민희와 홍상수 커플은 이전 다른 불륜 커플과 명확히 구별되는 점이 있었다. 자신들의 불륜사실을 대중에게 당당히 밝힌 것이다.[3] 지금까지 대중 앞에서 당당한 불륜 커플은 극히 드물었다. 그런데 시간을 1년 전으로 돌린다면 아무리 김민희와 홍상수라고 하더라도 그러한 태도는 어려웠을 것이다. 간통죄가 폐지되기 전이었으므로 불륜은 「형법」에 규정된 엄연한 범죄였고 형량도 최대 유기징역 2년으로 상당히 높았다. 간통죄가 폐지되지 않았다면 김민희와 홍상수의 사랑고백은 아마도 교도소를 전제했을 것이다.

간통죄는 왜 만들어졌을까?

　국가는 예외적인 경우 개인의 성관계를 법률로 제한하고 이를 위반하면 처벌한다. 성매매 금지의 정당성에 대한 논란을 잠시 비켜둔다면 성매매는 국가가 성관계를 처벌하는 대표적인 사례다. 성매매가 합법인 국가도 있지만 한국은 성매매를 불법으로 규정하고 성을 판 사람과 구매한 사람 모두를 처벌한다. 그러나 성매매는 성관계 자체에 대한 처벌이기보다는 성을 사고 파는 행위에 대한 처벌의 성격이 강하다. 13세 미만의 미성년자와 성관계를 가지면 합의여부와 상관없이 무조건 강간으로 의제하여 처벌하는 규정도 있다. 미성년자 의제강간이라고 하는데, 13세 미만의 청소년은 누구와 어떠한 성적 행위를 할지를 결정할 수 있는, 즉 성

● ● ●

3 스타투데이 2017.5.22. 「'불륜' 그 후 … 홍상수♥김민희, 칸 공식 석상서 남다른 애정」

적자기결정권이 미약하다고 판단하기 때문이다. 13세 미만 청소년이 누군가를 사랑했고 자신의 의지에 따라 그와 성관계를 가졌다고 해도 법은 성적자기결정권을 인정하지 않아 이를 진정한 합의에 의한 성관계로 보지 않고 강간으로 의제한다.

성매매 금지와 미성년자 의제강간은 성性적 서비스를 거래하는 행위를 금지하고 성적자기결정권이 없는 자와의 성관계를 금지하는 것으로서 국가가 국민의 자유의사에 따른 성관계를 금지하는 것은 아니다. 그러나 간통은 성적자기결정권을 가진 국민이 자유의사에 따라 성관계를 가지는 행위를 처벌한다. 혼인 상태에 있는 사람이 배우자가 아닌 다른 사람과 성관계를 갖지 못하도록 함으로써 국가가 국민의 성관계 대상을 통제하는 꼴이다. 그래서 간통은 내가 누구와 어떠한 형식의 성적관계를 가질지를 결정하는 성적자기결정권을 침해할 소지가 크다.

결혼제도의 유지에서 간통죄의 존재 이유를 찾을 수도 있다. 그러나 다른 사람과의 육체적 관계가 동반되지 않은 정신적 교감만으로도 부부 관계는 충분히 위태로워질 수 있다. 그런데도 간통은 성기 삽입이 동반된 성관계만이 처벌의 대상이 된다. 더욱이 간통은 이혼이 선행되어야만 고소가 가능하기 때문에 혼인관계의 유지가 아닌 종결을 유도한다. 간통이 혼인관계 파탄의 책임을 묻고 결혼제도를 유지하기 위한 형벌이라면 이혼이 고소의 전제조건이 되어서는 안 될 것이다. 외도한 배우자가 형사처벌의 위협 때문에 다시 가정으로 돌아오는 것이 결혼제도의 유지에 더 적합하기 때문이다.

이렇듯 간통죄는 정당성뿐만 아니라 사회적 편익 역시 없음에도 수십 년 동안 유지되어왔다. 의문에 가득 찬 간통죄의 존재 이유는 그것의 기원을 찾아보면 알 수 있다. 대한민국 「형법」의 제정에 많은 영향을 미친 일제강점기 형법에서 간통죄는 전혀 다른 모습이었다. 당시의 형법은 간통죄를 "유부有夫의 부婦가 간통한 때에는 2년 이하의 징역에 처한다."라고 하여 대상은 아내뿐이었다. 간통은 여성에게 한정된 형벌이었다.[4]

간통은 결혼한 여성이 남편 이외의 자와 행한 성관계를 처벌하는 것으로서 정조貞操 의무를 저버린 여성에 대한 형벌로 시작되었다. 1953년 대한민국 「형법」을 제정하면서 간통죄 폐지가 아닌 남성과 여성 모두에게 적용하는 것으로 바꾸어 여성만 처벌하는 간통의 정당성에 대한 논란을 누그러뜨리고자 했다. 이혼이 간통의 고소 조건이 된 것 역시 정조의무를 저버린 여성의 처벌이라는 간통죄의 기원에서 찾을 수 있다. 여성의 사회적 지위가 매우 낮고 경제적 능력도 남성에 비해 형편없었던 일제강점기 여성에게 이혼은 사회적 사망선고와 같았다. 여성은 남성의 소유물이나 다름없었고 남편이 아닌 다른 남성과 성관계를 가진다는 것은 도저히 용서받을 수 없는 일이었다. 그럼에도 남편이 아량을 베풀어 용서를 해준다면 다행스럽게도 계속 가정을 꾸리고 살아갈 수 있었다. 비록 외도한 아내라도 남편의 용서를 받으면 혼인관계를 유지할 수 있고 정조를 저버린 것에 대한 처벌은 혼인관계 속에서 남편에게 받으라는 의미였다. 반면 외도한 아내가 남편의 용서를 받지 못하면 가정에서 쫓겨남은 물론 법적 처벌까지 받아야 한다는 의미다.

간통죄는 전근대적 가족관과 성관념에 기반을 둔 형벌을 처벌 대상만 확대하여 대한민국 「형법」에 도입되었다. 「형법」이 시행되고 약 30여 년 후인 1989년에 대대적인 「형법」 개정 작업이 진행되었는데, 당시 법무부

• • •
4 김계원, 「간통죄에 함축된 이중적 성규범의 한계에 대한 고찰」, 고려대학교 석사학위청구논문, 2013

형법개정소위원회에서는 간통죄를 폐지하는 것으로 의견이 모아졌다. 그러나 헌법재판소의 합헌 결정(89헌마82)이 있자 간통죄를 존치시키되 징역형만으로 되어 있는 처벌규정에 벌금형을 추가·보완하는 것으로 변경했다.

다시 1992년 4월 8일 입법예고된 「형법」 개정법률안에는 간통죄가 삭제되었다. 법무부는 그 이유로, 첫째 기본적으로 개인 간의 윤리적 문제에 속하는 간통죄는 세계적으로 폐지 추세에 있고, 둘째 개인의 사생활 영역에 속하는 내밀한 성적 문제에 법이 개입함은 부적절하며, 셋째 협박이나 위자료를 받기 위한 수단으로 악용되는 경우가 많고, 넷째 수사나 재판 과정에서 대부분 고소가 취하되어 국가형벌로서의 처단기능이 약화되었으며, 다섯째 형사정책적으로 보더라도 형벌의 억지 효과나 재사회화의 효과는 거의 없고, 여섯째 가정이나 여성 보호를 위한 실효성도 의문이라는 점 등을 들었다. 그러나 간통죄 폐지에 대한 반대 여론이 강하자 1992년 5월 27일 법무부의 최종 「형법」 개정안에서는 간통죄에 대하여 2년 이하의 징역형만으로 규정되어 있던 법정형을 1년 이하의 징역형으로 낮추고 500만 원 이하의 벌금형을 선택적으로 추가하는 것으로 변경되었다. 하지만 1995년 12월 29일 개정된 「형법」에서는 위 개정안조차 입법화되지 못하고 종래의 간통죄의 규정이 아무런 변화 없이 존치했다.[5] 이렇듯 제정 당시부터 잡음이 많았던 간통죄는 이후로도 존폐에 대한 논란 속에서 수십 년을 버텨왔다. 간통이 어떠한 편익도 없이 사회적 혼란만 부추기고 국민의 성적자기결정권만 침해해온 것은 어찌 보면 당연한 결과였다.

●●●

5 박찬걸, 「간통죄 폐지의 정당성에 관한 고찰」, 경희법학, 41~69쪽, 2010

일반인의 법 감정-인식의 변화

2015년 2월, 헌법재판소는 네 번(89헌마82, 90헌가70, 2000헌바60, 2007헌가17)에 걸쳐 합헌 결정을 내린 「형법」 제241조 간통죄에 대해 위헌 결정을 내렸다. 네 번의 합헌 결정을 내렸을 때 결정의 핵심 이유는 간통죄가 「헌법」 제10조의 행복추구권의 전제가 되는 성적자기결정권을 제한하지만 성도덕과 일부일처제의 혼인제도 유지, 부부간의 성적성실 의무 수호 등을 위해 필요최소한의 제한으로 제약이 필요하다는 것이었다. 이 같은 결정의 밑바탕에는 일부일처제에 기초한 혼인제도와 가족공동체의 유지 · 보호 그리고 부부간의 정조를 개인의 성적자기결정권보다 중요시하는 전통 관념이 깔려있었다.

하지만 굳건했던 전통 관념에도 변화가 생겼다. 간통이 도덕적으로 지탄받아 마땅한 일임은 분명하지만 이를 법으로 형사처벌하는 것이 합당한가라는 것이다. 개인주의적 · 성개방적 사고의 확산에 따라 결혼과 성에 대한 국민의 인식이 변화되고, 성적자기결정권을 보다 중요시하는 인식이 확산됨에 따라 더 이상 간통 행위를 국가가 나서서 형벌로 다스리는 것은 국민 일반의 법감정에 맞지 않게 되었다. 헌재도 이와 같은 국민의 인식 변화를 감지하고 인정함으로써 간통이 비도덕적인 행위라 할지라도 본질적으로 개인의 사생활에 속하고, 혼인과 가정의 유지는 당사자의 자유로운 의사와 애정에 맡겨야지 형벌로 강제 될 수 없다고 보고 기존의 합헌 결정을 뒤집고 위헌 결정을 내렸다. 달라진 사회상과 국민의 의식 변화를 반영한 판결이다.

부부관계의 종결을 전제로 한 처벌

간통은 단순한 외도가 아닌 성관계를 처벌 요건으로 한다. 따라서 간통을 입증하기 위해서는 상대 배우자가 다른 이성과 성관계를 가졌다는 것을 증명해야 한다. 숙박업소에 들어가는 모습을 촬영했다고 해도 그 안에서 성관계는 없었다고 주장하면 간통의 입증은 어렵다. 그런 이유로 홍신소를 이용해 간통 증거를 확보하는 이들도 적지 않았고, 직접 상대 배우자의 뒤를 밟아 숙박업소에 들어가면 행위가 예상되는 시점에 경찰과 함께 현장에 들이닥치기도 했다. 수사기관과 범죄의 현장을 덮치는 것이 증거를 확보하는 데 가장 확실했기 때문이다.

간통은 치밀한 계획과 그에 상응하는 노력 없이는 입증하기 어려운 범죄다. 이처럼 입증이 어려운 범죄임에도 확실한 증거를 확보하고 고소까지 진행되었다면 부부관계는 이미 파탄 수순에 들어갔다고 보아야 한다. 하지만 간통은 고소 과정의 현실적 문제까지 고려하지 않더라도 이미 부부관계의 종결을 전제로 존재하는 형벌이었다. 「형사소송법」에 따르면 간통으로 고소하기 위해서는 이혼을 했거나 이혼소송이 제기되었어야 했다. 고소한 배우자가 상대 배우자와 이혼 후 다시 결혼하거나 이혼소송을 취하하면 고소 역시 취하한 것으로 간주되었다(형사소송법 제229조). 그래서 간통혐의로 배우자를 고소할 때는 고소장과 이혼소장을 동시에 접수하고는 했다.

폐지되기 직전 간통 고소는 연 4,000건 정도였지만 실형까지 이어지는 경우는 매우 드물었다. 기소율은 20퍼센트에 못 미치는 수준이었고, 기소가 되더라도 실형을 받는 경우는 거의 없었다. 2012년 간통죄로 기소된 853건 중 구속된 경우는 단 4건(0.5%)에 그쳤다. 불기소(2,401건)의 주요 사유는 공소권 없음(1,442건)과 혐의 없음(946건)이었다. 간통죄는 친고죄여서 고소가 취하되면 공소권 없음 처분이 내려졌다.[6] 친고죄는 고소권자의 고소가 있어야만 기소가 가능하기 때문이다.

실형의 비율뿐 아니라 기소율 자체가 낮은 이유 역시 이혼을 전제로 한 간통죄의 특성에 따른 현상이다. 간통죄의 형량은 2년 이하의 징역으로 적지 않았다. 벌금형도 없어서 간통으로 고소를 당하면 징역형을 각오해야 했다. 반면 친고죄다 보니 피해자와 합의만 하면 사건은 그 즉시 종결되었다. 형량은 높은 데 반해 합의만 보면 사건은 종결되니 간통으로 고소당한 이들은 필사적으로 합의에 매달리고는 했다.

간통과 관련해서는 배우자가 있는 사람의 다른 이성과의 성관계를 형사법으로 처벌할 수 있는가라는 처벌의 정당성 외에도 이혼을 해야지만 형사고소를 할 수 있다는 형사 절차의 정당성에 대해서도 많은 비판이 있었다. 법이 이혼을 조장하고 검찰과 법원이 위자료를 올려받으려는 수단으로 전락했다는 것이다.

지난했던 위헌 논쟁, 교묘하게 벗어난 형사보상

간통죄는 어떠한 사회적 편익도 없이 부작용만 양산해왔지만 위헌 결정은 쉽게 내려지지 않았다. 간통죄에 대한 위헌 심판은 2015년 위헌 결정 이전 이미 1990년(89헌마82), 1993년(90헌가70), 2001년(2000헌바60), 2008년(2007헌가17) 네 번에 걸쳐 헌법재판소에서 심사되었으나 매번 합

• • •
6 경향신문 2015.2.26 「이미 사문화된 간통죄」

헌 결정이 내려지고는 했다. 2008년 결정에서는 4명의 위헌 의견과 1명의 헌법 불합치 의견으로 헌법에 위반된다는 의견이 다수였지만 위헌정족수인 6인에 이르지 못해 합헌 결정이 내려졌다. 그런 이유로 조만간 간통죄에 대한 위헌 결정이 내려지리라는 예상이 팽배해 있었다.

법률이 위헌으로 결정되면 결정이 있는 날부터 효력을 상실한다. 다만 형벌에 관해서는 소급하여 효력을 상실한다. 예컨대 부동산 관련 규정에 대해 위헌 결정이 내려지면 결정이 내려진 날부터 효력을 상실한다. 그러나 형벌 규정인 간통죄에 대한 위헌 결정은 간통죄가 처음 도입된 제정「형법」인 1953년까지 소급하여 효력을 상실한다(2014.5.20. 개정 전 헌법재판소법 제42조 제2항, 제3항). 「형법」에서 범죄의 성립과 처벌은 행위시의 법률에 의하도록 규정하고 있다(형법 제1조 제1항). 위헌 결정을 받은 형벌 규정은 소급하여 효력을 상실하기 때문에 해당 규정에 근거하여 처벌을 받은 사람들이 범죄를 저지를 당시의 처벌 규정은 없었던 것이 된다. 따라서 지금까지 한국에서 간통으로 처벌을 받은 모든 사람이 무효인 법률에 의해 처벌을 받은 것이 된다는 의미다. 무효인 법률에 따른 처벌은 단순히 억울하거나 국가가 사과를 하는 정도로 마무리될 수 있는 일이 아니다.

확정된 재판에 중대한 문제가 있을 경우 예외적으로 이미 종결된 사건이라도 다시 심판을 받을 수 있다. 바로 재심再審이다. 위헌으로 결정된 법률에 근거해 유죄 판결을 받았다면 재판의 중대한 흠결에 해당하여 재심의 대상이 된다(헌법재판소법 제47조 제4항). 간통죄에 대한 위헌은「형법」이 제정된 이래 지금까지 간통죄로 처벌받은 모든 사람이 재심을 청구할 수 있는 근거가 된다. 재심은 원래의 재판 결과를 취소하고 다시 선고하는 것만 의미하지는 않는다. 유죄가 무죄로 바뀌었다면 그에 따른 명예를 회복하고 손해를 배상해 주어야 한다. 손해배상은 구금일수에 따라 1일당 최저임금의 5배 내에서 산정할 수 있다(형사보상 및 명예회복에 관한 법률 시행령 제2조). 1개월에 수백만 원까지 형사보상금이 책정될 수도 있다. 간통죄의 최대 형량이 2년임을 감안하면 엄청난 형사보상금이 예상될 수 있었다. 게다가 형사보상청구권은 상속되기 때문에 간통으로 유죄를 선고받고 징역을 살았던 사람이 사망해도 상속인이 청구권을 행사할 수 있다(형사보상 및 명예회복에 관한 법률 제3조 제1항).

　1953년 「형법」이 제정될 때부터 시행되어온 간통죄에 대한 위헌 결정이 임박해지자 일각에서는 재심의 폭주에 따른 사법부의 혼란과 형사보상금의 지출에 따른 국가재정의 부담에 대한 우려가 지적되었다. 간통죄에 대한 재심과 형사보상청구라는 거대시장이 형성될 것을 기대하고 준비에 들어간 로펌도 등장했다. 국가의 고민은 깊어졌을 것이다. 그런데 공교롭게도 간통죄에 대한 위헌 결정이 내려지기 9개월여 전인 2014년 5월 20일에 「헌법재판소법」이 개정되었다. "형벌에 관한 법률 또는 법률의 조항은 소급하여 그 효력을 상실한다."라는 규정 뒤 "다만, 해당 법률 또는 법률의 조항에 대하여 종전에 합헌으로 결정한 사건이 있는 경우에는 그 결정이 있는 날의 다음 날로 소급하여 효력을 상실한다."라는 단서가 신설되었다(헌법재판소법 제47조 제3항 단서). 기존 「헌법재판소법」에 따른다면 간통죄에 대한 위헌 결정은 1953년 제정 「형법」으로까지 소급되지만 개정에 따라 직전 합헌 결정일인 2008년 10월 30일까지는 소급 효력이 미치지 않게 되었다. 이 개정으로 1953년부터 2008년까지 약 55년 동안 간통죄로 처벌받은 사람들은 재심과 형사보상을 청구할 수 없게 되었다.

　「헌법재판소법」의 개정이 간통죄의 위헌을 고려해 이루어진 것인지는 확신할 수 없다. 다만 간통죄에 대한 위헌 결정은 거의 예상된 상황이었고, 이미 헌법재판소에서 심리 중이었기 때문에 결정이 임박해 있었다. 이러한 시점에서 위헌 결정의 소급효에 관한 규정의 개정은 간통죄를 고려했다는 의심을 받기에 충분했다.

재판은 완벽을 추구해야 하지만 이 또한 사람이 내리는 결정이기에 오류가 없을 수는 없다. 헌법재판 역시 마찬가지다. 이미 합헌 결정이 내려졌던 법률이 후에 위헌 결정을 받는다면 이전 합헌 결정에 문제가 있었다고 반성해야 한다. 그런데 형벌 규정에 대한 위헌 결정의 소급효를 직접 합헌 결정 다음 날부터로 규정한 것은 헌법재판소의 결정에는 오류가 있을 수 없다는 오만에서 비롯되었을 가능성이 크다. 과거에 헌법재판소가 합헌 결정을 내렸다면 그때까지는 합헌인 것이 옳다는 인식이다. 즉, 사회가 변하여 위법이 합법으로 된 것이지 합법을 위법으로 잘못 판단한 것은 아니라는 것이다. 위헌 결정의 소급효에 대한 개정은 형벌 규정의 법적 안정성에 큰 혼란을 끼쳤다. 만약 그것이 간통죄의 위헌 결정을 대비한 개정이었다면 입법자 스스로 법적 안정성이라는 법률의 대원칙을 무너뜨린 셈이다.

62년 만에 간통죄 폐지 그 후

간통죄 폐지를 반대했던 이들의 주요 근거 중 하나는 결혼제도의 유지였다. 간통죄가 없어지면 무분별한 성관계가 일어나 결혼제도 자체의 존립이 위협받는다고 주장했다. 2015년 2월 26일 간통죄에 대한 위헌 결정이 내려졌지만 2015년과 2016년 이혼 건수는 각각 109,200건과 107,300건으로 2014년 115,500건보다 줄어들었다. 최근 10년간 통계치로 보더라도 가장 낮은 수치였다. 1년 동안 발생한 총 이혼 건수를 당해 연도의 총인구로 나눈 수치인 조이혼율 역시 2015년과 2016년 모두 2.1로 전년 대비뿐만 아니라 최근 10년간 통계수치로도 가장 낮았다.[7] 간통죄가 폐지되면 결혼제도가 붕괴될 것이라는 우려는 막연한 추측에 불과했다.

이혼율이 오히려 감소한 데는 여러 가지 원인이 있겠지만 간통죄의 고소 조건이 미친 영향도 컸다고 본다. 과거에는 배우자의 외도로 혼인관계가 악화되면 간통죄로 고소하기 위해 어쩔 수 없이 이혼을 하는 경우가 많았다. 하지만 간통죄가 폐지되면서 배우자가 외도를 해도 다시 관계를 회복하기 위해 노력을 하거나 이혼을 고려 중이어도 보다 신중하게 접근하는 경향이 나타났을 것이다.

간통죄의 폐지는 특히 이혼의 모습을 바꿔놓았다. 두 사람이 만나 결혼을 하기까지 고려해야 할 사항은 하나둘이 아니다. 서로의 관계를 정리하는 이혼 역시 결혼 못지않게 따져봐야 할 사항이 많다. 더욱이 이혼은 재산 분할과 위자료처럼 상대에게 받아내야 할 돈이 개입되는 만큼 경우에 따라서는 결혼보다 훨씬 치열하다. 하지만 간통죄가 폐지되기 전 배우자의 외도를 이유로 한 이혼은 지금처럼 복잡하지 않았다. 간통이 엄연한 불법이었기 때문에 배우자가 아닌 이와 성관계를 하면 현행범에 해당했다. 간통으로 고소당한 배우자는 합의를 하지 못하면 최대 2년 동안 수감생활을 해야 했기에 위자료와 재산 분할 협상에 적극적으로 임했다. 위자료와 재산 분할이 일종의 합의금으로 작용한 것이다. 설사 원만

• • •
7 국가통계포털 '총 이혼건수 및 조이혼율' 2017.11.8. 검색

하게 합의되지 않는다고 해도 법원은 위자료를 다소 넉넉하게 판정해 주는 경향을 보였다. 배우자가 간통혐의로 피소되었다는 사실 하나로 피해가 충분히 입증되었기 때문이다.

간통죄가 폐지된 이후로는 불륜의 증거를 확보하기가 어려워졌다. 이제 배우자의 외도를 의심하는 이들은 장기간에 걸쳐 치밀하게 증거를 수집해야 했다. 미행을 해도 배우자가 다른 이와 숙박업소에 출입하는 모습을 촬영해 간통의 간접 증거로 사용할 수밖에 없다. 배우자의 SNS 등 접근 가능한 모든 사생활을 꼼꼼히 살펴 증거를 확보해야 한다.

법원의 고민도 깊어졌다. 법정에서 "제가 바람을 피웠습니다."라고 자백하는 사람은 거의 없다. 숙박업소에 출입하는 사진이 제출되어도, 배우자가 아닌 다른 이와 애정을 주고받는 SNS 자료를 제출해도 '친한 사이일 뿐 불륜관계는 아니다'라고 잡아떼기 일쑤다. 불륜이 확인되면 피해가 명확하기 때문에 그에 상응하는 위자료를 산정하면 그만이다. 하지만 불륜에 대한 간접 증거만 제출된 상황에서 법원이 불륜 사실을 인정하고 그에 따른 위자료 지급을 판결할 수는 없다. 그 결과 자연스럽게 위자료도 줄어드는 경향을 보였다. 재산 분할은 재산의 유지나 증가에 기여한 정도를 반영하여 계산하므로 배우자의 외도가 영향을 미칠 요소가 없다. 결국 합의금도 받지 못하고 위자료 액수도 줄어 간통죄 폐지 전보다 이혼 시 피해자가 받을 수 있는 경제적 요소는 많이 불리해졌다.

이혼율이 간통죄 폐지 전보다 오히려 낮아진 것은 경제적 불이익도 크게 작용했을 것이다. 한국사회에서 결혼한 여성의 경제적 지위는 매우 낮다. 결혼을 하면서 경력이 단절된 여성의 재취업 기회는 하늘의 별 따기 수준으로 어렵다. '경력 단절 여성', 일명 '경단녀'로 불리는 이들은 운 좋게 재취업을 한다고 해도 결혼 이전의 경력을 인정받는 경우는 거의 없다. 대부분 저임금 단순노무직에 취업하는 추세다. 이는 자연스레 성별에 따른 경제력의 차이로 이어진다. 2017년 조사에 따르면 40대 여성의 금융자산은 남성의 절반에도 미치지 못하는 것으로 나타났다.[8] 경단녀들에게 남편과의 이혼은 경제력의 하락을 뜻한다. 유일한 수입원이었던 남편과 이혼한 경단녀들이 다시 취업에 뛰어든다 해도 그들이 얻을 수 있는 일자리는 대부분 비정규직이다.[9]

이혼율이 줄어든 것은 사회적으로 긍정적 현상일지도 모른다. 하지만 줄어든 이혼율이 경제적 문제로 인해 억지로 살아가는 이들때문이라면 오히려 부정적 현상일 것이다. 같이 살고 싶지 않은 사람과 경제적 문제 때문에 억지로 함께하는 것만큼 불행한 일은 없다고 본다.

간통죄는 폐지되었지만 우리사회에서 불륜과 그로 인한 문제는 사라지지 않았다. 이혼의 주요 사유가 배우자의 외도라면 그에 대한 손해배상액을 현실성 있는 수준으로 높여 최소한 이혼 후 예상되는 경제적 어려움 때문에 이혼을 망설이는 일은 없어야 할 것이다. 이에 더해 여성에게 과도하게 부담되는 가사노동을 부부가 나눌 수 있는 사회적 분위기를 조성하고 결혼 후에도 일과 가정이 양립될 수 있는 산업환경을 조성해 여성이 결혼 후에도 계속 경제 활동을 이어갈 수 있도록 만들어야 한다. 국가가 개인들의 혼인관계에 개입하는 것은 부적절하지만 간통죄의 폐지 이후 나타난 새로운 현상들에 대한 제도적 개선은 반드시 필요하다.

• • •

8 울산종합일보 2018.2.19 「경단녀의 서러움 … 40대女 금융자산 1천400만 원, 男의 절반」
9 중앙일보 2017.9.24. 「[단독] 이혼녀 절반 취업 뛰어드는데 … 10명 중 7명이 비정규직」

인터넷 실명제를 둘러싼
기나긴 논쟁

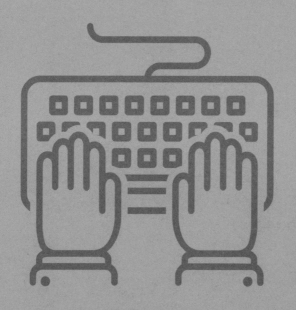

12 인터넷 실명제를 둘러싼 기나긴 논쟁

● 헌법재판소 2015.7.30. 2012헌마734 결정

헌법재판소 결정 주문

1. 청구인 안○호, 김○원, 주식회사 ○○그룹의 심판청구를 기각한다.

2. 구 「공직선거법」(2010.1.25. 법률 제9974호로 개정되고, 2013.3.23. 법률 제11690호로 개정되기 전의 것) 제82조의6 제1항, 제261조 제1항 제1호는 헌법에 위반되지 아니한다.

진실을 두려워하는 자가 재갈을 물린다

"World's first internet president logs on세계 최초의 인터넷 대통령 로그인하다." 2002년 노무현 대통령 당선에 대한 영국 가디언지The Guardian의 기사 제목이다. 2002년 대선은 이전 대선과 확연히 구분되는 지점이 있었는데, 이 부분에 대해 가디언은 '노무현'을 '인터넷 대통령'으로, '당선'을 '로그인'으로 표현했다. 노무현 대통령 당선이 이전 선거와 명확히 구분되었던 지점에 노사모와 인터넷이 있다. 노사모는 '노무현을 사랑하는 사람들의 모임'으로 정치인 노무현에 대한 일종의 팬클럽이었다. 기존에도 특정 정치인에 대한 지지 모임은 많았지만 노사모는 조금 다른 모습을 보였다. 이들은 오프라인에서도 많은 활동을 했지만 주 활동 기반이 온라인이라는 특징이 있었다.

노무현은 제16대 국회의원선거에서 새천년민주당 후보로 부산에서 출마했다. 노무현의 소속 정당은 호남지역이 지지기반이었지만 끊임없이 영남에서 정치 활동을 시도했다. 이번에도 지역세를 이기지 못하고 또다시 고배를 마셨다. 2000년 4월 13일 부산에서 낙선 후 노무현의 홈페이지였던(현재는 노무현재단 홈페이지) '노하우(www.knowhow.or.kr)'와 피시통신 토론방에는 그의 낙선을 개탄하는 수많은 네티즌의 울분의 글이 쏟아졌다.[1] 이들 가운데 일부가 "지역주의 극복과 정치 개혁을 위해 일부러 힘든 길을 택한 노 의원을 격려하자."며 '노하우'에 임시 게시판을 만들어 회원을 모집한 것이 노사모의 출발이었다.[2]

결성 초기 500명이던 노사모 회원수는 1년 사이 4,000명으로 늘었고, 2002년 8월에 5만여 명으로 급증했다. 그해 말 대선 막바지에는 8만 명이 넘었다. 노사모는 노무현에 대한 홍보 글을 퍼나르거나 퍼오는 등 인터넷에서 노무현에 대한 지지 분위기를 확산시켜나갔다. 더 나아가 희망돼지라는 저금통을 만들어 노사모 회원들에게 분양하고 이를 다시 모아 노무현 선대위에 전달하는 등 선거자금을 마련하기도 했다.[3]

오마이뉴스를 비롯한 인터넷 사이트도 2002년 대선에서 큰 영향을 미쳤다. 특히 오마이뉴스는 노사모와 비슷한 시기인 2000년 2월 22일 '모든 시민은 기자다'라는 모토를 내걸고 창간되었다. 시민 누구나 기사를 쓸 수 있었고 기사는 오마이뉴스의 일정한 검증 절차 후 홈페이지에 게시되었다. 당시 한국 언론에서 조선, 동아, 중앙이라는 거대 신문사들의 영향력은 절대적이었다. 이러한 언론 지형에 전통적인 지면이 아닌 인터넷 기반 시민 참여형 언론인 오마이뉴스의 등장은 일종의 센세이션을 불러일으켰다. 누구나 기사를 쓸 수 있다는 것은 전국 곳곳에 기자가 있다는 것을 뜻했다. 오마이뉴스는 전국의 시민기자들로부터 송고된 현장의

• • •

1 오마이뉴스 2000.4.14. 「울분이 소낙비처럼 쏟아지고 있다」

2 한겨레 2000.5.3. 「노무현씨 이젠 함께 갑시다」

3 동아일보 2003.11.23. 「노사모 돼지저금통 단속 강화」

목소리로 채워지고는 했다.

오마이뉴스는 2002년 대선 과정에서 존재감을 확실하게 드러냈다. 특히 인터넷에 기반을 둔 조직인 노사모의 활동과 연계되면서 오마이뉴스의 영향력은 더욱 커졌다. 한국 언론 지형에 균열이 발생한 것이다. 인터넷을 기반으로 활동하는 정치인 팬클럽과 언론사는 상대적으로 변화를 추구하는 젊은 세대가 중심이었다. 경쟁 후보였던 이회창에 비해 진보적 이미지가 강했던 노무현은 인터넷 기반의 정치인 팬클럽과 언론으로부터 큰 혜택을 받았다. 노무현이 대통령에 당선된 뒤 처음으로 가진 언론사 회견이 당시로서는 신생 언론사인 오마이뉴스였다는 것은 그가 오마이뉴스를 어떻게 생각했는지 보여주는 상징적인 사건이었다.

인터넷 견제에 집중한 정치권

노무현의 대통령 당선은 정치권이 인터넷의 영향력을 실감하는 계기가 되었다. 대통령을 배출한 민주당이나 선거에 진 한나라당 모두 인터넷에 관심을 쏟기 시작했다. 당시 인터넷에서는 사용자 제작 콘텐츠를 뜻하는 UCCUser Created Contents가 큰 인기를 끌었다. 몇몇 전문가들은 다음에 치러질 대통령 선거는 UCC 대선이 될 것이라 예상했다. 그러나 결론적으로 2007년 대선에서 UCC의 영향력은 거의 없었고 그뿐만 아니라 인터넷 자체가 큰 영향력을 미치지 못했다. 인터넷 실명제 때문이었다.

노무현 정부는 인터넷에서의 높은 인기에 힘입어 세워졌지만 아이러니하게도 집권 초기부터 인터넷상에서 큰 비난을 받았다. 노무현 정부는 집권하자마자 미국으로부터 이라크 전쟁 파병을 요청받았다. 이에 정부가 파병을 검토하는 것으로 알려지자 시민사회에서는 파병 반대 목소리가 커지기 시작했다.[4] 정부는 미국의 강력한 파병 요청에 따라 파병할 수밖에 없다는 판단을 했고, 전투병이 아닌 지원병 파병을 결정했다. 그럼에도 파병 반대는 정부에 대한 반대 여론으로 확산되는 조짐이 보였다. 정부는 이라크 파병 이후 곧이어 한미 FTA 협상을 발표했다. 이번에도 시민사회는 정부의 일방적인 한미 FTA 추진에 반대 의사를 표명했다.[5]

이라크 파병과 한미 FTA 협상 추진 등 여론과 반대되는 다수의 정책은 시민사회의 큰 반발을 초래했다. 노무현 정부의 지지율은 요동쳤다. 2003년 출범 초 80퍼센트에 육박했던 지지율은 집권 1년 만에 30퍼센트대 초반으로 곤두박질쳤다. 특히 노무현 정부에 비판적인 여론은 인터넷상에서 더욱 거셌다. 인터넷 여론의 전폭적인 지지로 출범한 노무현 정부가 1년 만에 인터넷상에서 곤욕을 치르는 처지가 된 것이다. 정부 지지율이 떨어지자 당장 집권 여당인 열린우리당은 긴장하기 시작했다. 특히 2004년 4월로 예정된 제17대 국회의원선거가 발등의 불이었다.

당시 한나라당은 모든 현안에서 정부·여당과 대치하고 있었다. 특히 국회의원 비례대표 의석 비율과 선거구 획정 등 선거제도와 관련된 사항에서는 정부·여당과 첨예하게 대립했다.[6] 그러나 이와 같은 상황에서도 유독 인터넷 언론의 규제에 대해서는 마음이 맞았다. 인터넷에서 번지고 있던 비난 여론에 골머리를 썩고 있던 정부·여당과 지난 대선 패배의

●●●

4 프레시안 2003.3.18. 「이라크전 파병으로 국제사회 '왕따'될 것—40여 개 시민사회단체 파병반대 기자회견」
5 연합뉴스 2002.10.24. 「농민단체, FTA 농업분야 협상결과 반발」
6 한겨레 2004.2.6. 「선거구 획정 등 또 시한 넘기나」

원인을 노사모와 오마이뉴스 등 인터넷 여론에서 찾고 있던 한나라당 모두에게 인터넷 언론은 눈엣가시였을 것이다.

2004년 2월 9일 국회 정치개혁특위는 인터넷 매체의 선거 관련 게시판에 대한 실명인증제 도입안을 통과시켰다. 개정안에 따르면 인터넷 언론사는 네티즌이 게시판·대화방에서 선거 관련 의견을 올릴 경우 실명과 주민등록번호를 확인하는 기술적 조치를 취해야 하고, 이를 위반하는 경우 1,000만 원 이하의 과태료를 부과했다. 열린우리당이 "선언적 조항만 두고 과태료는 물리지 말자."라는 대안을 제시하기는 했으나 법안의 취지에 동의한 것은 마찬가지였다.[7] 반면 정치권은 선거와 관련해서는 인터넷 언론을 기성 언론과 동일한 차원으로 규제하려고 하면서도, 면세 혜택이나 독자 피해 구제 절차를 포함하고 있는 「정기간행물의등록등에관한법률」이나 「방송법」 등 미디어 관련법에서는 '언론'으로 인정하려 하지 않았다.[8] 여기서 한 걸음 더 나아가 국회는 네티즌들이 선거에 관한 글을 올리거나 선거 기사에 댓글을 달 경우 전자서명을 이용한 실명확인을 거치도록 하는 선거 기간 인터넷 실명제까지 도입했다.[9] 선거 기간의 인터넷 실명제는 당시 대부분의 사안에서 대치하고 있던 국회에서 여·야 간 합의로 통과된 거의 유일한 법안이었다. 이로써 인터넷 언론사의 실명확인제는 '세계 최초로 로그인한 인터넷 대통령'의 정부에서 도입되었다.

• • •

7 미디어오늘 2004.2.18. 「인터넷 언론에 재갈 물리나」

8 한겨레 2003.12.11. 「'인터넷언론' 선거법에 포함」

9 아이뉴스24 2003.12.24. 「정개특위, 선거관련 전자서명 실명제 추진 '논란'」

시민사회의 불복종 운동에 화들짝 놀란 정치권

정부가 선거법을 개정해 인터넷 실명확인제를 도입하자 인터넷 언론사들은 즉각 반발하고 나섰다. 한국인터넷기자협회는 홈페이지에 총선 특집 사이트를 개설하면서 실명제를 거부하는 게시판과 토론방을 만들었다.[10] 인터넷 실명제에 전면 반발하고 나선 것이다. 해당 홈페이지의 조회 수는 많지 않았지만 인터넷 신문사 기자들을 대표한다는 상징적인 측면에서 정부의 인터넷 실명제에 대한 인터넷 언론의 집단적 반발로 해석되었다.

여론도 호의적이지 않았다. 여러 시민사회 단체에서는 아예 법을 지키지 않겠다며 불복종 운동을 선언했다. 148개 시민사회 단체와 인터넷신문협회, 인터넷기자협회 등은 2013년 4월 10일 인터넷 실명제 통과를 규탄하는 기자회견을 통해 법안 폐지 운동과 함께 불복종 캠페인을 전개한다고 밝혔다.[11] 인터넷 실명제에 대한 비난 여론이 빗발치자 정치권도 당황했다. 대통령을 배출했으나 여권의 열린우리당 창당으로 야당이 된 민주당도 법안 통과에는 찬성했지만 선거 관련 인터넷 실명제 불복종 운동에 동참하겠다며 나섰다. 신철호 민주당 전자정당추진기획단장CIO은 2004년 3월 10일 "인터넷 실명제가 인터넷의 부작용을 차단할 수 없다는 데 동의한다."라며 "민주당 홈페이지에 익명 게시판을 유지하면서 인터넷 실명제 불복종 운동에 동참하기로 했다."라고 발표했다. 이에 더해 "(내가) 민주당 CIO로 있는 동안 절대로 인터넷 실명제를 게시판에 도입하지는 않을 것"이라며 실명제에 거부할 뜻을 명백

●●●

10 연합뉴스 2004.3.4. 「인터넷기자협, 실명제 거부 게시판 개설」
11 뉴시스 2004.3.10. 「시민단체 '인터넷 실명제 폐지운동 전개'」

히 밝혔다.[12] 그러나 인터넷 실명제 법안 통과에 찬성하고는 뒤늦게 반대 입장을 보이는 민주당의 태도에 오히려 네티즌들의 비난이 쏟아졌다. 더욱이 선거법에 따르면 실명인증프로그램을 의무적으로 설치해야 하는 일반 인터넷 사이트와 달리, 정당과 후보자 홈페이지는 실명인증프로그램의 설치가 선택 사항이었다. 민주당 홈페이지를 익명제로 운영하는 것에 큰 부담은 없었던 것이다.

인터넷 실명제에 대한 시민사회의 반발은 계속되었다. 많은 인터넷 언론사가 실명제를 도입하지 않고 차라리 과태료를 내겠다고 나섰다. 비난 여론이 거세지자 선관위는 한 걸음 물러서는 태도를 취했다. 2004년 4월 12일 선관위는 국회의원선거를 사흘 앞두고 이번에 한해 인터넷 실명제를 위반해도 과태료를 부과하지 않겠다고 발표했다. '행정자치부에서 실명 확인을 지원할 체제가 완전히 갖춰지지 않은 데다 인터넷 언론사의 범위가 무제한적이고 규제 대상이 모호해 특정 인터넷 언론사에 대해 과태료를 부과할 경우 형평성 논란이 있을 수 있다'는 이유였다.[13] 그러나 결국 선거 기간 중의 인터넷 실명제는 이듬해인 2005년 지방자치선거부터 시행되고 말았다.

사이버 망명까지 불러온 인터넷 실명제

선거 기간 인터넷 실명제의 효과는 확실했다. 선거 기간 네티즌들의 활동은 급격히 위축되었다. 2017년 대선에서는 네티즌들이 국내 사이트

---

12 아이뉴스24 2004.3.10. 「민주당도 인터넷 실명제 불복종 운동에 동참」
13 동아일보 2004.4.12. 「'인터넷 실명제' 유야무야 … '이번 총선 과태료 부과 안해'」

에서의 활동이 처벌로 이어질 위험성이 높아지자 아예 규제로부터 자유로운 해외 사이트를 이용하는 상황에 이르렀다.

인터넷 중심의 정보통신기술의 발전 속도는 매우 빨랐다. 그에 따라 네티즌들의 활동 양상 역시 시시각각 다른 모습을 보여주었고 인터넷에 대한 규제 역시 선거 때마다 강화되었다.

선거에 인터넷이 본격적으로 활용된 경우로는 1997년 제15대 대선에서 동아일보가 천리안, 하이텔 등 4대 PC통신 사업자와 공동으로 개최한 '대선 후보 초청 사이버 토론회'를 들 수 있다. 2000년 제16대 국회의원선거에서는 처음으로 인터넷 불법선거운동을 단속했다. 당시 언론은 이를 두고 '신종 사이버 선거사범'이라 부르기도 했다.[14] 2002년 대선에서는 (주)넷피플이 기획한 대선 주자 초청 생중계 토론회 '475초청 간담회−대선 예상 후보와 함께'를 중앙선관위가 선거법 저촉을 이유로 제지하며 마찰이 일어나기도 했다.[15] 이어 오마이뉴스가 기획한 대선 후보 인터뷰 역시 중앙선관위의 제지로 무산되었다.[16]

2004년 제17대 국회의원선거에서는 정치인 얼굴을 합성한 포스터 등을 만들어 인터넷에 유포한 대학생에게 벌금 150만 원이 선고되어 네티즌이 「공직선거법」 위반 혐의로 사법 처리되는 최초의 사건이 발생했다.[17] 당시 인터넷상에서는 패러디가 하나의 사회풍자 문화로 열풍을 일으키고 있었음에도 규제기관은 패러디를 문화적 현상이 아닌 규제 대상으로 인식하고 관련 사이트들을 처벌해 논란을 일으켰다. 인터넷 언론사들과 네티즌들은 이에 반발하여 헌법 소원을 제기했고, 국가인권위원회

• • •

14 한국경제 2000.3.6. 「검찰, 지역감정 조장행위 강력단속 … 고발 없어도 수사키로」

15 프레시안 2002.1.21. 「후보 24시 〈1〉 −노무현−'촌놈은 촌놈답게 합시다'」

16 매일경제 2002.2.5. 「인터넷신문 '오마이뉴스' 선관위와 전쟁」

17 뉴시스 2004.7.22. 「네티즌 정치 패러디물 첫 '유죄' 선고」

역시 사전 검열에 해당한다며 위헌 의견을 제출했다.

2007년 제17대 대선을 앞두고는 포털사이트에 대한 규제제도도 도입 및 정비되기 시작했다. 「공직선거법」은 뉴스를 제공하는 인터넷 사업자까지 '인터넷 언론'으로 규정하여 포털에 대한 규제 강화의 근거를 마련했다. 아울러 「공직선거법」에 따라 배포자의 지위를 인정받아왔던 UCC 사이트 또한 선거 기간 인터넷선거보도심의위원회의 규제를 받게 되어 유권자의 참여가 대폭 감소했다. 이에 더해 중앙선관위가 UCC 운용기준을 마련하면서 UCC에 대한 유권자의 참여는 사실상 차단되었다. 이런 이유로 비슷한 시기에 치러진 미국과 프랑스의 대선에서는 UCC가 광범위한 유권자의 참여를 촉발하였던 데 반해 한국 대선에서 UCC의 영향력은 미미했다. 제17대 대선에서 규제기구(정보통신윤리위원회, 문화관광부, 검찰청, 경찰청 및 중앙선관위)의 심의와 고발 등으로 삭제된 게시물은 8만 7,800여 건으로 제16대 대선의 1만 2,000여 건에 비해 7배 이상 급증했다.

이렇게 강화된 인터넷에 대한 규제는 유권자를 인터넷에서 몰아내는 결과를 만들었다. 선거는 후보자나 정당의 일방적 정보 제공의 장으로 전락해버렸다. 제17대 대선에서 네티즌 조회 수 랭킹 20위까지의 UCC는 모두 CCC Camp Created Contents 라고 불릴 만큼 후보 캠프에서 제작한 것이었다. 제작 유형도 단 한 개를 제외하고는 모두 후보 스스로 자신을 홍보하는 UCC였다. UCC가 소통된 채널 역시 거의 후보의 공식 홈페이지였다. 네티즌의 반응은 소극적이었다. 조회수 100만 이상의 동영상물이 적지 않았던 제16대 대선과 비교해보면 제17대 대선에서 UCC는 상당히 위축되었다. 이렇게 되자 네티즌은 활동 영역을 구글Google, 유튜브YouTube 등 해외 사이트로 옮겨 이른바 사이버 망명cyber exodus 이 확산되었다.[18] 예컨대 제17대 대선 종반 폭발적 이슈로 등장했던 이명박 후보의 BBK 동영상은 국내 웹사이트에서는 게시 자체가 차단된 반면 유튜브에서는 대선 당일까지 92만여 건의 조회 수를 기록했다. 당시 국내에서 가장 인기 있었던 선거 UCC의 조회 수는 30만여 건에 불과했다.[19]

국민적 반발과 인터넷 여론의 급격한 위축에도 합헌이라는 헌법재판소

'넓은 국토와 많은 인구'는 간접민주주의의 필요성, 즉 직접민주주의의 어려움을 이야기할 때 반드시 등장하는 근거다. 넓은 지역에 흩어져 살아가는 많은 국민을 직접 정치에 참여시킬 방법이 없기 때문에 국회의원이라는 대표자를 내세우는 대리 정치가 불가피하다는 것이다. 그러나 인터넷은 현실의 공간을 모니터, 근래에는 스마트폰 액정 속으로 축소시켰다. 서울과 땅끝 마을 해남, 더 나아가 해외에 거주하는 국민도 인터넷을 통해 실시간으로 대화에 참여할 수 있다. 수많은 사람들이 동시에 채팅에 참여해 대화를 나누는 것 또한 가능해졌다.

직접민주주의를 불가능하게 하는 '넓은 국토와 많은 인구'라는 제약은 인터넷상에서는 더 이상 존재하지 않는다. 그래서 인터넷이 도입된 초창기에는 인터넷의 발전이 직접민주주의를 가능케 할 것이라는 희망찬 예측까지 있었다.[20] 그러나 현실은 시민이 정치에서 소외되는 간접민주주

• • •

18 한겨레 2008.7.3 「'표현의 자유' 찾아 네티즌들 '사이버 망명'」

19 박주민, 「인터넷을 통한 선거운동과 공직선거법」, 법학연구, 15(1), 149~184쪽, 2012

20 동아일보 2002.3.13. 「[세계의 눈] 막스 카스/전자 민주주의는 꿈인가」

의의 부작용을 상당 수준 완화할 것이라던 인터넷에 대한 기대에 한참 모자란 모습이다.

인터넷의 발전이 정치의 발전으로 이어지지 못한 데는 제도의 문제가 크다. 정보통신의 발전을 가로막는 각종 규제와 네티즌 개개인에게까지 「공직선거법」의 잣대를 적용하여 규제하고 처벌하는 제도는 인터넷을 통해 폭발적으로 증가하던 시민들의 정치 참여 욕구에 찬물을 끼얹고 말았다. 게다가 인터넷을 통한 선거 참여의 규제는 역설적이게도 인터넷 선거운동이 가장 활발히 전개되었던 2002년 대선 이후 본격적으로 강화되었다.

이에 맞서 네티즌과 시민사회 단체는 정부의 인터넷 규제의 위헌성을 심판해달라며 헌법재판소의 문을 두드렸다. 그때마다 헌법재판소는 매번 보수적 결정을 내렸다. 헌법재판소는 선거 기간 인터넷 실명의 위헌 여부를 2010년(2008헌마324)과 2015년(2012헌마734, 2013헌바338(병합)) 두 번에 걸쳐 판단했다. 하지만 두 번 모두 선거 기간 인터넷 언론사의 실명 확인의무 및 위반 시 과태료 부과 등의 규정이 헌법에 위반되지 않는다고 판단했다. 2010년 결정과 달라진 점은 2015년 결정에서는 반대 의견을 낸 재판관이 2명에서 4명으로 늘어 반대의 목소리가 좀 더 커졌다는 것이다.

5명의 합헌 의견을 살펴보면, 실명 확인이 필요한 기간은 '선거운동 기간 중'으로 한정하고 그 대상을 '인터넷 언론사 홈페이지의 게시판·대화방 등에 정당 후보자에 대한 지지·반대 정보를 게시하는 경우'로 제한한다는 것과 인터넷 이용자는 실명 확인을 받고 정보의 게시 여부를 선택할 수 있고, 실명 확인에 시간과 비용이 크게 들지 않으며 실명 확인 후에도 개인정보가 노출되지 않는다는 점을 이유로 정치적 익명 표현의 자유, 개인정보 자기결정권 및 인터넷 언론사의 언론의 자유가 침해되지 않는다는 것이다. 또한 선거운동 기간 중 인터넷 언론사 게시판을 통한 흑백선전이나 허위사실이 유포될 경우 언론사의 공신력과 지명도에 기초해 광범위하고 신속한 정보의 왜곡이 발생할 수 있다는 점을 들어 선거의 공정성 확보를 위해 필요하다고 판단했다.

4명의 위헌 의견은 「공직선거법」 제82조의6 제1항(심판 대상 조문)이 유익한 익명 표현까지 포괄적으로 규제해 정치적 의사 표현을 위축시키고, 나아가 선거의 공정성이라는 입법 목적에도 장애가 된다는 것이다. 선거운동 기간은 정치적 표현의 자유를 행사하는 데 가장 중요한 시기라고 볼 수 있고, 표현의 자유는 민주주의의 근간이 되는 중요한 헌법적 가치이기 때문에 익명 표현의 자유를 제한하는 데 따르는 불이익이 선거 공정성 유지라는 공익보다 결코 더 작다고 할 수 없다고 판단했다.

헌재는 2012년에 재판관 전원 일치로 「정보통신망 이용 촉진 및 개인정보보호에 관한 법률」에 규정된 인터넷 실명제에 대해서 위헌 결정을 내린 바 있다. 이와 관련하여 「공직선거법」의 인터넷 실명제가 합헌이라는 2015년의 결정은 이 입장과 배치되는 모순이라는 지적도 나왔다.

오늘날 컴퓨터와 스마트폰의 이용이 대중화·일상화되면서 선거 관련 의사 표명도 대부분 인터넷을 통해 이루어지는 현실을 봤을 때 익명 표현을 규제해 표현의 자유를 위축시키는 결과를 초래한 헌재의 결정은 시대착오적인 판단이다.

민주주의를 위한 마지막 보루

국민이 대표자를 통해 정치에 참여하는 간접민주주의에서는 필연적으로 대리인의 문제가 발생한다. 자신의 일을 맡기기 위해 대리인을 고용했지만 대리인이 성실히 임무를 수행하는지 확인할 수 있는 충분한 정보가 주인에게 주어지지 않는다. 오히려 대리인이 대부분의 정보를 장악해 버린다. 이러한 정보의 비대칭은 자칫 대리인이 주인을 위해 일하는 것이 아니라 자신의 이해를 위해 일을 하게 될 위험성을 낳는다. 따라서 대리인이 수행하는 일에 대한 정보에 주인이 충분히 접근할 수 있어야 한다. 국민은 자신들의 권리 중 일부를 국민의 대표자인 국회의원에게 위임하여 간접민주주의 체계를 성립시킨다. 하지만 권리를 위임받아 활동하는 국민의 대리인인 국회의원은 모든 정보와 권력을 장악하고 주인인 국민 위에 군림하려 하기도 한다. 이러한 문제를 해결하기 위해서는 국회의원이 어떠한 일을 어떻게 수행하는지 국민이 자세히 들여다볼 필요가 있다. 그런데 인터넷이 발전하기 전까지는 국민이 국회의원의 활동을 감시하는 것은 사실상 불가능했다. 국회의원과 국민 간 정보의 비대칭성이 극명했던 것이다. 인터넷이 발달한 오늘날에는 수많은 정보가 인터넷상에서 손쉽게 유통된다. 국민은 언제, 어디서든 정치인과 직접 소통할 수 있다. 국민 모두가 감시자가 될 수 있으며 정치인에 대해 얻은 정보를 공유할 수 있다. 인터넷 공간에서는 정보의 비대칭성이 근본적으로 해소될 가능성이 크다.

모든 정보가 주인에게 공개되고 주인이 상시적으로 대리인을 평가할 수 있다는 것은 좋은 일이겠지만 대리인으로서는 주인의 눈치를 봐야 한다는 점에서 매우 피하고 싶은 일일 것이다. 정치권이 합심하여 인터넷 규제에 열을 올린 이유다. 즉, 인터넷 실명제는 국민과의 일정한 거리를 유지하여 그들의 비판과 견제로부터 자유롭고 싶은 국민의 대리인 국회의원들의 이기심이 작용한 결과다. 국민에게 더 많은 정보를 제공하고 직접 소통함으로써 간접민주주의의 한계를 극복하려는 노력 없이 오히려 정보를 제한하여 간접민주주의의 한계를 지속시키고 그 속에서 자유를 누리고 싶었던 것이다. 하지만 오늘날 인터넷은 여태 우리사회의 정보를 독점한 소수 언론들이 유통하는 정보보다 훨씬 많은 정보가 실시간으로 교환된다. 거대 언론사들도 생산한 정보를 유통하기 위해 인터넷을 이용해야 한다. 인터넷 언론사보다 SNS에서 유통되는 정보가 훨씬 많은 것이 현실인 이제는 인터넷을 통제하려야 통제할 방법이 없고, 가능하지도 않게 되었다.

인터넷 실명제는 간접민주주의라는 제도적 측면 외에도 표현의 자유 침해라는 더욱 근본적인 문제를 가지고 있다. 민주주의는 다양한 정치 이념이 서로 자유롭게 경쟁할 수 있을 때 발전한다. 만약 특정 이념만이 허용되거나 특정 이념에 대한 지지가 금지된다면 민주주의는 발전할 수 없다. 특정 이념이 독점한 사회는 민주주의가 아니라 독재이기 때문이다. 다양한 이념을 바탕으로 한 자유로운 논의가 이루어지기 위해서 꼭 필요한 것이 표현의 자유다. 자신의 신념에 따른 표현을 자유롭게 할 수 있어야만 이념의 다양성도 확보될 수 있다. 그런데 인터넷 실명제는 표현의 자유를 침해할 소지가 크다. 특히 우리사회와 같이 명예훼손이나 모욕죄 같은 특정 표현이 처벌 대상이 되는 경우는 더욱 그렇다. 자신의 이름을 밝히고 의견을 개진한다는 것에는 부담이 따른다. 문제의 소지가 있는 표현을 했을 경우 처벌될 수 있으므로 필연적으로 위축될 수밖에 없는 것이다.

표현의 자유는 민주주의의 마지막 보루다. 그렇기에 표현의 자유를 제한하는 인터넷 실명제는 민주주의의 발전을 위해 재고되어야 한다. 다양한 의견의 자유로운 표현과 가짜 뉴스, 허위사실 유포는 별개의 문제이다. 후자는 그것대로 분명히 처벌해야 한다. 더욱이 앞서 살펴본 것과 같이 국가의 통제가 작용하지 않는 외국계 SNS에서 상당히 많은 정보가 유통되고 있는 현실에서 인터넷 실명제는 실효를 거둘 수도 없다. 제대로 된 기능도 하지 못한 채 민주주의의 발전에 역행할 수도 있는 인터넷 실명제가 헌법에 부합한다고 판단한 헌법재판소의 견해가 못내 아쉬운 부분이다.

인터넷을 통제하겠다는 헛된 시도

선거 기간 인터넷 실명제의 본질은 인터넷에 대한 통제다. 그러나 인터넷은 본질적으로 통제가 불가능한 영역이다. 인터넷에 대한 통제는 서비스 제공자가 이용자의 개인정보를 수집할 수 있어야 가능한 일인데, 이는 국내에 한정된다. 외국기업에게 국내 사용자의 개인정보 수집을 강제할 수 있는 방법은 사실상 존재하지 않는다. 더욱이 외국기업이 국내 사용자의 개인정보를 수집한다면 이는 우리의 개인정보가 해외에 유출되는 격이 된다.

그럼에도 그동안 선거 기간 인터넷 실명제가 실행될 수 있었던 이유는 인터넷 서비스의 국내기업 독점 현상이 강했기 때문이다. 그러나 이미 2007년 제17대 대선에서 인터넷에 대한 통제는 불가능한 시도임이 드러났다. 앞서 언급했듯 국내 이용자들이 유튜브나 구글과 같은 해외 인터넷 서비스를 활용하기 시작한 것이다. 다만 당시에는 사이버 망명으로 상징되듯이 사이버 검열에 대한 반발의 성격이 강했다. 그러다가 2004년과 2006년에 개설된 페이스북facebook 과 트위터twitter 의 국내 사용자 수가 폭발적으로 증가하면서 인터넷 서비스의 국내기업 독점 현상은 깨지기 시작했다.

페이스북과 트위터 등 SNS에서는 언론사는 아니지만 기사를 포함한 수많은 정보가 공유되었다. 오히려 언론사의 정보와 비교할 수 없을 정도로 많았다. 선거에 출마하는 정치인들도 앞을 다투어 유권자와의 소통과 홍보수단으로 SNS를 활용했다. 그러나 이들 해외 SNS 사업자들은 회원가입 시 주민등록번호 등 개인정보를 아예 수집하지 않았다. 대부분 이메일 주소 등만으로 회원가입이 가능했는데 그마저 구글과 같은 해외 서비스를 사용한다면 IP추적 등 강제 수사를 동원하지 않고는 사용자를 파악할 수 있는 방법이 없다.

유권자들은 개인정보를 남겨야 하는 국내 사이트보다는 회원 수도 훨씬 많고 개인정보 공개의 부담도 없는 해외 SNS를 이용하기 시작했다. 그런데 역설적이게도 해외 SNS의 익명성을 가장 적극적으로 활용한 것은 유권자가 아닌 정부기관이었다. 2012년 대선을 며칠 앞둔 12월 11일 역삼동의 한 오피스텔에서는 민주당 국회의원 및 당직자, 선관위 직원 등 수십 명과 오피스텔 내에 있던 20대 여성이 밤새 대치하는 상황이 벌어졌다. 민주당은 그 여성이 국정원 직원이며 민주당의 문재인 후보를 비방하는 댓글을 SNS에 조직적으로 게시하는 활동을 펼쳤다고 주장했다.[21] 당시 여당인 한나라당은 명백한 정치공작이라며 강하게 반발했다. 그러

• • •
21 한겨레 2012.12.11. 「국정원 불법선거운동 공방 … 한밤 대치」

나 국정원의 댓글공작은 사실이었다. 국정원은 내부에 전담팀을 꾸리고 더 나아가 30여 개의 외곽팀까지 구성하여 여당 후보를 지지하고 야당 후보를 비난하는 내용의 댓글을 트위터에만 10만여 개 이상 작성한 것으로 밝혀졌다.[22] 국정원의 댓글공작은 정부의 강제력이 미치는 국내 인터넷 기업에게는 실명제를 강요하고 이를 통해 많은 네티즌을 선거법 위반으로 처벌한 정부가 정작 자신들은 실명제를 강제할 수 없는 해외 SNS를 이용하여 불법 선거운동을 벌인 사건이었다. 이 사건은 인터넷이 선거에 큰 영향을 미칠 수 있다는 것과 그것이 민주주의에 부정적 결과를 초래할 우려가 있다는 것을 알려주었다. 동시에 인터넷에 대한 국가권력의 인위적인 통제가 불가능하다는 것 또한 확인해주었다. 결국 SNS가 민주주의에 악영향을 미친다는 것은 유권자들의 의사소통 활동에 따른 것이 아니라 국가권력이 인위적으로 여론을 조작하려 한 잘못된 활동의 결과였음을 알 수 있다.

아직까지 우리 언론사의 기사는 주로 네이버www.naver.com 나 다음www.daum.net과 같은 국내 포털사이트를 통해 소비된다. 여전히 국내 포털사이트에서는 실명제 적용이 가능하며 실제로 적용되고 있다. 그러나 선거 기간 인터넷 실명제가 네티즌의 사이버 망명을 불러왔고 이를 계기로 해외 SNS 사이트가 국내에서 자리를 잡기 시작했듯 인터넷 실명제 기조가 유지된다면 국내 포털사이트들 역시 조만간 구글과 같은 해외 포털사이트에 그 자리를 내줄 수도 있다.

올바른 여론의 형성과 부적절한 표현에 대한 책임은 끝없는 논쟁거리다. 여론의 활성화에 따른 공익성과 악성 댓글 등 부적절한 인터넷 활용

● ● ●

22 이데일리 2017.8.30. 「원세훈, 파기환송심서 징역 4년 … 국정원 조직적 대선개입 인정」

에 의한 폐해 중 어느 것이 더 크다고 단순하게 판단할 수 없기 때문이다. 다만 인터넷은 국가가 통제할 수 있는 영역이 아니다. 인터넷을 통제하겠다는 것 자체가 실현 불가능한 시도다. 인터넷에 대한 통제는 오히려 네티즌의 사이버 망명과 같은 부작용만 불러일으켰다. 인터넷은 통제의 대상이 아닌 올바른 활용의 대상이어야 한다. 헌법재판소는 인터넷의 본질과 민주주의에서의 인터넷 활용가능성을 바라보지 못했다. 특히 국가가 인터넷을 통제하려 할 때 발생할 수 있는 부작용의 간과는 매우 큰 실수였다.

PART

13

성매매는 자유의 영역인가

13 성매매는 자유의 영역인가

● 헌법재판소 2016.3.31. 2013헌가2 결정

헌법재판소 결정 주문

「성매매알선 등 행위의 처벌에 관한 법률」(2011.5.23. 법률 제10697호로 개정된 것) 제21조 제1항은 헌법에 위반되지 아니한다.

감금 그리고 예정된 비극

　전북 군산 대명동에는 쉬파리 골목이라 불리는 곳이 있다. 2000년 9월 19일 쉬파리 골목의 한 3층 건물에서 화재가 발생했다. 불이 난 시각은 오전 9시로 한산한 시간이었고, 화재도 발화 35분 만에 진화되었지만 인명피해는 상당했다. 무려 5명의 여성이 목숨을 잃었다.[1] 피해가 컸던 데에는 건물의 독특한 구조가 큰 이유로 작용했다. 건물 2층과 3층은 사람한 명이 겨우 누울 수 있을 정도의 크기로 공간이 나뉘어있었다. 방과 방을 나눈 칸막이는 화재에 취약한 합판과 스티로폼이었다. 불이 붙은 스티로폼은 순식간에 엄청난 유독가스를 뿜어냈다.

　당시 건물에 있던 사람들은 모두 여성이었는데 잠을 자던 중 변을 당했다. 화재는 3층 건물 중 2층에서 시작되었고, 숨진 이들도 2층에 있었다. 1층으로 뛰어내렸다면 부상을 당하기는 했겠지만, 목숨을 잃지는 않

• • •

1 동아일보 2000.9.19. 「군산 윤락가에 불 … 20대 여종업원 5명 숨져」

았을 것이다. 옥상으로 올라가 구조를 기다렸어도 목숨을 건질 수 있었을 것이다. 아무리 실내에 스티로폼 등 유독가스를 배출하는 물질이 많았다고 해도 5명의 인명피해는 납득하기 어려웠다. 화재가 난 건물은 성매매 업소였다. 약 26평 규모의 2층은 한 평 남짓한 방 7개로 꾸며졌다. 창문은 쇠창살과 합판, 커튼으로 막혀있었다. 1층으로 나갈 수 있는 통로는 바깥쪽에서 자물쇠로 채워졌다. 사실상 감금 상태였다. 불이 난 오전 9시면 업주와 여성들이 밤샘 영업을 끝내고 잠이 든 시각이었다. 그런데 불이 나자 1층에 있던 업주는 2층에서 잠자고 있던 여성들을 탈출시킬 생각은 하지 않은 채 금고를 열어 장부와 통장을 챙겨 도망쳤다. 화재를 알아차리고 인근 건물 공사장 인부들이 2층 창문을 깨고 구조하려 했으나 쇠창살 때문에 불가능했다.[2] 당시 건물에서 잠을 자고 있던 여성은 6명이었다. 이 중 단 한 명만 살아남았다. 몰살이었다.[3] 불법 무허가 건물, 불법 영업, 불법 감금 등 모든 것이 불법이었다. 심지어 단속해야 할 경찰까지 업주에게 뇌물을 받고 불법을 눈감아준 것으로 밝혀졌다.[4]

쉬파리 골목 화재사건이 발생한 지 불과 2년 만에 화재 현장에서 1킬로미터 남짓 떨어진 군산 개복동 개복골의 또 다른 성매매 업소에서 화재가 발생했다. 이번에도 건물 2층에서 잠자고 있던 여성들이 피해자였는데 15명 전원이 사망하는 끔찍한 사고였다.[5] 1980년대부터 서울 3대 성매매 업소 집결지로 불리던 서울 천호동 성매매 집결지에서 20여 년 전 군산에서 일어났던 끔찍한 참사는 반복되었다.[6] 화재는 간단히 진압

• • •
2 오마이뉴스 2017.9.22. 「12년째 성매매 집결지 찾는 여성들 '그날을 잊을 수 없다'」
3 연합뉴스 2000.10.16. 「군산 윤락녀들도 경찰에 상납 주장」
4 연합뉴스 2000.11.27. 「포주로부터 뇌물수수 파출소장 구속」
5 연합뉴스 2002.2.7. 「군산 윤락가 화재 15명 전원 사망」
6 민중의 소리 2019.1.30. 「성매매처벌법이 사문화되자 성매매 여성들이 죽었다」

되었지만 성매매 여성들은 죽었다. 이번에도 역시 사실상 감금 상태에 놓여있었기 때문이다. 예정된 비극이었다.

감금된 상태에서 성매매에 시달리다 목숨까지 잃어야 했던 이 사건을 통해서 성매매 문제를 여성 착취 등 인권 관점에서 접근해야 한다는 목소리가 커지기 시작했다. 2004년 3월 22일 정부는 성매매를 알선하는 행위로 취득한 금품 그 밖의 재산상 이익을 몰수·추징하도록 하는 등 성매매를 근절하기 위한 제도적 장치 마련을 위해 「성매매알선등 행위의 처벌에 관한 법률」(성매매처벌법)과 성매매자의 사회복귀와 성매매 행위의 재발을 방지하도록 하기 위해 「성매매방지 및 피해자보호 등에 관한 법률」(성매매피해자보호법)을 제정, 시행했다.

이러한 법들이 시행된 지 올해로 15주년을 맞지만 애석하게도 우리사회에서 성매매는 여전히 없어질 기미가 보이지 않는 것이 현실이다.

성적자기결정권, 사생활의 비밀과 자유, 직업 선택의 자유

2004년 9월 「성매매처벌법」이 시행되면서 성매매 집결지에 대한 대대적인 단속이 이루어졌다. 이에 2004년 10월 1일 인천시청 앞 미래광장에는 미아리와 영등포 등에서 성매매업에 종사하는 280여 명의 여성이 모여들었다. 이들은 '우리도 부양가족이 있다', '생존권을 보장하라', '우리도 국민이다. 행복을 추구할 권리를 달라'고 적은 피켓을 들고 정부의 정책에 격렬하게 항의했다. 정부가 특별한 대책을 내놓지도 못하는 상황에서 단속에만 열을 올려 생존권을 위협받는다고 주장했다. 정부의 정책에 강하게 반발하며 자신들도 국민이고 행복을 추구할 권리가 있다고 주

장한 이들 성매매 여성들은 정부를 향해 성매매를 합법적으로 인정해줄 것을 요구했다.[7]

성매매 여성들의 시위는 한국사회에 매우 큰 충격을 안겨주었다. 지금도 별반 다르지 않지만 그때까지만 해도 성매매 여성들은 업주의 강요에 의해 강제적으로 성매매에 종사하는 피해자로 바라보는 시선이 강했다. 따라서 성매매, 특히 성매매 집결지에 대한 대대적인 단속은 그녀들에게 자유를 되찾아주는 매우 바람직한 정책으로 인식되었다. 그런데 단속이 자유를 찾아주기는커녕 오히려 생존권을 위협한다며 성매매 여성들이 시위에 나선 것이다. 구체적인 사연은 들여다봐야 했지만 적어도 시위에 참여한 여성들이 자발적으로 성매매에 나섰을 가능성도 있었다.

2012년에는 성매매를 한 혐의로 기소된 피고인이 제1심 재판 중에 「성매매처벌법」에 대해 위헌법률심판 제청신청을 했다. 「성매매처벌법」이 헌법 제10조에서 보장하는 성적자기결정권, 제17조에서 보장하는 사생활의 비밀과 자유, 제15조에서 보장하는 직업 선택의 자유를 제한하고 있어 헌법에 위반되는 것이 아닌지 물었다. 성매매를 처벌할 수 있는가에 대한 물음에 헌법재판소가 답을 줄 차례가 된 것이다. 결론부터 말하면 헌법재판소는 성매매를 처벌하는 「성매매처벌법」은 합헌으로 헌법에 위반되지 않는다고 결정했다.

이 결정은 자발적인 성매매에 관한 헌법재판소의 최초의 결정이었는데, 결정 이유는 개인의 성행위 자체는 사생활의 내밀한 영역에 속하고 개인의 성적자기결정권의 보호 대상에 속한다고 할지라도 그것이 외부

●●●
7 연합뉴스 2004.10.1. 「'원정시위' 나선 집장촌 여성들」

에 표출되어 사회의 건전한 성 풍속을 해칠 때에는 법률의 규제를 받아야 한다는 것이었다. 자발적인 성매매행위도 인간의 성을 상품화함으로써 성 판매자의 인격적 자율성을 침해할 수 있고 성매매 산업이 번창하는 것은 자금과 노동력의 정상적인 흐름을 왜곡하여 산업구조를 기형화시키는 점에서 사회적으로 매우 유해하며, 성매매는 그 자체로 폭력적, 착취적 성격을 가진 것으로 경제적 대가를 매개로 하여 경제적 약자인 성 판매자의 신체와 인격을 지배하는 형태를 띠므로 대등한 당사자 사이의 자유로운 거래 행위로 볼 수 없고, 인간의 성을 상품화하여 성범죄가 발생하기 쉬운 환경을 만드는 등 사회 전반의 성 풍속과 성도덕을 허물어뜨리기 때문에 성매매를 형사 처벌하는 것이 과도하지 않다고 판단했다.

자신의 성뿐만 아니라 타인의 성을 고귀한 것으로 여기고 이를 수단화하지 않는 것은 모든 인간의 존엄과 평등이 보장되는 공동체의 발전을 위하여 기본 전제가 되는 가치관이다. 성매매의 형태로 이루어지는 개인의 성적 행위에 국가가 적극 개입하고 성매매를 근절함으로써 확립하려는 사회 전반의 건전한 성 풍속과 성도덕이라는 공익적 가치는 개인의 성적자기결정권 등 기본권 제한의 정도에 비해 결코 작다고 볼 수 없다. 따라서 「성매매처벌법」은 개인의 성적자기결정권, 사생활의 비밀과 자유, 직업 선택의 자유를 침해하지 않는다고 보았다.

합헌 결정이 내려졌지만 성매매를 보는 시각의 차이로 인해 일부 위헌 의견, 전부 위헌 의견, 보충 의견이 있었다. 일부 위헌 의견은 성 구매자에 대한 처벌이 헌법에 위반되지 않는다는 점은 다수의견과 같지만, 성 판매자가 성매매를 할 수밖에 없는 이유를 절박한 생존 문제, 사회구조적 문제로 보고 성 판매자에 대한 형사 처벌은 과잉금지원칙에 위배되는 과도한 형벌권 행사로 헌법에 위반된다고 보았다. 전부 위헌 의견은 성인 간의 자발적 성매매는 본질적으로 개인의 사생활 중에서도 극히 내밀한 영역에 속하고, 그 자체로 타인에게 피해를 주거나 건전한 성 풍속 및 성도덕에 해악을 미친다고 볼 수 없다고 했다. 또 일부 위헌 의견에서 성매수자만을 처벌의 대상으로 보는 것에 대해서는 처벌의 불균형성과 성적 이중잣대를 강화할 수 있다고 지적했다. 지체장애인, 홀로 된 노인, 독거남 등 성적 소외자의 경우에 성매매 처벌로 인해 인간으로서 가장 기본적인 성적 욕구를 충족할 수 없는 상황으로 내몰릴 수 있다는 점 등을 이유로 성매매 처벌은 성 판매자와 성 구매자 모두의 성적자기결정권 및 사생활의 비밀과 자유를 침해하므로 헌법에 위반된다고 판단했다.

성적자기결정권인가, 성도덕을 해하는 범죄인가

성매매에 대한 논쟁은 인류의 역사와 함께했다고 해도 과언이 아닐 만큼 오래된 주제다. 성매매를 인간의 성에 대한 본능을 충족하는 불가피한 수단으로 보는 시각과 남성의 성적 지배와 여성의 성적 종속을 정당화하는 수단이자 경제적 대가를 바탕으로 경제적 약자인 성 판매자의 신체와 인격을 지배하는 것으로 보는 시각 등 성매매를 바라보는 관점에 따라 성매매 처벌에 대한 판단이 달라진다고 볼 수 있다. 헌법재판소의 합헌 그리고 위헌 의견도 성매매를 어떻게 바라보고 정의하는가에 따라 다르게 내려진 결정이라고 생각된다.

헌법재판소의 「성매매처벌법」의 위헌 결정에 대해서 우리사회의 개인주의와 성개방적 사고의 확산과 더불어, 사회의 성 풍속 및 성도덕의 유지라는 사회적 법익 못지않게 성적자기결정의 자유로운 행사라는 개인의 법익이 한층 중요시되는 사회로 바뀌어가고 있는 달라진 사회상을 헌법재판소가 반영해야 한다는 주장이 있을 수 있다. 그리고 도덕적 비난은 별개로 하더라도 법적으로 은밀한 사생활의 영역인 성性적 문제를 국가의 형벌권을 발동해 통제하는 것은 헌법이 보장하는 행복추구권과 사생활의 비밀과 자유를 침해한다고 판단해 내린 혼인빙자간음죄(2008헌바58)와 간통죄(2009헌바17)에 대한 위헌 결정과는 다른 판단을 한 것에 대해서 성적자기결정권에 대한 이중적 잣대가 아닌가 하는 의구심이 들 수도 있다. 그런데 이 부분에 대해서는 헌법재판소 다수의견에 대한 보충의견에서 답을 찾을 수 있다. 즉, 헌법 제10조의 행복추구권에서 파생된 성적자기결정권은 성적 폭력·착취·억압으로부터의 자유에서 연유하므로 성을 상품화하여 거래 대상으로 삼으면서 사회의 건전한 성 풍속과 성도덕을 해하는 성매매가 성적자기결정권이라는 헌법적 테두리 안에서 보호되어야 하는 것은 아니다. 성행위 자체가 개인의 사생활 중에서도 아주 내밀한 영역에 속해 있다고 하더라도 그 전제는 당사자 사이의 대등한 관계 속에서 자유의사에 따른 성적자기결정권의 발현이어야 한다는 것이 헌법에서 보장하는 부분이다.

성매매 형사 처벌의 역사와 남은 과제

우리나라에서 성매매에 대한 처벌이 처음으로 규정된 것은 1905년 대한제국의 「형법대전」 제555조의 일정한 성행위를 용이하게 해주는 가옥의 대여 행위를 처벌하는 조항이다. 그러나 여기서의 '성행위'는 간통으로 한정되어 현재의 '성매매 알선 행위'와는 성격이 다르다. 성매매가 형사 처벌의 대상이 되는 범죄로 규정된 것은 1961년 법률 제771호로 제정된 「윤락행위 등 방지법」이다. 이 법에서 성매매 금지 규정은 규범력을 발휘하지 못했고, 실제 현장에서도 단속이 제대로 이루어지지 않았다. 성매매를 적극적으로 단속하고 처벌하기 시작한 것은 2004년 「성매매알선 등 행위의 처벌에 관한 법률」과 「성매매방지 및 피해자보호 등에 관한 법률」이 제정되고 시행되면서부터다.

「성매매처벌법」과 「성매매피해자보호법」이 제정되는 과정에서 참고가 되었던 것이 스웨덴의 「성적 서비스 구매 금지에 관한 법」(1999년 제정)이다. 일명 '노르딕 모델'이라고 불리는 이 법은 성 매수자와 업주를 강력히 처벌하고, 성 판매자는 성매매에서 벗어날 수 있도록 지원하는 것을 내용으로 하고 있다. 성매매의 근절을 위해서 성매매의 수요를 차단하는 것을 중요시한 법이다. 우리나라의 「성매매처벌법」 개정과 관련한 논의에서도 여러 전문가가 성매매 수요의 차단과 인식 개선을 위해 이 법안을 비중 있게 다루고 있다. 그런데 수요의 차단과 인식 개선이 성매매의 근절을 위해서 필요하고 중요한 부분이라는 것에는 동의하지만 앞서 언급했듯이 성 매수자만을 처벌하는 것은 논의해볼 문제이다. 비자발적 성 판매자(강요, 감금, 인신매매 등)의 경우는 논외로 하더라도 성매매 문제에서 자발적 성 판매로 성을 상품화하여 거래 대상으로 삼는 행위를 성 매수자의 경우와 다르게 볼 이유는 없다고 생각하기 때문이다.

포주의 관리하에 특정 업소에 기반을 두고 성매매가 이루어졌던 과거와 다르게 최근에는 인터넷의 발달로 장소의 구분 없이 개인적으로도 성매매가 가능하고, 겸업형 성매매, 신·변종 성매매 등 다양한 유형으로 성매매 시장이 활성화되어 있다. 그래서 일각에서는 점점 더 음성화되고 복잡해지는 성매매 문제에 대해서 제대로 된 단속과 처벌이 이루어지지 못할 바에는 성매매를 합법화해야 한다는 목소리도 있다. 합법화의 모델은 독일의 경우를 예로 들 수 있다. 독일에서는 음성적이고 착취적인 성매매 관행을 없애고 성매매 여성을 보호하려는 취지로 2002년 성매매를 전면 합법화해서 시행하고 있다. 성 판매를 직업으로 인정하여 노동자로서 보호하고 관리함으로써 성매매의 폭력적이고 착취적인 관행으로부터 벗어날 것을 기대했다. 그러나 합법화는 시장 확대를 가져왔고 시장 확대는 곧 경쟁으로 이어졌다. 결과적으로 공급이 수요를 쫓아갈 수 없게 되어 극단적인 노동 환경이 되어버렸다. 또한 부족한 공급을 메우기 위해 열악한 환경에 처해 있는 나라의 여성들이 인신매매의 표적이 되는 문제를 불러왔다.[8]

일명 '오피스텔 성매매'로 알려져 있듯 우리사회에서 성매매가 극단적으로는 주택가 깊숙한 곳까지 침투했다고 해도 과언이 아닐 만큼 활성화되었고 음성화된 것이 사실이다. 그래서 독일처럼 합법화를 해야 한다는 주장도 있지만 앞서의 사례에서 알 수 있듯이 더 심각한 사회 문제(인신매매)의 가능성에 대해서도 충분히 고민하고 대안을 마련해야 한다.

성매매는 그 역사만큼 오래된 문제이고 어려운 문제임은 분명하다. 성매매를 우리사회에서 근절하기 위해서는 성을 경제적 대가로 사고팔 수 있다는 인식이 달라져야 하고, 강요 · 감금 · 인신매매 등에 의한 비자발적 성 판매자를 보호하면서 그들의 사회 복귀를 실제적으로 도울 수 있는 정책에 대한 논의가 필요하다.

정부가 성매매를 불법으로 규정하고 어설픈 단속을 하는 동안 성매매

. . .

8 중앙일보 2019.2.13. 「EU 가입 후 '성매매 여성 공급지'된 루마니아 … 무슨일이」

산업은 더욱 번창했고 그 방식은 나날이 다양해지고 있다. 불법으로 규정했으니 단속과 처벌을 해야 할 뿐 관리를 할 수 없는 것이 현실이다. 그마저도 단속과 처벌이 지금과 같은 상황에서 가능할지도 의심된다. 우리사회에서 남성 두 명 중 한 명은 성매매를 경험했다는 보도를 보면 현실적 해결이 녹록하지 않음을 알 수 있다. 그럼에도 이 힘든 숙제를 해결하여 보다 건강한 사회를 만들기 위해 지금은 모두가 머리를 맞대야 할 때이다.

선거구를 나누는
이해타산의 변증법

14 선거구를 나누는
이해타산의 변증법

● 헌법재판소 2016.4.28. 2015헌마1177 결정

헌법재판소 결정 주문
청구인들의 심판청구를 모두 각하한다.

국회의원은 국민의 대표인가 지역의 대표인가

서울의 면적은 전 국토의 0.6퍼센트에 불과하다. 이 작은 땅에 2016년 기준으로 약 1,002만 명, 대한민국 전체 인구의 5분의 1가량이 모여 산다. 사람이 서울로 몰리는 것은 모든 자원이 서울에 집중되어 있기 때문이다. 대부분의 대기업 본사가 서울에 있고, 지역에 기반을 둔 기업들도 어느 정도 규모가 되면 본사 못지않은 지사를 서울에 둔다. 대법원, 대검찰청, 헌법재판소, 국회 그리고 청와대뿐 아니라 입법부, 행정부, 사법부의 수장도 모두 서울에 있다. 자원이 집중되다 보니 사람도 몰릴 수밖에 없다. 이에 따라 정치권력도 자연스럽게 서울에 쏠려 지역구 국회의원 240여 명 중 49명이 서울에 배정되어 있다.

이에 대해 제16대 국회의원선거에서의 선거권 행사를 앞두고 국회의원 지역선거구 구역표에 따른 선거구 획정으로 인해 헌법상 보장된 평등권 및 선거권이 침해되었다고 주장하며 헌법 소원을 낸 사건이 있었다. 헌법재판소는 국회의원 지역선거구 간 인구편차의 허용기준에 대해서 대도시에 비해 농촌에 지나치게 많은 국회의원 의석이 배정되었다고 보았다.[1] 헌법재판소가 문제를 지적하기 전까지 대부분의 사람들은 좁은 면적에 많은 국회의원이 배정되는 대도시 중심의 의석 비율이 불합리하다고 생각해왔다. 그런데 헌법재판소가 반대 의견을 내놓은 것이다. 국회의원은 국민의 대표자로 지역이 아닌 인구수를 기준으로 배정되어야 한다는 판단이었다.

우리나라는 대도시를 중심으로 한 경제발전의 길을 걸어왔다. 많은 농촌 인구가 도시로 유입되어 노동자가 되었다. 그에 따라 농촌 인구는 줄어든 반면 대도시의 인구는 급속히 증가해왔다. 하지만 인구 이동에 맞춰 그때마다 국회의원의 수를 조정하기는 어려웠다. 젊은이들이 빠져나가 공동화된 데 불만이 많은 농촌지역에서 국회의원 수까지 줄이면 반발이 크기도 했고 국회의원 지역구의 조정은 특정 지역구의 폐지와 신설 문제가 얽혀 논란이 생길 수밖에 없다. 특정 지역구의 폐지는 국회의원의 정치적 생명과 직결되므로, 폐지되는 지역구 국회의원의 강력한 반발 또한 지역구 조정이 원만하게 이루어지지 못한 이유다.

헌법재판소는 현행 선거구 획정에 문제가 있다고 판단했다. 하지만 인구 편차를 갑작스럽게 조정하면 그에 따라 선거구도 크게 바뀌어야 했기에 매우 조심스러운 입장을 보였다. 2001년 헌법재판소는 선거구 간 상하한 인구수 비율이 3 대 1을 넘을 수 없다고 결정했다. 유권자가 가장 많은 선거구 인구가 가장 적은 선거구 인구의 3배를 넘지 않아야 한다는 의미다. 이후 2014년에는 기준을 좀 더 엄격히 적용하여 인구 편차의 한

1 헌법재판소 2001.10.25. 2000헌마92 240(병합)

계치를 2 대 1로 규정했다.[2] 다만 선거구에 대한 당장의 위헌 결정이 불러올 사회적 파장을 고려해 그다음 해 말인 2015년 12월 31일까지를 입법 시한으로 규정하는 헌법 불합치 결정을 내렸다.

선거구는 무엇으로 획정해야 하는가

헌법재판소의 결정이 있던 2014년을 기준으로 서울의 인구는 약 1,012만 명이었다. 가장 인구수가 적은 강원도의 경우는 154만 명이었다.[3] 면적은 서울과 강원도가 각각 605제곱킬로미터, 1만 6,873제곱킬로미터로 강원도의 면적이 서울보다 약 28배나 크다. 반면 국회의원 의석수는 서울 48석, 강원도가 9석으로 서울이 강원도의 5배가 넘었다. 언뜻 보면 서울에 비해 의원수가 현저히 적은 강원도민의 불만이 클 법도 하다. 그런데 헌법재판소의 생각은 달랐다. 서울시민은 약 21만 명당 한 명의 국회의원이 있지만 강원도민은 약 17만 명당 한 명이다. 서울시민의 한 표가 21만 분의 1의 힘을 가졌다면 강원도민의 한 표는 17만 분의 1의 힘을 가진 셈이어서 강원도민의 표 가치가 그만큼 크다는 것이다.

인구수에 비해 많은 국회의원이 배정되었으니 서울보다 훨씬 좋은 조건이라고 할 수 있을까? 단순히 면적으로만 따져보아도 서울은 국회의원 한 명당 담당할 지역이 12.6제곱킬로미터에 불과하지만 강원도 국회의원은 무려 1,874.7제곱킬로미터나 된다. 담당 지역이 좁은 서울 국회

•••
2 헌법재판소 2014.10.30. 2012헌마190 등
3 통계청 행정구역별 인구수

의원은 지역 현안을 파악하기 쉬운 반면 서울에 비해 150배 가까이 되는 강원도 국회의원은 그만큼 더 넓은 지역을 돌아다녀야 지역 현안을 파악할 수 있는 어려움이 있다.

국회의원은 국민의 대표자다. 따라서 국민의 수에 비례하여 의석이 배정되는 것도 타당하다. 21만 명당 한 명의 국회의원이 배정된 데 반해 17만 명당 한 명의 국회의원이 배정된다면 국회의원의 대표성에 문제가 생기는 것은 당연하다. 그러나 국회의원은 국민의 대표자임과 동시에 지역의 대표자이기도 하다. 아무리 인구가 적다고 해도 한 명의 국회의원이 두세 개의 행정구역을 대표한다는 것 역시 문제의 소지가 있다. 더욱이 인구 편차가 크다는 것은 국토가 효율적으로 이용되고 있지 않다는 뜻이다. 이는 지역별 균형 발전이 이루어지지 못했다는 의미다. 국가 발전에서 소외받은 농촌지역이 정치권력으로부터도 소외를 받는다면 지역 불균형은 더욱 심각해진다. 따라서 국회의원 선거구를 획정할 때 인구수만으로 판단할 수는 없다.

국민의 대표자와 지역의 대표자라는 국회의원의 이중적 지위 때문에 헌법재판소는 선거구 간 인구 편차를 2 대 1까지는 허용한 것이다. 그런데 전체 인구 중 20퍼센트가 국토의 0.6퍼센트에 불과한 좁은 서울에 모여 살 정도로 지역별로 큰 차이를 보이는 우리나라에서 그 수치가 적정한지에 대해서는 이견을 제기하는 이들이 많다.

선거구를 둘러싼 이전투구

헌법재판소는 법률의 위헌 여부를 심사하는 최고의 심판기구로서 그 결정에 대해서는 입법부, 행정부, 사법부 중 어느 누구도 부정할 수 없다. 적정성에 대한 논란은 있었지만 헌법재판소는 국회의원 선거구 간 인구 편차가 2 대 1을 넘으면 헌법에 어긋난다고 선언했다. 이에 따라 현행 선거구의 대대적인 개편이 필요해졌다.

현행 선거구에 대한 위헌 결정이 내려지자 각 지역 정치인과 정당은 손익계산에 바빴다. 오랜 기간 인구의 증감이 제대로 반영되지 않아왔기 때문에 현행 선거구에 대해 불만을 품고 있던 지역에서는 이구동성으로 이번 기회에 증가한 인구수를 반영해야 한다는 요구가 쏟아져나왔다. 반면 의석수가 줄어들 것으로 예상되는 강원, 경북, 전북, 전남 등 지역은 국회의원 의석을 빼앗기지 않기 위해 안간힘을 썼다.

인구수 하한기준인 13만 8,984명을 충족하지 못하는 지역구는 비상이 걸렸다. 2014년 10월 31일 기준 전국 246개 선거구 중 이에 해당하는 지역구는 총 25곳에 달했다. 강원도 내 인구 하한 미달 선거구인 홍천·횡성, 철원·화천·양구·인제는 지역을 쪼개 인근 선거구에 편입해야 했다. 그러자 이들 지역에서는 면적이 각각 서울의 4.7배(2,817.2㎢)와 6.9배(4,155㎢)라며 지역 환경에 적합한 의석수를 보장하라며 반발했다.[4] 또 의석수가 줄어들 위기에 처한 지역구인 전남 무안·신안에서는 해당 지역 국회의원이 신안군은 인구는 적지만 면적은 서울의 22배에 이르고, 더욱이 한반도의 섬 3,000개 중 1,000개가 이 지역에 몰려있다며 헌법 재판소의 결정을 지역적 특수성을 무시한 탁상 재판으로 규정하고 강하게 비판했다.[5] 많은 섬으로 구성된 선거구는 배를 타고 옮겨다녀야 해서 이동하는 데 오랜 시간이 걸리기 때문에 인구수만으로 선거구를 획정할

●●●

4 강원일보 2014.11.1. 「[선거구 재조정 대혼란] 서울의 6.9배 면적 반영하라」
5 서울신문 2014.11.1. 「여야 백가쟁명…'선거구 획정' 후폭풍」

수 없다는 것이다.

충남 부여·청양과 공주에서는 국회의원들 사이에 웃지 못할 신경전이 벌어지기도 했다. 이들 지역은 서로 인접한 데다 인구수를 합치면 21만여 명으로 상·하한선(상한 인구 27만 7,966명)을 모두 충족해 통합이 유력했다. 부여·청양의 국회의원은 중진으로 당시 새누리당 원내대표 이완구 의원이었다. 반면 공주는 비교적 인지도가 낮은 새정치민주연합 박수현 의원이었다. 두 선거구가 통합되면 박수현 의원은 당장 여당 원내대표인 중진 거물급 의원과 경쟁을 해야 할 상황이었다. 박수현 의원에게는 적지 않은 부담이었다. 이에 박수현 의원은 이완구 원내대표를 찾아가 "큰일 하실 분이 고작 지역에 남으셔서 되겠느냐."라며 하소연을 했다. 그러자 이 원내대표는 "박 의원 하는 것 봐서……."라며 웃어넘겼다. 지역구를 놓고 여야 정치인이 한쪽은 양보를 다른 한쪽은 뼈있는 농담을 하는 웃지 못할 상황이 연출된 것이다.[6]

'결국 시간은 우린 편이다?'

선거구 조정을 둘러싸고 곳곳에서 신경전이 벌어졌고 헌법재판소가 명기한 개정 시한도 넉넉하지는 않았다. 하지만 정작 여당이었던 새누리당은 전혀 서두르지 않았다.[7] 겉으로는 국정에 충실해야 한다고 했지만 시간이 흐를수록 협상 구도는 여당인 자신들에게 유리해진다고 본 듯하다. 선거구 개편은 여야 간 기싸움으로 차일피일 늦춰졌다. 엎친

●●●

6 한국경제 2014.10.31. 「'선거구 지켜라' … 이웃 의원들 '혈투' 시작」
7 영남일보 2014.11.1. 「與 '천천히' vs 野 '당장' … 선거구 획정 시기 기싸움」

데 덮친 격으로 2015년 중순에는 당시 박근혜 대통령이 「국회법」 개정안을 거부하면서 국회의 모든 일정이 한동안 중단되는 사태까지 발생했다.

우여곡절 끝에 국회는 헌정사상 최초로 국회의원선거구획정위원회를 구성하고 2015년 7월 15일 첫 위원회를 개최했다. 그러나 인구가 적은 농어촌의 의석수를 줄이는 방향으로 선거구 개편이 진행되면서 농어촌 의원들의 강한 반발에 부딪혔다. 농어촌 의원 10여 명은 국회 본회의장 앞에서 '농어촌 특별선거구' 설치를 요구하며 농성에 돌입했다.[8] 농어촌지역 의원들의 강한 반발에 부딪히자 선거구획정위원회는 비례대표를 줄여 지역구를 늘리는 방안을 검토했다. 그러자 이번에는 대부분의 의석이 비례대표로 구성되어 있던 정의당이 강하게 반발했다. 정의당은 "농어촌지역의 대표성을 앞세워 자기 밥그릇을 지켜보려는 파렴치와 이를 위해 54석에 불과한 비례대표 의석을 넘보는 놀부 정당의 심보가 한 치의 부끄러움 없이 당당히 표출되고 있다."라는 성명을 내고 농어촌 의원들과 마찬가지로 국회 농성에 돌입했다.[9]

「공직선거법」에 따라 선거구는 늦어도 선거일 5개월 전까지 획정되어야 했지만 여야 추천 인사들로 구성된 국회의원선거구획정위원회는 여야 간 대리전의 양상을 띠며 어떠한 결과물도 만들어내지 못하고 있었다. 제20대 국회의원선거가 2016년 4월 13일로 예정되어 있었기 때문에 선거구 획정은 2015년 11월 13일까지 끝내야 했다. 그러나 국회의원선거구획정위원회는 의견 차이만 확인한 채 법정 기한을 넘기고 말았다.[10]

●●●

8 국민일보 2015.10.1. 「"지방 죽이고 대도시만 살리는 선거구 획정 반대" 농어촌 의원 국회서 농성」

9 국민일보 2015.10.7. 「"비례대표 한 석도 못 줄인다" 정의당, 국회 농성 돌입」

10 국민일보 2015.10.13. 「"선거구 획정위, 개점휴업 돌입" 이제 공은 정치권으로 넘어왔다」

이로써 선거관리위원회의 직속기구로 출범한 선거구획정위원회는 사실상 활동이 불가능한 상황에 이르렀다.

여·야는 「공직선거법」의 선거구 획정 기간을 넘겼음에도 서로 네 탓 공방만 이어갈 뿐 선거구 획정을 위한 구체적 움직임을 보이지 않았다.

급기야 헌법재판소가 입법 기한으로 못 박은 날짜마저 맞추지 못할 위기에 몰렸다. 당시의 선거구는 헌법재판소의 결정에 따라 2015년 12월 31일까지 유효했다. 새로운 선거구를 획정하지 못하면 2016년 1월 1일부터는 전국 모든 선거구가 없어지는 초유의 사태가 발생할 처지였다. 국회는 결국 선거구를 획정하지 못했고 2016년의 시작과 함께 대한민국은 선거구 공백 사태를 맞이했다. 발등에 불이 떨어진 것은 국회의원이 아니라 출마 예정자와 이들의 선거운동을 관리·감독해야 하는 선거관리위원회였다. 예비후보자들은 선거구가 없으니 선거운동을 할 수조차 없는 상황이 되었고 선관위는 선거구도 없는 예비후보자들의 행위를 관리·감독할 근거가 없었다.

선거구가 사라진 상황에서 선관위는 고육지책의 편법을 내놓았다. 모든 선거구가 없어지기 직전인 2015년 12월 30일 중앙선관위는 "올해 말까지 종전 선거구에서 등록을 마친 예비후보자의 선거운동 단속을 잠정적으로 유보할 수밖에 없다."라며 "(임시국회가 끝나는) 내년 1월 8일까지 선거구 공백 상태가 지속된다면 1월 초순 예비후보자에 대한 대책을 결정할 것"이라고 밝혔다. 국회에 선거구 획정을 촉구함과 동시에 현행 「공직선거법」에 따라 예비후보자에게 허용된 선거운동을 보장하겠다는 뜻이었다. 예비후보자 자신의 과실이 아니라 모든 선거구가 무효가 되어 예비후보 등록이 자동 무효가 될 경우 어떤 조치를 취해야

하는지 명시적인 근거 조항이 없고, 선례도 없다는 이유에서였다.[11]

선거구는 없지만 국회의원에 출마하겠다는 사람은 있는, 선거구도 없으면서 선거운동은 하는 우스꽝스러운 상황이 벌어졌다. 그럼에도 국회는 여·야 할 것 없이 자신들의 의석수 지키기에 급급한 밥그릇 싸움에만 열을 올릴 뿐 선거구 획정 논의는 한 걸음도 나아가지 않았다. 그러다가 국회의원선거를 두 달여 남겨두고 또다시 국회의 모든 일정이 중단되는 일이 벌어졌다. 정부·여당이 「국민보호와 공공안전을 위한 테러방지법」(테러방지법)을 일방적으로 추진했기 때문이다. 야당은 강하게 반발했고 테러방지법안의 통과를 막으려는 노력으로 필리버스터(무제한 토론)에 나섰다. 야당의 필리버스터는 39명의 의원이 9일, 192시간 동안 토론을 이어간 기록을 세웠으나 끝내 「테러방지법」을 막지 못하고 마무리되었다.[12] 의지만 있으면 얼마든지 「테러방지법」의 통과를 저지할 수는 있었다. 그럼에도 야당이 필리버스터를 종료한 것은 선거구 획정을 더 이상 늦출 수 없다는 부담이 크게 작용한 것으로 보인다. 정부와 여당의 예상대로 시간은 그들의 편이었다. 반 년 가까이 지지부진했던 선거구 획정을 담은 「공직선거법」은 야당이 필리버스터를 종료한 다음 날인 3월 2일 국회 본회의에서 통과되었다. 이 날 국회 본회의에서는 야당의원들이 필리버스터까지 하면서 어떻게든 법안 통과를 막아보려 했던 「테러방지법」도 국회의장이 직권상정하고 야당의원들은 본회의장을 떠난 채 여당의원들만 남아서 재적 157명 중 찬성 156명 반대 1명으로 통과되었다.[13]

• • •

11 동아일보 2015.12.31. 「선관위 고육책 … 편법 논란」

12 한겨레 2016.3.1. 「더민주, 오늘 필리버스터 종료 … 오전 9시 회견은 연기」

13 국민일보 2016.3.3. 「비난·야유·고성 … 테러방지법, 野 퇴장 속 與 단독 처리」

누구도 책임지지 않은, 누구에게도 책임을 묻지 않은 선거구 공백 사태

선거구 획정이 지체되자 예비후보자와 유권자는 선거구 획정보다 자신들의 당리당략에만 치중했던 정치권에 직접 책임을 묻겠다고 나섰다. 국회의원선거 출마를 준비 중이었던 새누리당 임정석 부산 중·동 예비후보, 정승연 인천 연수 예비후보, 민정심 경기 남양주을 예비후보 등 3명은 국회가 할 일을 하지 않았다며 서울행정법원에 부작위 위법 확인 및 선거구 획정 청구 소송을 제기했다. 이들은 소장에서 '20대 국회의원선거 5개월 전인 2015년 11월 13일까지 국회가 선거구 획정을 마무리했어야 하나 기한을 지키지 못하는 위법 행위를 했다'고 주장했다.

부산 서구의 새누리당 곽규택 예비후보는 현역 의원과 정치 신인 간 선거운동의 형평성 문제를 지적하며 부산지방법원에 해당 지역구의 유기준 의원을 상대로 '의정보고서 발송 및 배포 금지 가처분' 신청서를 제출했다. 더불어민주당 민병덕 안양 동안갑 예비후보도 '현역 의원 의정활동보고서 발송은 허용하면서 예비후보들만 홍보물을 보내지 못하게 하는 건 공정치 못하다'며 '예비후보자 홍보물 발송 금지 행정처분 취소 및 효력정지 신청'을 서울행정법원에 제출했다. 세종시에서 무소속으로 출마한 고진광 예비후보는 제19대 국회의원 전원을 직무유기로 검찰에 고발했고, 광주·전남지역 출마 예정자인 서동용 변호사 등 3명은 불공정한 선거가 예상된다며 대법원 '선거실시 금지 가처분'을 신청했다.[14] 그

●●●

14 국민일보 2016.1.4. 「선거구 실종 장기화에 정치신인들 뿔났다 … '부작위 위법 확인' 소송·의정보고서 배포 금지 신청」

리고 2016년 1월 초에는 국회의 입법부작위(입법자가 입법의무가 있음에도 그 의무를 이행하지 않거나 불완전하게 이행하는 것)를 따지는 헌법 소원이 제기되었다.[15]

결국 선거구는 헌법 소원까지 제기되고 나서, 선거를 불과 40여 일 남겨두고 획정되었다. 유권자도 후보자도 선거구가 어떻게 구성될지 알지 못했다. 유권자는 향후 4년간 자신들을 대표할 국회의원을 공천 기간까지 고려하면 40여 일도 되지 않는 시간 안에 선택해야 했다. 후보자에게는 유권자에게 자신을 알릴 시간이 40여 일도 주어지지 않은 셈이다. 후보자의 공무담임권, 유권자의 선거권이 침해될 것은 명확했다.

특히 선거운동 기간이 단축되면 새롭게 정치에 도전하는 정치 신인들에게는 매우 불리할 수밖에 없다. 기성 정치인들은 이미 유권자에게 자신의 이름을 널리 알린 상태고 선거운동 외에 의정보고서 등을 이용해 우회적으로 홍보할 방법이 얼마든지 있다. 하지만 정치 신인들은 자신을 알릴 수 있는 기회가 오직 선거운동뿐이다. 따라서 선거구 획정이 늦어져 선거운동 기간이 단축될수록 기성 정치인에게 유리한 구도가 형성될 가능성이 크다. 그만큼 유권자의 선택권은 좁아졌다. 우여곡절 끝에 선거구가 획정되었지만 국민의 선거권 침해에 대해서는 아무도 사과하지 않았다. 각 정당에서는 공천 싸움이 시작되었을 뿐이다.

여당인 새누리당에서는 친박(친 박근혜계) 대 비박(비 박근혜계) 간 공천 갈등을 빚었다. 당대표였던 김무성 의원은 친박 중심의 공천 결과에 반발하며 공천장의 결재를 거부한 채 직인을 가지고 지방으로 내려가버리는, 이른바 '옥새파동'을 벌였다.[16] '옥새파동'으로 공천장에

●●●

15 국민일보 2016.1.8. 「"선거구 미획정 상태서 선거일 지정은 위헌" 첫 헌법소원」
16 연합뉴스 2016.3.17. 「김무성 '옥새 저항'에 주류 전방위 압박 … 총선 후까지 파장」

도장을 받지 못해 출마가 무산된 이들 중에는 이후 박근혜 대통령의 탄핵과 형사재판에서 변호인으로 활약한 '원조 친박'이라 불리는 유영하 변호사도 있었다.[17] 제1야당인 더불어민주당은 새누리당에 대항하기 위해서는 통합이 필수적이라며 국민의당과의 통합 논의에만 집중했다.[18]

이러한 와중에 헌법재판소의 입법부작위 위헌심판 청구에 대한 판단은 초미의 관심사였다. 헌법재판소가 행정입법[19]과 조례[20]에 대한 입법부작위를 인정한 사례는 있지만 국회의 입법부작위를 인정한 적은 없다. 이는 대법원 역시 마찬가지였다. 오히려 대법원은 국회의 입법부작위에 대한 손해배상을 청구한 사건에서 '국회의원의 입법 행위는 그 입법 내용이 헌법의 문언에 명백히 위배됨에도 불구하고 국회가 굳이 당해 입법을 한 것과 같은 특수한 경우가 아닌 한 「국가배상법」 소정의 위법 행위에 해당한다고 볼 수 없고, 같은 맥락에서 국가가 일정한 사항에 관하여 헌법에 의하여 부과되는 구체적인 입법의무를 부담하고 있음에도 불구하고 그 입법에 필요한 상당한 기간이 경과하도록 고의 또는 과실로 이러한 입법의무를 이행하지 아니하는 등 극히 예외적인 사정이 인정되는 사안에 한정하여 「국가배상법」 소정의 배상책임이 인정될 수 있다'며 국회 입법부작위 성립 요건을 매우 까다롭게 정의하고 있었다.[21]

하지만 이번 선거구 공백 사태에는 지금까지의 입법부작위와는 확

- - -

17 아시아경제 2016.12.1. 「朴대통령이 선임한 유영하 변호사, 김무성 '옥새파동'에 출마 못한 악연」

18 뉴스1 2016.3.2. 「김종인 野 통합 제안 '총선 승리위해 단합하자'」

19 헌재 2004.2.26. 2001헌마718

20 헌재 2009.7.30. 2006헌마358

21 대법원 2008.5.29. 선고 2004다33469 판결 등

연히 다른 점이 있었다. 헌법재판소가 현행 「공직선거법」의 선거구가 헌법에 위반된다는 점을 명확히 밝혔고 구체적인 시한을 정해 국회에 법률 개정을 명령한 사안이다. 헌법이 문언을 통해 구체적으로 입법의무를 부과한 것은 아니지만 대한민국 최고의 헌법 해석기관인 헌법재판소가 결정을 통해 국회에 명령했다. 개정을 위해 필요한 시간 또한 1년 2개월로 부족하지 않았다. 그럼에도 국회는 「공직선거법」에 따른 획정안 제출 시한은커녕 헌법재판소의 입법 시한마저 지키지 못했다. 헌법재판소가 자신의 명령을 어긴 국회의 잘못을 스스로 묻는 재판이었다.

헌법재판소는 2001년 헌법 불합치 결정을 내리면서 2015년 12월 31일까지 국회에 법을 개정하라고 함으로써 국회에 구체적인 입법의무가 발생했고 입법 시한까지 「공직선거법」을 개정하지 않을 만한 상당한 이유 역시 존재하지 않는다고 판단했다. 그러나 국회가 합당한 이유도 없이 입법의무를 어겼다고 보면서도 책임은 묻지 않았다. 청구 당시에는 국회가 선거구를 획정하지 않아 입법부작위 상태였지만 추후 선거구가 획정됨으로써 청구인의 권리보호 이익이 소멸했다는 이유다. 그때는 문제였지만 결국 지금은 문제가 해결되었으니 더 이상 따지지 말자는 것과 다름없었다.

선거구가 획정된 이상 입법부작위 위헌확인 청구의 이익이 없다는 헌법재판소의 결정이 내려지자 비난이 쏟아졌다. 명확한 입법부작위 상황에서 신속한 결정을 하지 않고 시간을 끌다 선거구가 획정되자 권리보호 이익이 없다며 각하 결정을 했다는 것이다. 이에 "청구인의 주관적 권리구제에는 직접적인 도움이 되지 아니한다 하더라도 헌법 질서의 수호·유지를 위하여 심판 대상 조항에 대한 헌법적 해명이 긴요하다고 볼 수 있을 경우 예외적으로 심판의 이익이 있다고 보아 본안 판단을"[22] 할 수 있음에도 판단을 회피했다는 비난도 이어졌다. 선거구 획정이 지체되면서 민주주의의 핵심 원리인 선거가 파행으로 치닫고 향후 유사한 사태가 재발할 가능성도 충분했기 때문에 권리보호 이익이 없더라도 헌법재판소가 헌법적 해명을 했어야 한다는 시각이었다.

어쨌든 선거는 치러지니 서두를 필요 없다?

선거구 획정은 「공직선거법」의 개정을 통해 결정되고, 그 개정은 국회에서 이루어진다. 결국 국회가 법률을 개정해야 선거구는 획정된다. 선거구가 획정되지 않아 선거가 치러지지 않으면 국회의원을 선출할 수 없고 국회는 텅 비어버린다. 현직 후보자든 신규 후보자든 모두 선거에서 당선되어야 국회의원이 될 수 있다. 선거를 못하면 현 국회의원은 임기 종료와 함께 국회의원 신분을 잃고 신규 후보자는 국회의원이 될 기회조차 갖지 못한다. 따라서 국회가 선거를 포기하면서까지 선거구 획정을 미루는 일은 상상조차 할 수 없다. 제20대 국회 선거구 획정도 야당 의원들의 릴레이 필리버스터라는 헌정사상 초유의 상황에서도 결국 선거 전 마무리지었다. 국회의원에게 자신들의 의원직이 달린 선거 무산은 있을 수 없는 일이기 때문이다.

이러한 국회의원에게도 선거운동은 피하고 싶은 일이다. 현직 국회의원에게 선거운동은 지난 4년간 자신의 업적을 알리고 새로운 비전을

• • •
22 헌재 2009.7.30. 2007헌마732

제시해 유권자로부터 재신임을 받는 절차다. 재신임을 받지 못한다면 국회의원 자리는 경쟁 상대에게 넘어가버린다. 국회의원들의 4년간 활동을 살펴보면 칭찬보다는 비난이 많기가 쉽다. 이런 이유로 현직 국회의원들은 선거운동을 싫어한다. 반대로 국회의원으로서 정치적 업적이 없는 정치 신인들은 자신의 경력 중 내세울 만한 것만 홍보하고 이를 통해 비전을 제시하고 싶어 한다. 재선에 도전하는 현직 국회의원 후보 입장에서는 신규 후보자와의 선거운동 경쟁이 부담이 될 수밖에 없다.

가급적 선거운동을 피하고 싶어 하는, 선거운동을 하더라도 최대한 짧게 하고 싶어 하는 국회의원들에게 선거구 획정은 서두를 필요가 없는 일이었을지도 모른다. 어차피 「공직선거법」에서 규정한 기한을 어기더라도, 헌법재판소의 입법 개선 시한을 넘기더라도 결국 선거는 치러진다. 선거구 획정을 서둘러 선거운동을 오래 할 필요가 없다. 그렇기에 선거구 획정이 늦어진 것은 이러한 국회의원들의 심리가 반영된 것이라고 의심할 수밖에 없다. 다시 말해, 선거구 공백은 언제든 또 발생할 수 있는 일이다.

헌법재판소는 이 선거구 공백 사태에 대해 명확한 판단을 했어야 했다. 선거구 획정을 미루는 것은 위법한 입법부작위이며 국회는 위법한 행위에 책임을 져야 한다는 것을 분명히 했어야 한다. 헌법재판소의 판단은 오히려 선거구 획정을 게을리해도 국회에 책임을 묻기 어렵다는 것을, 심지어 위헌확인심판이 청구되어도 헌법재판소의 결정 전에만 선거구를 획정하면 각하된다는 것을 국회에게 가르쳐준 격이 되었다.

게리맨더링 엔드게임

2020년 4월 15일은 제21대 국회의원선거일이다. 앞의 경우처럼 지금도 선거구 획정에 난항을 겪고 있다. 선거 1년 전까지 국회의원 선거구를 획정해야 하지만 이번 국회에서도 관행처럼 법정 시한인 2019년 4월 15일을 넘겼고 여전히 획정되지 못한 채로 있다.

이렇게 답보 상태에 머물고 있는 것은 2019년 4월 29일 자정을 전후로 우여곡절 끝에 국회 사법개혁특별위원회와 정치개혁특별위원회에서 통과된 패스트트랙에서 찾아볼 수 있다. 패스트트랙(안건신속처리제)[23]에 올려진 안건은 연동형 비례대표제를 골자로 한 선거제 개편안, 고위공직자비리수사처 설치, 검·경 수사권 조정 세 건이다. 선거구 획정에 발목을 잡고 있는 것은 연동형 비례대표제를 골자로 한 선거제 개편안이다. 현재 국회의원 의석수는 300석이고 이 중 지역구는 253석, 비례대표는 47석이다. 연동형 비례대표제로 선거제가 개편되면 지역구 225석, 비례대표 75석이 된다. 연동형 비례대표제는 비례대표 의석 배분 시 정당 득표율을 기준으로 하되 지역구 당선자를 제외한 나머지 의석 중 50퍼센트를 우선 배분하는 방식으로 정당별로 고르게 배분됨으로써 기존의 거대한 기득권 양당체제를 깨고 다양한 민의가 반영되는 다당제로 가자는 제도이기 때문에 거대 정당에 불리할 수 있다. 그래서 제1야당인 자유한국당이 국회에서 패스트트랙 지정을 막기 위해 국회의원을 가두고, 국회회의실 앞에서 진을 친 채 저항하기도 하면서 지금까지 국회로 돌아가지

●●●

23 안건신속처리제도는 위원회에서 회부된 안건 중 신속처리 대상으로 지정된 안건에 대하여는 위원회의 심사 기간을 제한하고, 그 심사 기간이 종료되는 경우 해당 안건을 바로 법제사법위원회로 회부하거나 본회의에 부의된 것으로 간주하는 제도를 말한다.

않고 있는 것이다.

2020년 4월 15일에 치러지는 제21대 국회의원선거가 1년도 남지 않은 상황에서 개정된 선거법이 적용되기 위해서는 최장 330일에 이르는 패스트트랙 절차(법안 소관 상임위 180일, 법제사법위원회 90일, 본회의 60일)를 단축해야만 한다. 그러나 국회는 여전히 지리멸렬한 네 탓 공방 속에 개점 휴업으로 파행만 거듭하고 있을 뿐이다. 그래서 한편에선 선거법 개정을 못 한 채 선거를 치르겠다는 우려의 목소리도 나오고 있다.

선거구에 관한 사항은 국회의 입법 재량 사안으로 국회에서 정하고 있기 때문에 강제할 방법도 없고, 지키지 않아도 처벌할 벌칙 조항이 없다. 강제력이 없기 때문인지 아니면 자기 밥그릇 챙기기에 급급해서인지 선거구 획정을 두고 여야 간 치열한 갈등은 반복되고 있다. 제17대는 37일, 제18대는 47일, 제19대는 44일, 제20대는 42일을 앞두고 선거구 획정을 마쳤다.[24] 제21대 는 아직 밑그림도 그리지 못한 채 선거일만 하루하루 다가오고 있는 상황이다.

게리맨더링 gerrymandering 이란 기형적이고 불공평한 선거구 획정을 지칭하는 용어로 자기 정당에 유리하도록 선거구를 변경하는 일을 말한다. 선거일이 가까워져가는 이 시점에도 여야 각 정당은 게리맨더링이라는 조롱에도 아랑곳없이 자기 당의 의석수를 한 석이라도 뺏기지 않기 위해 치열하게 대치 중이다. 그 치열한 싸움에 정작 자기들을 투표로 심판할 유권자인 국민의 권리 침해에 대해서는 생각조차 없어 보여 실망스럽기 그지없다.

• • •

24 전자신문 2019.4.14. 「[총선 1년 앞으로] 선거구 획정 실패 … 선거제 패스트트랙 최종 결론 나아?」

선거구 공백 사태가 반복해서 발생되고 있는 지금과 같은 상황에서 헌법재판소가 각하 결정이 아니라 본안 심사를 통해서 헌법적 판단을 제대로 내려주었다면 선거구 획정에 따른 국민의 선거권 침해를 끝낼 수 있지 않았나 하는 아쉬움이 있다. 이제 선거구 획정에 대한 입법부 작위에 따른 선거구 공백 사태를 끝낼 수 있는 것은 오로지 국회 몫으로 남아 있다.

15

국회선진화법으로
국회가 선진화될 것인가

15 국회선진화법으로 국회가 선진화될 것인가

● **헌법재판소 2016.5.26. 2015헌라1 결정**

헌법재판소 결정 주문
이 사건 심판청구를 모두 각하한다.

선진화해야 하는 국회, 후진화하려는 국회의원

2019년 4월 25일 언론은 국회 상황을 '극한 대치', '격렬한 대규모 몸싸움', '의장실 점거'라는 왠지 낯설지 않은 표현들로 전달했다. 국회의장은 33년 만에 경호권을 발동했다. 연동형 비례대표제를 골자로 한 선거제 개편안, 고위공직자비리수사처[1] 설치와 검·경 수사권 조정[2]의 패스트트랙(안건신속처리제) 안건 지정 과정에서 자유한국당의 거친 저지 행동으로 사태가 격화되었지만 결국에는 자유한국당의 거센 반발을 뚫고 여야 4당이 합의한 패스트트랙 지정을 통과시키면서 극한 대립으로 치달았던 상황은 일단락되었다.

예전이라면 쟁점 법안이나 예산안 통과를 두고 대립이 극에 달했을 때

• • •

1 문재인 대통령 1호 공약이라고도 불리는 것으로 고위공직자 및 그 가족의 비리를 중점적으로 수사, 기소할 수 있는 독립기관으로 공수처(고위공직자비리수사처)를 설치하는 것을 말한다. 검찰 개혁 방안의 하나로 검찰이 독점하고 있는 고위공직자에 대한 수사권, 기소권, 공소유지권을 이양해 검찰의 정치권력화를 막고 독립성을 제고하고자 한다.

2 검찰의 직접수사 범위를 대통령령으로 정하는 부패범죄, 경제범죄, 공직자범죄, 선거범죄, 방위사업범죄로 한정하는 내용 등을 담고 있다.

국회는 고성과 몸싸움으로 난장판이 되는 모습을 심심치 않게 보여주었다. 그러나 국회선진화법이 도입되고 난 후에는 국회에서 물리적 충돌까지 가는 모습은 좀처럼 보이지 않았다. 그러다가 이번 여야 4당이 합의한 패스트트랙 안건의 국회 사법개혁특별위원회 통과를 두고 캐스팅 보트를 쥐고 있던 바른미래당 오신환 의원의 사보임(사임과 보임이 합쳐진 말로 국회 상임위원회나 특별위원회 위원을 교체하는 절차를 뜻한다) 신청을 놓고 자유한국당의 안건 저지를 위한 단체 행동과 바른미래당의 내홍으로 갈등의 양상이 심화되면서 국회 의장실 점거라는 상황으로 치달아 대화와 타협의 장으로서의 국회가 아니라 무법천지의 꼴사나운 모습의 국회를 다시 마주하게 되었다.

문제의 단초가 된 패스트트랙도 국회선진화법의 일부이다. 여기서 말하는 국회선진화법은 이 같은 명칭의 법률이 따로 존재하는 것이 아니라 2012년 5월 25일 법률 제11453호로 개정된 「국회법」을 일컫는다. 국회선진화법은 몸싸움, 고성, 막말, 폭력, 날치기가 횡행하던 부끄러운 정치 형태에서 벗어나자는 국회의원들의 자기반성에서 시작되었다. 국회에서 쟁점 안건의 심의 과정에서 물리적 충돌을 방지하고 대화와 타협을 통하여 안건이 심의되며, 소수의견이 개진될 수 있는 기회를 보장하면서도 효율적으로 심의되도록 하고, 예산안 등이 법정 기한 내에 처리될 수 있도록 제도를 보완하는 한편, 의장석 또는 위원장석 점거 등을 금지함으로써 국회 내 질서 유지를 강화하는 등 민주적이고 효율적인 국회를 구현하는 것을 「국회법」 개정 이유에서 밝히고 있다.

국회선진화법은 국회의장의 의안 직권상정 요건을 천재지변, 전시·사변 또는 이에 준하는 국가비상사태 및 각 교섭단체 대표의원 간 합의가 있는 경우로 한정(국회법 제59조의2)하고, 법안 처리의 무한정 표류를 막는 법안의 신속 처리를 위한 제도인 패스트트랙(국회법 제85조의2), 의회 안에서의 다수파의 독주를 막기 위해 합법적으로 의사 진행을 방해할 수 있는 무제한 토론인 필리버스터제도 도입(국회법 제106조의2) 등을 주요 내용으로 하고 있다.

이름처럼 국회를 '선진화'하겠다고 국회의원들이 스스로 만들었음에도 국회가 '선진화'하지 못하는 이유는 무엇일까. 그런 면에서 이 법이 어떻게 만들어지고 어떻게 운용되고 있는지를 알아볼 필요가 있다.

국회선진화법에 불을 지핀 국회 혈투

간혹 국회에서 의원들이 집단 몸싸움을 벌이는 사건이 "의회 '집단 난투극'…조폭 패싸움 방불"[3], "국회, UFC 변신? '붕붕펀치' 작렬!"[4] 등의 우스꽝스러운 제목으로 해외토픽에 등장하고는 한다. 안타깝게도 우리나라 국회 역시 비슷한 제목으로 해외 언론에 보도되는 단골 국가 중 하나였다.[5] 2009년 민주노동당 대표 강기갑 의원은 국회 사무총장에게 항의하는 과정에서 책상 위에 올라가 발을 구르기도 했다. 발을 구르는 사진이 마치 강 의원이 공중에 떠 있는 것처럼 찍혀 후에 '강기갑 공중부양' 사건으로 회자되기도 했다.[6] 이 사건은 여당의 일명 미디어법 날치기 통과에 항의하는 과정에서 발생했다. 2012년 9월 정계를 은퇴한 강 의원은 의정 기간 중 가장 후회되는 일로 '공중부양' 사건을 꼽았다. 법안을 날치

●●●

3 TV조선 2016.5.4. 「터키 의회 '집단 난투극' … 조폭 패싸움 방불」
4 더팩트 2015.2.13. 「우크라이나 국회, UFC 변신? '붕붕펀치' 작렬!」
5 ABC NEWS 2009.1.4. 「Fight breaks out in South Korea parliament」
6 문화일보 2009.1.9. 「'공중부양' 강기갑, 들끓는 비난여론」

기한 것은 여당이었음에도 '공중부양'이 이슈가 되어 오히려 역풍을 맞았기 때문이다.[7] '공중부양' 사건 1년 전에는 한나라당이 회의장 문을 걸어 잠그고 한미FTA 비준안을 단독으로 상정하려 하자 민주당 의원들이 망치와 정을 동원해 문을 뜯어내는 사건도 있었다. 당시 민주당 의원들이 문을 뜯어내자 회의장 안에 있던 한나라당 의원들과 국회 경위들은 소파와 각종 집기들을 문 앞에 쌓아 '소파바리케이드'를 치기도 했다. 이후 '소파바리케이드'를 사이에 두고 민주당은 소화전 호수를 끌어와 물대포를 쏘고 한나라당은 이에 맞서 소화기를 발사하며 국회가 한순간에 난장판이 되어버렸다.[8] 특히 제18대 국회에서는 유독 의원들 간 몸싸움이 많았다. 밀고 당기는 몸싸움은 물론 주먹이 오고가는 유혈 사태까지 발생했다. 육군사관학교 36기 출신으로 생도시절 럭비부원으로 활동해 힘이 좋기로 소문났던 한나라당 김성회 의원은 민주당 의원들과 몸싸움을 벌이던 중 강기정 의원의 얼굴을 주먹으로 쳐 입술을 터트렸다. 느닷없이 얼굴을 얻어맞아 피까지 흘린 강 의원도 즉각 반격하려 했지만 동료 의원의 제지로 싸움이 더 커지지는 않았다.[9]

그 유혈 사태는 2010년 말, 2011년 예산안을 두고 한나라당과 민주당 간 갈등이 폭발한 사건이었다. 당시 여당이었던 한나라당은 6조 원에 달하는 4대강 사업비를 2011년도 예산안에 반영하고자 했다. 하지만 민주당은 4대강 사업비의 절반에 해당하는 3조 원의 삭감을 주장했다.[10] 국회는 타협점을 찾지 못했고 다수당이었던 한나라당이 단독 처리를 강행하

● ● ●

7 경향신문 2013.6.1. 「강기갑 '공중부양 사건이 가장 후회된다'」
8 뉴시스 2008.12.18. 「〈종합〉 '고성 · 폭력' 아수라장 속에 한미FTA 상정」
9 헤럴드 경제 2010.12.10. 「'주먹다짐' 김성회 VS 강기정, 여기가 바로 폭력국회」
10 세계일보 2010.12.1. 「'4대강'에 빠진 예산국회 … 물리적 충돌 예고」

대한민국을 발칵 뒤집은 헌법재판소 결정 20
280

는 과정에서 민주당과 몸싸움이 벌어졌다.[11] 당시 국회는 여야 의원들뿐만 아니라 당직자들까지 합세해 아수라장이 되었다. 국회에서 발생한 폭력 사태는 방송을 통해 국민에게 여과 없이 전달되었다. 국민이 보는 앞에서 국회의원들이 치고받으며 싸웠지만 누구하나 반성하려 하지 않았다. 오히려 여야는 서로 책임을 떠넘기기만 했다. 다행히 그때 소장파 의원들 사이에서 반성의 목소리가 나오기 시작했다. 특히 여당 쇄신파 의원들은 국민에 대한 사과와 재발 방지에 큰 목소리를 냈다. 2010년 12월 16일 홍정욱 의원 등 한나라당 국회의원 23명은 국회 정론관에서 기자회견을 갖고 "앞으로 우리는 의원직을 걸고 물리력에 의한 의사 진행에 동참하지 않을 것임을 말씀드리며, 이를 지키지 못할 때에는 19대 총선에 출마하지 않을 것임을 국민 앞에 약속드린다."라며 불출마의 배수진까지 치고 국회 폭력 사태 방지의지를 표명했다.[12]

홍정욱은 더 나아가 여야 소장파 의원들과 국회 폭력 사태를 사전에 방지할 수 있는 법안의 도입을 논의하기 시작했다.[13] 여당 쇄신파와 야당 온건파 의원들이 가세하면서 논의는 급물살을 탔다. 2011년 2월 임시국회 운영위원회에서 '국회선진화법'이라는 이름으로 집중 논의한 후 3월 임시국회에서 처리하기로 합의했다.[14] 국회선진화법은 2012년 2월 13일 한나라당에서 당명을 바꾼 새누리당이 제19대 국회의원선거 공약으로 선정하면서 도입이 기정사실화되었다.[15] 그러나 새누리당은 제19대 국회에서 152석을 얻어 단독 과반 의석을 확보하자 돌연 국회선진화법

● ● ●

11 국민일보 2010.12.7. 「여야 예산안 정면 충돌 … 의원들 거친 몸싸움 … 본회의장 의장석 밤샘 대치」

12 미디어오늘 2010.12.16. 「한나라 23명 청와대 거수기 거부 …국회의결 비상」

13 YTN 2011.1.5. 「소장파, '폭력방지 신사협약' 가능할까?」

14 동아일보 2011.2.15. 「여야, 임시국회 18일 개회 합의」

15 동아일보 2012.4.20. 「'선진화법' 통과되면 '박근혜법'도 산 넘어 산」

에 대한 태도를 바꾸었다.[16] 국회의 과반을 차지함으로써 야당과의 협조 없이 대부분의 사안을 단독으로 처리할 수 있게 되어 굳이 야당과의 협의를 강화해야 하는 국회선진화법을 도입해야 할 이유가 없어졌기 때문이다. 새누리당의 반대로 국회선진화법의 도입이 표류할 기미를 보이자 국회선진화법을 추진했던 여당 쇄신파, 야당 온건파 의원들이 발끈하고 나섰다. 그들은 "싸우지 말라는 것이 국회에 대한 국민의 명령"이라며 국회선진화법 통과를 촉구하는 선언문을 내고 새누리당을 강하게 압박했다. 새누리당 역시 공약 파기의 부담이 컸고 같은 당 소속 국회의원까지 입법을 촉구하는 상황에서 바뀐 태도를 고수하기는 어려웠다. 이처럼 수많은 우여곡절 끝에 국회선진화법은 간신히 도입될 수 있었다.[17]

식물국회 vs 신사국회

국회선진화법을 도입한 이유는 한 마디로 '싸우지 말자'였다. 자신들의 정책을 다른 정당과 차별화하는 방식으로 경쟁하여 국민의 지지를 받아야 하는 정치인에게 동료 의원들과의 다툼은 피할 수 없는 일이다. 다만 이런 다툼이 몸싸움으로까지 이어지는 경우는 많지 않다. 대개 몸싸움은 충분한 협의 없이 거대 여당이 수적 우위를 이용해 일방적으로 안건을 통과시키려 할 때 발생한다. 수적으로 열세인 정당에게는 표결 행위 자체를 막는 것 외에 안건 통과를 저지할 방법이 없기 때문이다. 그래

• • •
16 쿠키뉴스 2012.4.23. 「민주 '새누리, 국회선진화법 수정론 … 오만, 하늘을 찌른다'」
17 경향신문 2012.5.2. 「국회선진화법 본회의 통과 … 친이 · 일부 친박 반대에 표결 막판까지 진통」

시 국회에서는 거대 정당이 비밀리에 본회의를 소집해 안건을 통과시켜 버리는, 이른바 날치기 수법이 종종 등장한다. 국회에서 소파바리케이드를 사이에 두고 물대포와 소화기가 오갔던 한미FTA 사건도 날치기 시도에서 비롯된 것이었다.

몸싸움은 대개 법안 등 안건이 본회의에 상정될 때 벌어졌다. 그런데 법안 등이 상정되기 위해서는 크게 소관 상임위원회와 법제사법위원회라는 두 단계를 거쳐야 한다. 상임위원회 의결은 재적위원 과반수 출석과 출석위원 과반수 찬성으로 이루어진다. 상임위원회는 구체적인 안건을 논의하지 않는 운영위원회와 법제사법위원회를 제외해도 14개나 된다. 상임위 위원은 교섭단체 소속의원 수의 비율에 따라 국회의장이 선임한다. 따라서 국회 단독 과반수 의석을 차지한 거대 정당이더라도 모든 상임위원회를 장악하기는 매우 어렵다. 다른 정당들과 협의를 완전히 무시하고 법안 등을 단독으로 본회의에 상정하기란 불가능에 가깝다. 그럼에도 협의되지 않은 안건이 본회의에 상정되고 이를 처리하려는 과정에서 국회의원들 간 몸싸움까지 벌어지는 것은 법안을 국회의장 직권으로도 상정할 수 있기 때문이다.

국회의장은 국회의원들의 무기명 투표로 선출된다. 선출 방식이 약간 독특한데, 출석의원 수와 상관없이 재적의원 과반수 득표를 얻어야 당선된다. 첫 투표에서 재적의원 과반수 득표자가 없을 경우 2차 투표를 한다. 여기서도 가리지 못하면 결선투표를 하는데, 결선투표는 재적의원 과반수 출석으로 진행되고 출석의원 다수 득표자로 선출한다(국회법 제15조). 재적의원의 과반수 득표를 해야 하기 때문에 국회의장은 대부분 국회 다수당에서 배출된다. 간혹 여소야대 정국이 형성되기도 하지만 집권여당이 다수당인 경우가 많기 때문에 국회의장은 여당 출신이 많다. 그렇다 보니 추진하려는 안건이 야당의 반대로 본회의에 상정되지 못할 경우 여당은 같은 당 출신 국회의장을 통해 법안을 직권으로 상정하려는 유혹에 빠지기 쉽다. 국회의장이 여당의 요청을 수용하면 협의되지 않은, 더 나아가 야당이 반대하는 안건을 국회 본회의에 상정할 수 있다.

이와 같은 이유로 국회에서의 싸움을 막겠다는 국회선진화법은 당연하게도 국회의장의 직권상정 권한을 엄격하게 제한했다. 종전의「국회법」에서는 국회의장의 직권상정을 위한 심사 기간 지정은 별도의 요건이나 대상이 규정되어 있지 않았다. 단지 교섭단체 대표의원과의 협의만 거치면 전적으로 국회의장의 재량에 따라 지정할 수 있었다. 직권상정이 물리적 충돌과 국회 교착 상태의 직접적인 원인이라는 판단에 따라 국회선진화법에서는 국회의장의 심사 기간 지정 요건을 천재지변, 전시·사변 또는 이에 준하는 국가비상사태, 각 교섭단체 대표의원 간 합의가 있는 경우로 한정하여 대폭 강화했다. 동시에 필요에 따라 입법 의제를 신속하게 관철시킬 수 있는 안건신속처리제도를 도입했다. 바로 패스트트랙이다.

직권상정이 교섭단체 대표의원들과의 합의를 통해 이루어질 경우와는 달리 천재지변이나 국가비상사태에 대해서는 국회의장의 주관적 판단이 작용할 여지가 크다. 이에 국회선진화법은 절차에 따른 국회의장의 직권상정에 대한 추가 견제장치로 무제한 토론제도인 필리버스터를 도입했다. 기존「국회법」은 본회의에서 국회의원 발언시간이 최대 15분을 초과할 수 없고, 국회의장이 의사정리권에 근거하여 발언의 중지를 명할 수 있었다. 그러나 국회선진화법은 재적의원 3분의 1 이상의 요구가 있는 경우 본회의 심의안건에 대하여 시간의 제한을 받지 않고 무제한 토론이 가능하도록 함으로써 안건의 최종 의결 전에 소수의견 개진 기회를 보장했다. 반면 토론을 실시하는 중에 해당 회기가 종료되는 경우, 더 이상 무제한 토론을 이어갈 의원이 없는 경우 그리고 재적의원 3분의 1 이상이 제출한 토론 종결 동의를 재적의원 5분의 3 이상의 찬성으로 의결한 경우에는 무제한 토론이 종료되도록 규정했다.[18]

필리버스터는 도입 후 2016년 초에 최초로 실행되었다. 당시 국회의장 정의화는 국가비상사태를 이유로 야당이 극렬하게 반대했던 「국민보호와 공공안전을 위한 테러방지법」(테러방지법)을 본회의에 직권으로 상정했다. 정 의장은 북한 등으로부터의 위협을 국가비상사태의 근거로 제시했다. 그는 직권상정 전날 이병호 국가정보원장과 국회에서 면담을 갖고 구체적인 테러 정황 등을 보고받은 것으로 전해졌다.[19] 국정원의 테러 첩보가 국가비상사태 판단의 근거라는 주장을 수용하지 않은 야당은 「테러방지법」의 통과를 막기 위해 필리버스터에 돌입했다. 끝내 법안의 통과를 막지는 못했지만 야당의원들은 2월 23일부터 3월 2일까지 192시간 25분 동안이나 필리버스터를 진행했다. 필리버스터 제도가 없었다면 「테러방지법」의 본회의 상정을 둘러싸고 여야 간 격렬한 몸싸움이 벌어졌을지도 모른다. 2016년 「테러방지법」에 대한 야당의 필리버스터 대응은 다수 정당의 횡포를 방지하고 소수 정당에게는 제도 내에서의 저항권을 보장한 국회선진화법의 입법 목적을 증명한 사건이었다.

당시 국회선진화법을 반대하는 이들은 국회가 제 기능을 못하는 식물

● ● ●

18 최정인, 「'국회선진화법' 법안처리 관련규정(국회법 제85조, 제85조의2 등)에 대한 헌법적 검토」, 한국헌법학회 헌법학연구 제22권 제2호, 285~316쪽, 2016

19 경향신문 2016.2.23. 「정의화 의장, 오늘 '테러방지법' 직권상정 … 국가비상사태 간주」

국회로 전락할 수도 있다며 비판했다. 정의화 국회의장은 국회선진화법이 통과되기 직전인 2012년 4월 19일 "몸싸움 방지 방안은 없고, 쟁점 법안의 합의 절차만 중시하다가 국회 효율을 떨어뜨릴 수 있다."라며 국회선진화법의 재검토를 국회에 요청하기도 했다.[20] 본회의를 앞두고 열린 새누리당 의원총회에서는 남경필 의원이 국회선진화법이 식물국회를 만들 것이라는 비판을 의식해 동물국회보다는 식물국회가 낫지 않겠냐는 주장을 펼쳤다. 그러자 원내대표였던 김무성 의원이 "그렇게 말하면 내가 원내대표를 할 때 동물의 왕이었냐."라고 반박하면서 신경전을 벌이기도 했다.[21] 필리버스터가 작동한 192시간 25분이 국회선진화법을 비판하는 이들에게는 국회의 성숙한 모습이 아닌 무능함으로 비추었을지도 모르겠다. 하지만 수백 명의 의원과 당직자가 국회에서 몸싸움을 벌이는 것보다 33명의 의원이 한 명씩 연이어 단상에 올라 토론을 진행하는 것이 국민의 대표자가 국정을 논하는 장소라는 국회 본연의 모습에 훨씬 가깝지 않을까.

자신들이 도입해 놓고는 스스로 위헌이라 주장한 새누리당

국회의장의 직권상정 권한이 대폭 제한되자 더 이상 국회에서 몸싸움을 찾아보기는 어려워졌다. 그러나 총선에서 승리해 과반수 의석을 확보하고도 법안을 마음대로 상정하지 못해 단독 처리가 어렵게 된 새누리당은 국회선진화법에 불만을 품기 시작했다. 어렵사리 통과된 국회선

● ● ●
20 경향신문 2012.4.19. 「정의화, '몸싸움 방지법' 재검토 요청 … 여야 합의, 1당 되자 뒤집어」
21 경향신문 2012.5.2. 「동물국회보다 식물국회, '그럼 난 동물의 왕'이었나」

진화법은 도입과 동시에 개정 요구에 부딪혔다. 새누리당 이한구 대표는 2013년 2월 「정부조직법」 개정안이 민주당의 반대로 통과되지 못하자 "(민주통합당이) 계속 구태의연한 행태를 보이면 국회선진화법을 이대로 끌고갈 수 없다는 생각이 든다."라며 국회선진화법 개정에 나설 수 있음을 시사했다.[22] 일부 보수 언론사들도 국회선진화법이 식물국회, 식물정부를 만들었다며 개정 논의에 군불을 때기 시작했다.[23] 하지만 국회선진화법의 개정 또한 국회선진화법의 적용 대상이었기 때문에 야당이 반대하는 한 새누리당 단독으로 개정하기는 어려웠다. 이와 같은 상황에 놓이자 새누리당은 헌법 소원 카드를 꺼내들었다.

2013년 12월 최경환 새누리당 원내대표는 내부 법리검토 결과 국회선진화법은 위헌이 명백하다며 헌법 소원을 제기하겠다는 입장을 밝혔다.[24] 동시에 새누리당은 계속해서 국회의장에게 여러 법안의 직권상정을 요구했다. 그러나 국회의장이더라도 국회선진화법의 엄격한 요건을 무시하고 마음대로 직권상정 권한을 행사할 수는 없었다. 새누리당의 요청은 번번이 받아들여지지 않았다. 그럼에도 새누리당 국회의원들은 2014년 12월 9일 다시 각 소관 상임위원회에 계류 중인 '북한인권법안'을 포함한 11건의 법률안에 대한 직권상정을 국회의장에게 요청했으나 역시나 요건 불충족을 이유로 거부되었다. 직권상정을 통한 법안 통과가 어렵다고 판단한 새누리당은 신속안건처리제도를 이용하고자 했다. 2015년 1월 15일 기획재정위원회 소속 새누리당 의원들은 위원장에게 '서비스산업발전 기본법안'을 신속처리 대상 안건

• • •
22 동아일보 2013.2.20. 「국회선진화법 바꿀수도 … 이한구의 오버」
23 동아일보 2013.3.6. 「사설」 식물국회 식물정부 식물국가」
24 경향신문 2013.11.12. 「새누리, '국회선진화법' 헌법 소원 추진 … 만들 때는?」

으로 지정할 것을 요구했다. 신속처리 안건으로 지정되면 소관 상임위
는 안건을 180일간 심사하여야 한다. 기간 내 심사가 이루어지지 않으
면 안건은 자동으로 법제사법위원회에 회부된다. 법사위에서도 90일
내에 심사가 이루어지지 않으면 자동으로 본회의에 상정된다.(국회법
제85조의2) 그러나 이마저 위원 과반수의 동의를 얻지 못하였다는 이
유로 반려되었다.[25]

　결국 새누리당은 직권상정 요구가 계속하여 받아들여지지 않자 국회
선진화법이 헌법에 어긋난다며 위헌 소송을 제기했다. 국회의장과 소
관 상임위 위원장이 직권상정과 신속처리 대상 안건 지정을 거부해 자
신들의 표결권이 침해되었다는 주장이었다. 심지어 국회선진화법이 도
입된 2012년 「국회법」 개정 행위 자체가 헌법에 어긋난다고도 했다. 그
러나 새누리당의 헌법 소원은 기본적인 소송 절차도 지키지 않은 위법
한 청구였다. 국회선진화법의 도입 행위에 대한 위헌을 물으면서 피청
구인을 국회의장으로 지정했지만 법률의 제·개정 행위를 다투는 권한
쟁의심판은 국회가 피청구인적격을 가지므로 국회의장 및 기획재정위
원회 위원장에 대하여 제기한 국회법 개정 행위에 대한 심판 청구는 피
청구인적격이 없는 자를 상대로 한 청구로서 부적법하다. 또 법안 심
의·표결권에 대한 침해위험성은 해당 안건이 본회의에 상정되어야만
비로소 현실화된다고 보기 때문에 국회의장의 직권상정 거부로 새누리
당이 주장하는 국회의원의 법률안 심의·표결권이 직접 침해당할 가
능성은 없다고 헌법재판소는 판단했다. 헌법 소원은 심리도 제대로 받
지 못하고 각하되었다. 새누리당은 헌법 소원에 대한 법리적 검토를 마

●●●
25 헌재 2016.5.26. 2015헌라1

쳤다고 큰소리쳤지만 국회선진화법에 대한 헌법 소원은 사실상 번번이 실패한 직권상정 시도에 대한 몽니에 가까웠다.

국회선진화법이 바꾼 것들

국회선진화법의 효과는 확실했다. 국회의장의 직권상정 건수는 제16대 국회(2000~2004년) 6건, 제17대 국회(2004~2008년) 29건, 그리고 제18대 국회(2008~2012년)에서는 99건으로 빠르게 증가하는 경향을 보이고 있었다. 그러다가 2012년 국회선진화법이 도입된 이후 제19대 국회(2012~2016년)에서는 단 3건만이 직권으로 상정되었다.[26] 직권상정의 비율이 줄어들었다는 것만으로 국회가 대화와 타협으로 운영되기 시작했다고 판단할 수는 없다. 그러나 적어도 상대의 의견을 무시하고, 협상 절차를 건너뛴 채 다수 의석을 차지한 정당이 일방적으로 안건을 처리하는 행위는 사라졌다고 할 수 있다.

2017년 12월 8일에는 처음으로 국회선진화법의 신속안건처리제도가 적용되어 법률안이 통과되었다. 변호사에게 자동으로 세무사 자격을 부여하던 「세무사법」의 개정이었다. 세무사는 조세 관련 업무를 담당하는데, 자격을 취득하기 위해서는 재정학, 세법, 회계학 등을 주요 과목으로 해서 시험을 치른다. 그러나 사법시험이나 변호사시험에는 이들 과목이 포함되지 않는다. 시험과목뿐만 아니라 조세 관련 소송을 제외하고는 변호사가 세무 관련 실무를 접할 기회 또한 거의 없다. 그

●●●
26 한겨레 2016.2.3. 「골치 아픈 국회선진화법? 이것이 핵심이다」

럼에도 그동안 변호사에게는 세무사 자격이 자동으로 부여되었는데 이에 대해 세무사들은 계속해서 문제를 제기해왔다.

「세무사법」의 개정안은 세무사회의 요구로 2003년 제16대 국회에서부터 2016년 제20대 국회에 걸쳐 꾸준히 국회에 제출되었다. 개정안은 소관 상임위인 기획재정위원회까지는 통과되었지만 매번 법제사법위원회의 문턱에 막혀 본회의 상정에는 실패했다.[27] 기획재정위원회에는 세무사 출신 또는 관련 업무에 대한 이해도가 높은 의원이 다수 배정되어 있는 반면 법제사법위원회는 법조인 출신이 대다수라는 위원 구성이 크게 영향을 미친 것으로 보인다. 법조인 출신 국회의원이 변호사에게 자동으로 부여되어왔던 세무사 자격을 박탈하는 개정안에 호의적일 리가 없기 때문이다. 세무 관련 전문성도 확보되지 않은 변호사에게 세무사 자격을 자동으로 부여하는 것은 비판의 여지가 충분한 사안이었다. 특히나 세무사회의 지속적인 문제 제기와 이에 따른 개정 시도가 이어졌음에도 매번 법제사법위원회의 문턱을 넘지 못했다는 것은 법률안이 사회의 이익이 아닌 특정 집단의 이익에 따라 좌지우지되었다는 비난을 피하기 어려운 결과였다.

국회선진화법인 「국회법」 제86조는 법제사법위원회가 이유 없이 법안이 회부된 날부터 120일 이내에 심사를 마치지 않은 경우 해당 법안의 소관 상임위 위원장이 간사 간 협의를 통해 국회의장에게 해당 법안의 본회의 부의를 요구할 수 있도록 규정했다. 이에 따라 당시 조경태 기획재정위원장은 법제사법위원회에 계류된 「세무사법」 개정안을 본회의에 부의해줄 것을 국회의장에게 서면으로 요청했다.[28] 이렇게 「세무

• • •

27 조세일보 2018.1.2. 「세무사회장 '단합이 세무사 미래이며 희망이다'」
28 중앙일보 2017.12.8. 「국회, 세무사법 통과 … 선진화법 통한 첫 사례」

사법」 개정안은 국회선진화법 덕에 법조인 출신 의원들이 포진한 법제사법위원회를 거치지 않고 바로 본회의에 상정될 수 있었다.

국회선진화법은 단순히 절차만 강조하는 법률 규정이 아니다. 다수의 횡포로 소수의 의견이 묵살당하는 것을 막자는 것이 가장 큰 목적이지만 소수의 몽니로 국회가 마비되는 것을 방지하는 장치 역시 갖추고 있다. 「세무사법」이 56년 동안 본회의에 상정조차 되지 못했던 것은 법제사법위원회를 장악한 법조인 출신 의원 다수의 횡포였다. 「세무사법」이 개정되던 때 법제사법위원회 위원 17명 중 비법조인은 5명에 불과했다.

국회선진화법은 도입 초기 '몸싸움 방지법'이라 불렸다. 국회에서 연이어 발생한 여당과 야당 사이 무력충돌에 대한 반성의 결과로 도입되었기 때문이다. 몸싸움 방지법이라는 이름답게 국회에서는 더 이상 국회의원들 간 물리적 충돌을 찾아보기 어려워졌다. 비판하는 이들은 식물국회 운운하며 국회의 마비를 걱정했지만 정당 간 당쟁으로 국회의 운영이 어려워진 적은 있어도 국회선진화법 때문에 국회가 마비된 사례는 없다. 설사 국회선진화법과 관련하여 국회가 마비된다면 이는 국회선진화법 때문이 아닌 대화와 타협의 부족 탓이라고 본다. 「세무사법」 사례에서 알 수 있듯 국회선진화법은 절차만을 강조하는 것이 아닌 합리적인 의사진행을 중시하는 법이기 때문이다.

최근 연동형 비례대표제를 골자로 한 선거제 개편안, 고위공직자비리수사처 설치와 검·경 수사권 조정의 패스트트랙 안건 지정 과정에서 안건 통과를 저지하겠다는 목적으로 자유한국당 국회의원들이 회의실 앞을 점령하고 투표를 하지 못하도록 의원실 문을 소파로 막는 등 물리력을 동원해 차단한 일련의 행위들은 국회선진화법을 무시한 과거의 구태를 반복하는 모습으로 비판받아 마땅하다. 자신들이 관철시키고자 하는 주장이 있다면 강제적인 힘이 아니라 대화와 타협의 과정을 밟아야 했고, 그것이 국회선진화법의 취지를 살리는 방향이 될 것이다. 결국 국회선진화법은 우리나라 국회가 성숙해져가는 과도기의 현상을 말해준다. 국회선진화법은 헌법재판소의 문을 두드린다고 없어지는 것이 아니다. 국회 스스로가 성숙해져 원만하고 원활하게 운영될 때, 바로 그때 국회선진화법은 제 소임을 다하고 필요없게 될 것이다.

16

김영란법이 불러온 나비효과

16 김영란법이 불러온 나비효과

● 헌법재판소 2016.7.28. 2015헌마236 결정

헌법재판소 주문 결정

1. 청구인 사단법인 한국기자협회의 심판청구를 각하한다.
2. 나머지 청구인들의 심판청구를 모두 기각한다.

스폰서 검사에서 캔커피 교수까지

2010년 4월 20일 MBC 〈PD수첩〉은 1980년대 경상남도 일대에서 대형 건설회사를 운영하던 기업인이 1984년부터 2009년 4월까지 적어도 100명 이상의 전·현직 검사에게 금품과 성접대 등 향응을 제공하는 이른바 '스폰서' 역할을 해왔다고 폭로했다.[1] 대한민국 최고의 권력으로 그동안 누구도 문제를 제기하지 못했고 일종의 금기였던 검찰의 비리를 폭로한 〈PD수첩〉에 사람들은 열광적인 지지를 보냈다. 프로그램 시청자 게시판에는 제작진을 응원하는 글이 쏟아졌다. 그러나 보도 직전까지도 MBC 내부에서는 〈PD수첩〉이 제대로 방송될 수 있을지 우려하는 분위기였다. 〈PD수첩〉은 검찰을 비롯한 국가권력으로부터 지속적인 압박을 받아오고 있었기 때문이다. 실제로 2008년 4월 '광우병 보도' 후 검찰의 압수수색에 이은 대규모 수사로 제작진이 전원 기

• • •

1 서울신문 2010.4.21. 「검사들 금품에 성접대' … PD수첩 폭로」

소되는가 하면, 2009년 방송된 '4대강과 민생 예산'은 보수를 자처하는 시민단체의 고발로 방송통신심의위원회의 제재까지 받았다.[2] 하지만 금기를 깬 것은 거기까지였다.

대검찰청은 즉각 "과거의 잘못된 행적이었다면 제도와 문화로 깨끗하게 청산해야 하고 그 흔적이 현재에도 일부 남아있다면 단호하게 정리돼야 한다."라며 진상규명위원회를 설치했다. 위원장으로는 외부인사인 서울대학교 법대 성낙인 교수를 위촉했다. 공정성을 확보하기 위해 전체 위원 중 3분의 2 이상을 검찰 외부인사로 채우겠다는 계획도 발표했다.[3] 진상조사위원회가 구성된 다음 날 스폰서 검사로 지목된 박기준 부산지검장은 사의를 표명했다. 이틀 후에는 스폰서 검사로 지목된 또 다른 인물인 한승철 대검 감찰부장에 대해 검찰은 법무연수원 연구위원으로 전보 조치했다.

한 달 반 정도의 조사 기간을 보내고 진상규명위원회는 2010년 6월 9일 성접대를 포함한 일부 접대 정황과 진정서의 조직적 은폐가 확인되었다며 현직 검사 10명에 대한 징계를 검찰총장에게 권고했다. 하지만 형사 처벌 권고는 없었다.[4] 보름 후 법무부 검사징계위원회는 박기준과 한승철을 면직 처분하는 수준에서 사건을 마무리지었다.[5] 면직은 해임 다음으로 무거운 징계지만 해임된 검사는 퇴직금이 지급되지 않고 변호사로도 등록할 수 없는 반면 면직된 검사는 퇴직금의 수령이 가능하고 변호사로도 활동할 수 있어 차이가 컸다. 비위 사실에 비하면 경징계에 가까웠다.

검찰의 진상규명위원회와 별도로 특검도 동시에 활동했다. 2010년 4월

• • •

2 경향신문 2010.4.23. 「PD수첩의 '존재 이유'」

3 동아일보 2010.4.22. 「대검 진상규명총 구성 … '검사 향응—성접대' 조사」

4 동아일보 2010.6.9. 「박기준—한승철 검사장 등 10명 징계 권고」

5 동아일보 2010.6.25. 「'향응 의혹' 검사장급 2명 면직」

27일 민주당 이강래 의원 등 5명의 국회의원은 '검찰고위간부 박기준·한승철 등의 불법자금 및 향응수수사건 진상규명을 위한 특별검사의 임명 등에 관한 법률안'을 제출했다. 해당 법안은 두 달여 후인 6월 29일 국회 본회의에서 재적 의원 261명 가운데 227명의 압도적인 찬성으로 통과되었다.[6] 국민의 비난 여론이 뜨거웠고 정치권 역시 이를 무시할 수 없었다. 특검은 박기준과 한승철 등을 출국금지시키고 현직 검사장 3명을 포함해 총 10여 명의 전·현직 검사를 조사했다. 이어 2010년 9월 12일에는 진정 묵살 관련 직무유기 혐의로 황희철 법무차관까지 소환 조사하며 강도 높은 조사를 이어갔다. 그러나 특검 역시 5개월여 수사 끝에 한승철 등 전·현직 검사 4명을 불구속 기소하고 황희철과 박기준은 무혐의 처분하는 기대에 못 미치는 결과를 내놓고 해산했다.[7] 그나마 기소되었던 검사들 역시 재판을 통해 대부분 무죄를 선고받았다.

금기를 깬 〈PD수첩〉에 열광했던 국민은 이번에는 제대로 된 검찰 개혁이 이루어질 것이라 기대했다. 하지만 스폰서 검사 사건이 누구 하나 제대로 된 처벌 없이 유야무야 마무리되자 많은 국민은 허탈감에 빠지고 분노를 느낄 수밖에 없었다. 이 와중에 검찰에서는 또다시 공분을 자아내는 사건이 터졌다. 부장판사 출신 변호사가 현직 검사에게 벤츠 승용차 등 고가의 금품을 제공한 이른바 '벤츠 검사 사건'이 발생한 것이다.[8] 스폰서 검사 사건에 이어 벤츠 검사 사건까지 발생하자 검찰에 대한 국민의 시선은 완전히 싸늘해졌다.

여론을 의식했는지 검찰의 대응은 매우 민첩했다. 사건이 언론에 보

• • •

6 아시아경제 2010.6.29. 「검찰 '검사 스폰서' 특검에 적극 협조할 것」

7 연합뉴스 2010.9.28. 「전·현직 검사 4명 기소 … 황희철·박기준 불기소」

8 동아일보 2011.11.29. 「檢 '벤츠 女검사' 알고도 4개월간 조사 안 해」

도된 지 20여 일 만인 2011년 11월 30일 한상대 검찰총장은 특임검사를 선임해 수사를 지시했다.[9] 특임검사로 임명된 이창재 수원지검 안산지청장은 벤츠 검사의 집을 압수수색하는 등 강도 높은 수사를 진행했다.[10] 특임검사는 압수수색 2주 뒤인 12월 24일 해당 검사를 「특정범죄 가중처벌 등에 관한 법률」에 따른 알선수재 혐의 등으로 구속 기소했다. 스폰서 검사 때와는 다른 검찰의 발빠른 수사와 구속 기소를 보면서 조금은 달라질지도 모른다는 희망을 품었다. 그런데 이번에도 대법원에서 무죄가 확정되어 어떠한 처벌도 받지 않고 사건은 그대로 종결되었다.[11] 연이은 권력형 비리 사건이 하나같이 무혐의나 무죄로 종결되자 국민 사이에서는 법률을 뜯어 고쳐서라도 제대로 된 처벌을 해야 한다는 여론이 형성되기 시작했다.

김영란의 등장과 '김영란법'

2004년 8월 11일 국회에서는 대한민국 최초 여성 대법관 후보에 대한 인사청문회가 열렸다. 대법관 후보는 김영란이었다. 김영란은 여성이라는 성별 외에도 경력을 따지면 매우 놀랄 만한 인사였다. 사시 20회로 당시 대법관 후보로 거론된 강병섭(사시 12회) 서울중앙지방법원장이나 이영애(사시 13회) 춘천지방법원장 등보다 무려 10년 가까운 후배였다.[12] 강병섭과 이영애 법원장은 모두 김영란이 대법관 후보로 지명되자 사표를

•••
9 경향신문 2011.11.30. 「'벤츠 女검사' 의혹, 특임검사에 맡겨 수사」

10 동아일보 2011.12.2. 「'벤츠 女검사' 집 전격 압수수색」

11 법률신문 2015.3.12. 「[판결] 내연관계 따른 호의 … '벤츠 여검사' 무죄 확정」

12 신동아 2004년 10월호 「건국 이후 첫 여성 대법관 된 김영란 판사」

제출했다. 특히 강 법원장은 "과거에는 권력으로부터의 독립이 문제였지만, 요즘은 (시민단체의)여론으로부터 독립이 중요해졌다.", "일부 시민단체의 의견이 걸러지지 않은 채 대법관 인사의 기준이 된다면 앞으로 법관 인사는 파행으로 갈 것"이라며 사법부 독립론을 제기했다. 김영란이 민주사회를 위한 변호사 모임과 참여연대 등으로부터 지지를 받은 것을 우회적으로 비판한 대목이다.[13] 그만큼 김영란의 대법관 지명은 파격적인 사건이었다.

2004년 8월 23일, 국회에서 임명동의안이 통과되면서 김영란은 대법관으로 활동을 시작했다. 대한민국 최초의 여성 대법관, 그것도 40대의 젊은 나이에 대법관에 오르면서 숱한 화제를 뿌린 김영란은 6년 동안 재임했다. 2010년 8월 임기를 마친 김영란은 퇴임 후에도 기존 대법관들과는 다른 행보를 보였다. 당시 퇴임 대법관들은 대부분 변호사 개업을 하거나 대형 로펌에 합류하는 것이 일반적이었다. 하지만 김영란은 서강대학교 법학전문대학원으로 자리를 옮겨 후학 양성의 길을 선택했다. 퇴임 법관에 대한 우대를 뜻하는 전관예우가 강하게 남아있던 당시 법조계 문화를 고려해보면 상당히 파격적인 행보였다. 다음 해인 2011년에는 국민권익위원회 위원장으로 선임되었다. 국민권익위원회는 부패 방지와 국민의 권리 보호·구제를 위하여 설치한 국무총리 소속의 행정기관으로 종전의 국민고충처리위원회·국가청렴위원회·국무총리행정심판위원회 등의 기능을 통합해 2008년 2월에 출범한 준사법기관이다.

대법관 제청부터 국민적 관심을 받아왔던 김영란은 국민권익위원장으로 부임한 후 또 한번 주목을 받았다. 2011년은 스폰서 검사와 벤츠 검

• • •
13 중앙일보 2004.7.28. 「판결도 여론 눈치 봐야 하나」

사 사건이 연이어 터지면서 권력형 비리에 대한 비판 여론이 뜨거운 시점이었다. 국민의 요구와 필요성을 읽은 김영란은 2012년 초 '부정청탁 금지 및 공직자의 이해충돌방지법'의 제정 작업에 돌입했다.[14] 이른바 '김영란법'이었다. 권력형 비리에 대한 국민적 분노와 김영란이라는 청렴 이미지가 더해져 '김영란법'의 제정은 큰 지지를 받았다.

'김영란법'은 국민권익위에서 처음 안건이 만들어졌는데 정부안으로 확정되는 과정에서 적지 않은 논란이 있었다. '김영란법'이 공직자의 활동을 제한하는 내용을 담고 있다고 하여 내부적 갈등도 컸다. 그 결과 국무회의를 통과하여 확정된 정부안은 국민권익위원회 원안에 비해 상당히 약화되는 변화를 겪었다. 원안에서는 법 적용의 대상자를 공직자로 제한하고 있었다. 부정청탁의 금지, 대가성 없는 금품수수의 제한, 이해충돌 방지에 관한 규정이 주요 내용이었다. 이해충돌 방지 조항은 '김영란법'의 핵심 조항으로, 여기서 말하는 '이해충돌'이란 업무수행 과정에서 사익을 추구하는 행위를 말한다. 예를 들면 공직자가 자녀를 공기관이나 대기업에 특혜 채용되도록 하거나, 공공기관의 장이 친인척에게 일 감몰아주기를 하는 것처럼 자기 지위를 남용해서 사익을 추구함으로써 지켜야 하는 공익과 사익의 충돌이 일어나는 것을 말한다. 따라서 공직자의 직무수행의 공정성을 확보하기 위해 이해충돌을 규제하고자 했다. 특히 공직자의 금품수수 등에 대해서 매우 강력한 조항을 두었다는 점이 주목되었다. 공직자의 금품수수는 직무 관련 여부와 상관없이 그 명목이 기부나 후원이더라도 금지되었다(제11조 제1항). 그러나 정부안으로 넘어오면서 금품수수의 금지 대상이 직무와 관련이 있거나 사실상 영향력을

● ● ●
14 동아일보 2012.8.16. 「공직자들, 청탁 함부로 들어줬다간 '철창' 신세」

행사할 수 있는 대상으로 대폭 축소되었다(제8조 제1항). 처벌 조항에도 권익위 안은 100만 원이 넘는 금품을 받으면 직무 관련성을 따지지 않고 3년 이하의 징역 또는 그 위반 행위와 관련된 금품 등 가액의 5배에 상당하는 금액 이하의 벌금에 처하도록 규정한 데 반해 정부안은 직무와 관련된 경우나 직위, 직책에서 나오는 사실상의 영향력이 있는 경우에 한해 3년 이하의 징역 또는 3,000만 원 이하의 벌금에 처하고, 직무 관련성이 없는 경우에는 받은 돈의 2~5배의 과태료에 처하는 것으로 변경되었다. 직무 관련성 여부를 불문한 강력한 처벌이 핵심이었던 원안의 취지가 심각하게 훼손된 것이다.

게다가 '김영란법'에 대한 국민의 지지 여론이 상당히 높았던 것에 비해 국회 내에서의 논의 과정은 매우 지지부진했다. 2014년 세월호 사건에서 관피아[15] 문제가 제기되면서 '김영란법'에 대한 국회의 논의는 다시 급물살을 탔다. 이에 더해 정부안에서 약화되었던 부분과 관련해서는 '김영란법'이 원안으로 복귀해야 한다는 주장이 힘을 얻었고, 오히려 원안보다 더 강화해야 한다는 주장까지 제기되었다.

결국 담당 상임위인 정무위원회의 논의 과정을 거쳐 2015년 3월 3일 정무위원회안이 대안으로 마련되었다. 주된 내용은 법안의 명칭을 「부정청탁 및 금품 등 수수의 금지에 관한 법률」로 변경하면서 적용 대상을 공직자 이외에 사립학교 교원과 언론기관 종사자까지 확대한 것, 금품 등의 수수 금지와 관련하여 "공직자 등은 직무 관련 여부 및 기부 · 후원 · 증여 등 그 명목에 관계없이 동일인으로부터 1회에 100만 원 또는 매 회계연도에 300만 원을 초과하는 금품 등을 받거나 요구 또는 약

---

15 관피아는 관료와 이탈리아 범죄조직인 마피아의 합성어로, 공직을 퇴직한 사람이 관련 기업에 재취업, 학연 · 지연을 이용해 자신의 이익을 위해 마피아처럼 거대한 세력을 구축하는 형태를 비판하는 말이다.

속해서는 아니 된다."라고 규정함으로써 기준을 보다 명확히 한 것, 그리고 이해충돌 방지에 관한 규정들을 삭제한 것 등이다. 사립학교와 언론사를 공공기관에 포함시키는 것에 대해서는 위헌성 문제 등 많은 논란이 있었지만 2015년 3월 27일 국회 본회의를 통과했고 이로써 '김영란법'은 시행되었다.[16]

시행과 함께 맞은 헌법 소원

'김영란법'은 시행과 함께 헌법재판소에 섰다. 주요 쟁점은 사립학교 관계자와 언론인이 법의 적용 대상에 포함될 수 있는지, 규제 한도액을 시행령으로 한 것이 포괄위임 금지 원칙에 반하는지, 배우자의 신고의무 조항이 연좌제에 해당하는지, 그리고 '부정청탁', '사회상규' 개념의 모호성 등이었다. 포괄위임 금지는 법이 규제 한도 상한액을 규정하고 있었기 때문에 크게 문제되지 않았다. 배우자에게 부과된 신고의무 역시 비위 사실을 알고도 신고 하지 않은 배우자 자기 책임을 묻는 것이기에 연좌제에 해당할 우려는 없었다. 문제가 되는 것은 사립학교 관계자와 언론인을 공직자에 준해서 법률을 적용할 수 있느냐였다. 헌법 소원 청구인 역시 한국기자협회, 신문사 사주, 기자 등 언론인과 사립유치원 원장, 대학 총장, 고등학교 교장, 교사 등 사립학교 관계자였다.

사립학교 관계자와 언론인은 국민권익위원회안에는 없다가 정무위원회안에서 포함되었는데 논의 당시부터 위헌성 문제가 제기되었다. 정무

• • •
16 장영수 「'부정청탁 및 금품등 수수의 금지에 관한 법률(이른바 김영란법)'의 헌법적 의의와 발전방향」, 사단법인 한국공법학회 공법연구 제45집 제1호, 2016

위원회안에서는 사립학교 관계자와 언론인이 포함되었고, 반면 이해충돌 방지 조항은 삭제되었다. '김영란법'의 원래 명칭인 '부정청탁금지 및 공직자의 이해충돌방지법'에서 알 수 있듯이 국민권익위원회는 공직자의 이해충돌 방지에 큰 비중을 두고 있었다. 그런데 공직자의 범위가 확대되면서 이해충돌 방지는 빠져버린 것이다.[17]

이처럼 정부안에서까지 유지되었던 내용이 정무위원회안을 거치면서 통째로 삭제됨으로써 이해충돌을 강조했던 '김영란법'이 부정 청탁·금품수수만을 방지하는 내용으로 축소되어버렸다. 대부분의 공직 비리가 발생하는 원인(이해충돌)은 방치한 채 금품수수 등 발생한 문제를 사후적으로 처벌하는 기능만 남은 것이다. 정무위원회는 '김영란법'의 핵심이었던 이해충돌 방지 조항을 삭제하면서 오히려 심도 깊은 논의도 없었던 사립학교와 언론사를 공공기관에 포함시켰다. 삭제 명분을 얻기 위한 방책이었다는 의심을 제기하는 이들도 많다.

결과적으로 '김영란법'은 시행과 동시에 헌법재판소의 심판을 받게 되었다. 그러나 헌법재판소는 "교육과 언론이 국가나 사회 전체에 미치는 영향력이 크고, 이들 분야의 부패는 그 파급효과가 커서 피해가 광범위하고 장기적인 반면 원상 회복은 불가능하거나 매우 어렵다는 점에서, 사립학교 관계자와 언론인에게는 공직자에 맞먹는 청렴성 및 업무의 불가

• • •

17 이해충돌 방지 조항은 국민권익위원회의 원안 제4장에 규정되어 있었다. 제15조 공직자의 사적 이해관계 직무수행 금지에 관한 원칙적 규정, 제16조 고위공직자의 사적 이해관계 직무수행 금지에 관한 규정, 제17조 외부 활동의 제한, 제18조 사업자 등과의 거래 제한, 제19조 소속 기관 등에 가족 채용 제한, 제20조 소속 기관 등과의 계약체결 제한, 제21조 예산 등의 부정 사용 금지, 제22조 공용물·직위 등의 사적 사용 금지, 제23조 미공개 정보 이용 금지, 제24조 공무수행 사인의 행위 제한의 10개 조문이었다. 정부안의 제4장도 제11조 공직자의 사적 이해관계 직무의 수행 금지, 제12조 고위공직자의 사적 이해관계 직무의 수행 금지, 제13조 공직자의 직무 관련 외부 활동 금지, 제14조 직무 관련자와의 거래 제한, 제15조 가족 채용 제한, 제16조 소속 공공기관 등과의 계약 체결 제한, 제17조 예산의 부정 사용 금지, 제18조 공공기관의 물품과 직위 등의 사적 사용 금지, 제19조 직무상 비밀 이용 금지, 제20조 공무수행 사인의 공무수행과 관련된 행위 제한으로 국민권익위원회안보다 약간 축소된 수준이지만 이해충돌 방지 조항의 골격은 유지하고 있었다.

매수성이 요청된다."라며 사립학교 교원과 언론인이 '김영란법' 대상에 포함될 헌법적 필요성이 인정된다고 결정했다.

하지만 사회에서 공적인 업무를 수행하는 것과 공공기관은 명확히 구분되는 개념이다. 사립학교와 언론사가 수행하는 기능 중 일부가 공공서비스의 성격이 있지만 이들은 어디까지나 사기업이다. 이처럼 법리적으로도 자연스럽지 않게 사립학교와 언론사가 공공기관으로 분류되면서 종사자들까지 '공직자 등'의 신분이 되어 '김영란법'의 적용을 받게 되었다. '김영란법'의 핵심은 대가성이 입증되지 않은 금품 등의 수수까지의 처벌이다. 호의로 베푼 사소한 금품도 모두 '김영란법'의 적용 대상이 될 수 있다. 그렇기에 '김영란법' 적용 대상자는 매사에 신중을 기해야 한다. '김영란법'이 사기업(사립학교, 언론사)에게까지 적용됨으로써 그들의 기본권을 심각하게 침해할 위험성이 큰 것은 부인할 수 없다.

'김영란법'이 바꿔놓은 것들

'김영란법'을 반대하는 이들의 가장 중요한 근거는 내수위축이었다. '김영란법'이 밥값, 선물값을 제한하니 그만큼 소비가 위축되어 내수시장이 얼어붙는다는 것이다. 자영업자에게 심각한 타격이 발생할 것이라는 우려도 제기되었다. 심지어 이러한 주장에는 한국은행 총재까지 가세했다. '김영란법' 시행을 목전에 두고 있던 2016년 6월 이주열 한국은행 총재는 '분명히 민간소비에 어느 정도 영향을 줄 것'이라며 소비 위축을 우려했다.[18] 짧은 언급이었지만 한국은행 총재의 발언이었기 때문에 해당 발언은 곧 '김영란법' 시행의 적절성을 둘러싼 논란으로 이어졌다. 한국은행까지 걱정하는 마당에 꼭 시행해야 하냐는 것이었다.

내수 위축은 사실 조금은 뻔뻔한 주장이다. 각자 자신이 먹은 것을 계산한다면 아무리 비싼 식사를 한다고 해도 문제가 없다. '김영란법'이 내수를 위축시킨다는 주장은 남이 사줄 때는 비싼 것을 먹지만 내 돈 내고 내가 먹을 때는 싼 것을 먹겠다는 소리와 다를 바가 없었다. 선물의 경우도 최대 5만 원까지 가능했기 때문에 5만 원 이상의 고가 선물을 주고받을 수 없어 내수가 위축된다는 것은 설득력이 별로 없다. 공직자에게 5만 원 이하의 선물은 너무 적다는 의미이기 때문이다.

우여곡절 끝에 결국 '김영란법'은 크게 수정된 모습으로 시행되었다. 그러나 전문가들이 우려했던 심각한 내수 위축은 발생하지 않았다. 시장은 '김영란법'에 매우 기민하게 적응했다. 공무원이 많이 찾는 식당에서는 3만 원을 넘지 않게 식사와 술값까지 모두 포함하여 29,900원에 맞춘 메뉴를 선보이기도 했다.[19] '김영란법' 시행 1년 후 국회예산정책처 보고에 따르면 유흥주점과 특급호텔에서의 법인카드 결제내역은 각각 4.8퍼센트와 8.7퍼센트로 소폭 하락한 데 반해 음식점은 6.2퍼센트로 소폭 상승한 것으로 나타났다. 특히 농축수산물은 26.8퍼센트로 상승폭이 컸다.[20] 접대비로 결제할 수 있는 금액이 제한되자 기업들의 소비 방식이 바뀐 것이다. '김영란법'의 상한을 맞추기 어려운 유흥업소나 특급호텔은 꺼리게 된 반면 상대적으로 저렴한 일반음식점과 농축수산물의 소비를

● ● ●

18 동아일보 2016.6.23. 「김영란법, 소비에 영향줄 것」

19 경향신문 2016.12.20. 「한국의 히트 상품 1위에 '3만 원 이하 김영란법 메뉴' … 니혼게이자이신문 선정」

20 천지일보 2017.12.2. 「'김영란법 1년' 법카 변화보니 … 유흥주점↓ 음식점·농축수산↑」

늘린 것으로 해석할 수 있다.

　법인카드의 전체 승인금액을 살펴봐도 내수 위축은 기우에 불과했다. 여신금융협회에 따르면 시행 1년이 되는 2017년 상반기 법인카드 승인 금액은 83조 1,500억 원이었다. 이는 시행 전인 2016년 상반기 승인금 액 82조 3,100억 원보다 오히려 1퍼센트가량 늘어난 규모였다. 상승폭 이 크지는 않았지만 내수가 위축되었다고 보기는 어려운 수치다.[21]

　공공기관에서는 으레 음료수를 사들고 방문하는 문화가 사라졌다. 식 사를 하더라도 각자 계산을 하든지 아니면 공공기관 종사자가 결제하는 문화가 만들어졌다. '김영란법' 위반으로 신고된 사항 중에는 학생이 교 수에게 캔커피를 주었다는, 보는 시각에 따라 매우 사소한 경우도 있었 다.[22] 그만큼 공직자와의 관계에 대한 도덕적 민감성이 커졌다고 볼 수 있다. 스폰서 검사와 벤츠 검사 사건에서 알 수 있듯 공직사회에 뿌리 깊 게 박혀있던 도덕 불감증이 '김영란법' 시행 이후 크게 바뀐 것이다.

　가장 큰 변화는 대가성 없는 금품수수의 처벌이었다. 스폰서 검사와 벤츠 검사의 처벌이 어려웠던 것은 대가성을 입증하기 어려웠기 때문이 다. 거액의 금품을 받았다고 해도 대가성이 입증되지 않으면 처벌이 어 려웠다. 검사가 고급 외제 승용차를 선물로 받아도 준 사람이 아무것도 바라지 않고 호의로 주었다면 처벌할 수 없는 것이다. 도덕적으로는 비 난받을 수 있지만 법적으로는 처벌이 어려운 법과 도덕의 괴리가 존재했 다. 그런데 '김영란법'은 대가성이 입증되지 않아도 공직자가 1회 100만 원 또는 1년에 300만 원 이상의 금품을 수수했다는 사실만 인정되면 처 벌이 가능하도록 했다. 심지어 직무 관련 여부 및 기부·후원·증여 등

●●●
21 시사위크 2017.9.27. 「김영란법 시행 1년 ①」 주점업 법인카드 사용액 9.2% 이하로 감소」
22 YTN 2017.9.28. 「'캔커피 신고' 이후 김영란법 1년 성과는?」

그 명목 여하를 따지지도 않는다. '김영란법'이 있었다면 스폰서 검사와 벤츠 검사는 처벌을 면할 수 없었다.

2017년 7월에는 '김영란법'이 적용되어 공공기관 종사자가 형사 처벌을 받은 최초 사례가 발생했다. 법원은 도로포장업체 대표로부터 200만 원을 받은 한국도로공사 간부 김 모 씨에게 벌금 500만 원을 선고했다. 재판부는 공직자가 직무 관련성과 상관없이 1회에 100만 원을 넘는 금품을 받아서는 안 된다며 '김영란법'을 근거로 유죄 이유를 설명했다.[23] 이제 더 이상 금품을 받고도 대가성이 없다며 유유히 법망을 빠져나가는 공직자들을 보며 울분을 삭히지 않아도 된다. '김영란법'이 만든 결과다.

'김영란법', 즉 「부정청탁 및 금품등 수수의 금지에 관한 법률」이 2019년 올해로 시행 3년차에 접어든다. 국민권익위원회에서 처음 안건이 만들어졌을 때부터 논란이 있었고, 시행과 동시에 헌법 소원이 제기되기도 했다. 또한 음식물·경조사비·선물의 상한액을 두고 여러 의견이 나옴에 따라 한 차례 개정도 있었다. 개정을 두고 일각에서는 농수축산물 선물 가액 범위를 완화함으로써 청렴사회로 가는 의지를 후퇴시킨 것이 아니냐는 비판이 일기도 했다.

아직도 금액이나 적용 대상 등에 대한 문의는 끊이지 않고 있고, 접대와 선물 제공이 더 음성화되었다는 지적이 나오기도 한다. 그러나 공직자, 공공기관뿐 아니라 대다수의 국민도 부정 청탁이나 뇌물, 접대 등에 대해서 좀 더 예민하게 반응하고 스스로 더 조심하는 사회 전체적인 분위기가 조성되어가는 것을 보면 '김영란법'은 사회 곳곳에 뿌리를 내리고 정착되어가는 중이라고 봐도 좋겠다.

●●●

23 JTBC 2017.9.17. 「김영란법 시행 1년 … 공기업 간부 '형사 처벌' 첫 사례도」

2015년에 김영란 전 국민권익위원장은 부정청탁금지법 설명 기자회견에서 "쉽게는 이 법을 '더치페이법'이라고 할 수 있다. 각자 자기 것을 자기가 계산하는 습관을 들이자는 것", "이 법에 대한 엄청난 저항세력은 사실 '우리 안의 부패 심리'다. 관행적으로 일만 생기면 청탁전화 한 통, 돈 봉투 한 장을 챙기던 우리들 자신의 부패한 습관이 바로 그것"이라고 말했다. 어려운 일도, 안 되는 일도 전화 한 통, 봉투 한 장이면 해결되었고, '좋은 게 좋은 거'라는 식의 문화와 인식이 팽배하던 사회에 던진 날카롭고 묵직한 직구였다. 부정 청탁, 스폰서, 떡값, 촌지 등이 만연해 사회가 '부패'되어가는 것에도 점차 무감각해져버린 때에 '김영란법'은 깨끗한 사회로 가기 위한 마중물 역할을 자처했고, 우리사회는 조금씩 변화의 움직임이 일고 있다. 법이 완전히 사회에 뿌리내리기까지는 시간이 더 필요하겠지만, '김영란법'을 통해 바뀐 지금의 인식과 문화의 변화에 힘입어 사회가 더 청렴해지리라 기대해본다.

사법시험 폐지는 기회의 박탈인가

17 사법시험 폐지는 기회의 박탈인가

● 헌법재판소 2016.9.29. 2012헌마1002 결정

헌법재판소 결정 주문

이 사건 심판청구를 모두 기각한다.

개룡신드롬, 무너진 희망 사다리 사법시험 폐지

'개천에서 용났다'라는 말이 있다. 흔히 어려운 환경에서 공부한 사법시험 합격자를 두고 쓰던 말이다. 낙타가 바늘귀 통과하기만큼 어렵다는 시험에 합격해서 앞으로의 인생길은 탄탄대로에 승승장구이니 하늘로 승천하는 '용'에 비유한 것이 아닌가 싶다. 현대판 장원급제라고 해야 할지도 모르겠다. 그런데 이젠 그것도 옛말이 되었다. 2017년 제59회 사법시험 합격자를 끝으로 오랜 기간 법조인의 등용문 역할을 해왔던 사법시험이 「변호사시험법」 부칙 제2조에 따라 2017년 12월 31일 폐지되었기 때문이다.

사법시험의 시초는 일제강점기인 1947년에서 1949년까지 3년간 시행된 조선변호사시험이다. 고등고시 사법과로 명칭이 바뀌었다가 1963년부터 「사법시험령」 제정과 함께 현재 이름으로 불렸다. 초기 사법시험은 합격 정원을 정하지 않은 절대평가 방식으로 평균 60점 이상을 얻으면 합격했고 합격자는 모두 판사·검사로 임용되었다. 지금과 같은 변호사 자격시험이 아닌 사실상 판사·검사 임용시험이었다. 1967년에는 합격자가 5명에 불과할 만큼 합격문이 좁았다. 그러나 1970년 합격 정원제가 도입되면서 매년 60명에서 80명으로 합격자가 늘어났고 1980년에는 300명에 이르렀다. 1995년 사법 개혁의 하나로 선발인원의 단계적 증원이 결정되면서 인원은 더 늘어났다. 1996년 500명의 합격자를 배출한 뒤 해마다 100명씩 늘려 2001년부터는 합격자 1,000명 시대가 열렸다.[1]

사법시험은 학력·성별·나이에 상관없이 누구나 응시할 수 있는 열린 기회의 문이었다. 그래서 계층 이동 '희망 사다리'가 되기도 했다. 한편으로는 사법연수원 기수 문화, 전관예우 그리고 사법부의 순혈주의 등 법조 비리의 근원이라는 지적과 고시 낭인을 양산한다는 비판도 컸다. 이 같은 사법시험이 가진 문제점을 개선하고 법조인 양성을 '시험을 통한 선발'에서 '교육을 통한 양성'으로 전환한다는 사법 개혁방침에 따라 10년에 걸친 논의 끝에 2007년 7월 「법학전문대학 설치·운영에 관한 법률」(일명 로스쿨법)이 제정되었다. 이어 2009년 5월 「변호사시험법」을 제정해서 사법시험 정원을 2010년부터 단계적으로 줄여 2017년에는 전면 폐지했다.

2009년 전국 25개 로스쿨이 문을 열었고 올해로 10년이 된다. 로스쿨의 도입은 특정 대학 출신과 사법연수원 기수로 대표되는 폐쇄적인 법조 카르텔 등 법조계의 공정성을 훼손하는 사법 적폐를 끊어내고, 단순히 사법시험을 대체하는 차원을 넘어 우수한 법조인 양성을 목표로 한다. 다양한 전공과 배경을 가진 법조인을 배출해내고 부족한 법조인 수를 늘려 국민 모두가 양질의 법률 서비스를 합리적인 비용으로 쉽게

• • •

1 연합뉴스 2017.6.21. 「굿바이, 사법고시의 꿈과 한숨' … 마지막 사법시험 186명 응시」

접근할 수 있어야 한다는 것이 사법 개혁이라고 불리는 로스쿨의 도입 취지였다.

법조인의 특권을 부수기 위해 도입된 로스쿨

로스쿨은 2009년 도입되었지만 논의는 상당히 오래전부터 있어왔다. 세계화를 국정 목표로 내걸었던 김영삼 정부에서 출범한 세계화추진위원회는 1995년 2월 24일 대통령에게 〈법률서비스 및 법학교육의 세계화 방안〉을 보고하며 사법제도 및 법학교육의 문제점을 지적하고 공청회 개최 등 폭넓은 의견 수렴을 통해 4~5월 중 그 개선안을 마련하겠다고 밝혔다.[2] 현행 사법제도의 대안으로 로스쿨의 도입이 유력하게 제안되었다. 하지만 세계화추진위원회의 계획은 법조계의 대대적인 반발에 부딪혔다.[3] 이에 한발 물러난 세계화추진위원회는 대법원과 함께 사법 개혁을 추진하기로 계획을 수정했다.[4]

1995년 4월 25일 대법원과 세계화추진위원회는 법조인의 증원과 로스쿨제도의 도입을 주요사항으로 하는 사법 개혁안을 확정했다. 법조인 선발인원은 1996년 500명에서 매년 100명씩 증원해 1999년에는 800명까지, 2000년부터는 1,000~2,000명 수준에 이르는 것을 목표로 했다. 로스쿨 도입 문제에 대해서는 결론을 잠정 유보하고 세계화추진위원회와 법조계 대표로 구성된 '법조학제위원회'를 구성해 그해 7월까지 최종

• • •

2 연합뉴스 1995.2.24. 「세계화추진 중점과제 보고요지」

3 연합뉴스 1995.3.16. 「로스쿨등 法學교육 개혁방안 토론(종합)」

4 연합뉴스 1995.3.18. 「대법원, 세추위와 사법개혁 공동추진(종합)」

안을 마련키로 했다.[5] 그러나 더 이상의 논의는 하지 못한 채 12월 1일 발표된 〈법률서비스 및 법조인 양성제도 세계화 방안〉에 로스쿨 설치안이 빠지면서 로스쿨 도입은 사실상 백지화되었다.[6]

이후 로스쿨 도입과 관련해 김대중 정부의 새교육공동체위원회, 사법개혁추진위원회 등에서 이야기가 나오긴 했지만 그때마다 법조계의 강한 반대 입김에 결과를 맺지는 못했다. 그러던 중 2004년에 일본이 로스쿨 제도를 도입했다.[7] 한국과 유사한 사법시험제도를 운영하던 거의 유일한 나라인 일본마저 도입하자 대한민국도 더 이상 미룰 수 없다는 주장이 설득력을 갖기 시작했다.

김영삼, 김대중 정부를 거치면서도 지지부진했던 로스쿨 논의는 노무현 정부에 들어와 급속한 진전을 보였다. 2008년 10월 28일 대법원은 사법개혁위원회를 설치했다. 위원회는 위원장을 포함, 법조계와 비법조계 인사가 절반씩 구성된 21명의 위원으로 구성되었다. 위원장은 '민주사회를 위한 변호사 모임' 초대 간사를 지낸 조준희 변호사가, 부위원장은 이공현 법원행정처 차장이 각각 맡기로 했다.[8] 대법원 산하에 설치되면서도 위원장뿐만 아니라 위원의 절반이 외부인사로 구성된 것은 정부와 사법부의 사법 개혁에 대한 강한 의지의 표출이었다.

사법개혁위원회는 '법조인 양성 및 선발'에 대해 19차례에 걸쳐 회의를 진행했다. 논의 과정에서 로스쿨안, 국립법학전문교육원안, 법과대학원안 등이 거론되었다. 그러다가 2004년 9월 6일 사법개혁위원회를 주관하고 있던 대법원이 로스쿨 도입안을 제출하면서 논의는 급속히 로스쿨

• • •

5 연합뉴스 1995.4.25. 「법조인선발, 96년 5백 명. 매년 1백 명씩 증원」
6 연합뉴스 1995.12.1. 「司法교육제도 개선안 확정」
7 김창록, 「로스쿨을 주장하다」, 유니스토리, 2013.8.30.
8 연합뉴스 2003.10.28. 「사법개혁위원회 오늘 공식 출범」

로 수렴되었다.[9] 같은 해 10월 4일 사법개혁위원회는 표결을 통해 로스쿨안으로 결정지었다. 위원장을 포함한 전체 위원 21명 중 16명이 표결에 출석, 출석위원의 3분의 2가 넘는 13명이 로스쿨안에 찬성했다. 2명은 현행 제도 유지·개선안을 지지했고 나머지 한 명은 기권했으며 국립법률대학원안에는 한 명의 찬성표도 나오지 않았다.[10] 법학전문대학원안에 대한 압도적인 지지였다.

이렇게 로스쿨의 도입 문제는 3개 정부, 4개 위원회를 거쳐 논의되었다. 하지만 논의의 핵심은 로스쿨이 아닌 사법 개혁이었다. 김영삼 정부의 세계화추진위원회가 사법 개혁의 일환으로 법조인의 증원을 추진한 것에서 알 수 있듯이 국민의 수에 비해 턱없이 부족한 법조인의 규모는 사법 개혁의 핵심 의제 중 하나였다. 실무 위주 법학교육의 필요성, 신림동 학원가로 대변되는 '고시 낭인' 문제 등도 로스쿨 도입의 필요성으로 거론되었지만 로스쿨 도입이 법조인 증원 논의에서 시작되었다는 것은 부인할 수 없다. 반면 기존 법조계가 로스쿨 도입을 강하게 반대했던 데는 사법연수원이라는 단일 연수기관을 통해 배출되는 법조인의 순혈주의가 크게 영향을 미쳤을 것으로 생각된다. 이에 더해 법조인이 크게 증원될 것을 걱정했을 가능성 또한 크다. 법조인의 특권은 인위적인 통제로 유지된 법조인의 규모에서 기인했기 때문이다. 그렇다면 법조인의 특권을 부수기 위해 로스쿨이 도입되었다고 해도 과언은 아닐 것이다.

• • •

9 SBS 2004.9.7. 「2008년 '로스쿨' 도입 … 2013년까지 사법시험 병행」

10 머니투데이 2004.10.5. 「사개위, 법조인 양성 및 선발 로스쿨로 결론」

현대판 음서제 비판

　로스쿨은 법조계의 강력한 반발 등 수많은 우여곡절을 겪고 2009년 마침내 출범했다. 출범 후에도 법조계의 비판은 계속되었는데, 가장 대표적인 것이 능력수준 관련 문제와 귀족학교라는 시각이었다.

　로스쿨 도입이 결정되자 총 41개 대학이 인가신청을 했다. 장기적으로 사법시험이 폐지되고 법조인 배출 창구가 로스쿨로 단일화되는 만큼 로스쿨 인가는 법조인 양성기관으로 자리잡기 위해 포기할 수 없는 것이었다. 더욱이 25개교, 2,000명이라는 한정된 규모는 각 대학이 사활을 걸고 경쟁하도록 만들었다. 로스쿨 인가는 9개 영역, 66개 항목, 132개 세부항목에서 1,000점 만점을 기준으로 평가되었다. 이 중 교원(195점)과 교육시설(102점)이 300점 가까이 되었다.[11] 학교에서는 경쟁적으로 교원을 채용하고 앞을 다투어 로스쿨 건물을 세우는 데 혈안이 되었다.

　교육과 시설 확충에 대한 과도한 경쟁은 로스쿨 도입 후 심각한 부작용으로 이어졌다. 서울소재 한 사립대학 로스쿨은 정원이 40명밖에 되지 않지만 교수는 명예교수 7명과 겸임교수 6명을 포함해서 41명이나 되었다. 로스쿨을 유치한 대부분의 대학은 학내에서 로스쿨 건물이 가장 크고 화려했다. 건물에는 엄청난 초기 투자 비용이 있었고, 무리하게 채용한 교원은 지속적으로 비용을 발생시켜 결국 고스란히 학생들의 부담으로 이어졌다. 로스쿨들은 인가도 받기 전 등록금을 올리기 시작했다. 그 결과 등록금이 가장 낮은 충남대도 연간 863만 원에 이르렀다. 가장 높은 성균관대는 무려 2,000만 원에 달했다.[12] 이렇게 되자 로스쿨을 일컬어 귀족학교라는 원

● ● ●

11 동아일보 2007.12.10. 「로스쿨 특집」 내년 1월까지 예비 인가대학 선정」
12 경향신문 2008.7.7. 「[200자 뉴스] 8개 로스쿨 등록금 상향조정」

성이 이어졌다. 고려시대 5품 이상 관리의 자제가 무시험으로 관직에 오른 특권 제도인 음서제도를 빗대어 현대판 음서제도라는 비난도 쏟아졌다. 돈이 있어야 다닐 수 있다는 의미에서 돈 스쿨이라 부르기도 했다.

로스쿨 교육의 수준과 이를 통해 배출된 변호사의 능력을 비난하는 주장도 적지 않았다. 특히 2009년 1회 변호사시험이 치러지자 비난의 수위는 더해갔다. 2009년 1월 30일 나승철 변호사 등 사법시험 출신 변호사 110명은 변호사시험 출제 문제를 분석한 내용을 토대로 〈제1회 변호사시험에 대한 평가보고서〉를 만들어 법무부에 제출했다. 보고서는 변호사시험을 "어떻게든 쉽게 출제하려고 노력한 흔적이 역력할 정도로 난이도가 낮아 변호사 자격을 평가하기에 부적합하다."라고 평가했다. 일부는 굳이 법학을 배우지 않고 고교과정의 '법과 사회'만 공부해도 풀 수 있는 문제라고도 했다.[13] 더 나아가 변호사시험이 업무수행 자격을 평가하기에는 난이도가 낮아 부적합하고, 합격했다 하더라도 변호사로서의 지식과 능력이 보장되기는 어렵다며 로스쿨 출신 변호사들의 능력을 문제삼았다.[14] 이후 나승철 변호사는 로스쿨 졸업생의 변호사 합격률을 30퍼센트대로 축소하고 로스쿨제도를 전면 재검토하겠다는 공약을 내세워 서울지방변호사회 회장에 당선되었다.[15]

로스쿨 출신 변호사에 대한 비하는 일부 법조인들에서 시작되었지만 곧 국민적 여론으로 이어졌다. 심지어 몇몇 드라마에서는 로스쿨 출신 변호사를 희화화해 논란이 일기도 했다. 로스쿨 1기 변호사가 배출된 2012년 한 드라마에서 극중 변호사가 로스쿨 출신이라고 하자 의뢰인이

• • •

13 한국경제 2012.1.29. 「로스쿨 변호사시험 난이도 수능 수준」
14 서울경제 2012.1.29. 「로스쿨 변호사시험 난이도 낮아 부적합」
15 중앙SUNDAY 2011.1.30. 「"변호사들에게 일자리를" 34세 후보, 생계형 공약 돌풍」

기겁하며 자리를 떠나는 장면이 있었고,[16] 2017년에는 드라마 속에 등장하는 한 검사를 '아빠 빽으로 로스쿨 가고 삼촌 빽으로 로펌에서 경력 쌓은 낙하산 검사'라고 묘사해 로스쿨 출신 변호사가 주축인 한국법조인협회로부터 항의를 받기도 했다.[17]

로스쿨 출신 변호사의 능력에 대한 비난은 변호사시험이 5회 이상 치러지고 매년 1,500여 명의 변호사가 로스쿨을 통해 배출되면서 점차 잦아들었다. 실제로 1만 명에 가까운 변호사가 로스쿨을 통해 배출되어 실무에 투입되었지만 사법연수원 출신 변호사에 비해 무능력하다는 것이 입증되지는 않았기 때문이다. 다만, 귀족학교라는 비난은 계속되었다. 로스쿨마다 등록금 인상을 자제하고 장학금 혜택을 늘려가는 노력을 했지만 연간 2,000만 원에 달하는 등록금은 국민의 상식과 괴리가 있었다. 사법시험에 합격하기 위한 수험생활에도 로스쿨 못지않은 비용이 든다는 반박도 2,000만 원이라는 막대한 등록금 앞에서는 소용이 없었다.

로스쿨에 대한 반감은 자연스럽게 사법고시 폐지 반대로 이어졌다. 특히 로스쿨이 대학원 석사과정이기 때문에 학부 졸업 이상의 학력이 요구되는 로스쿨의 응시요건이 도마에 올랐다. 대학을 졸업해야만 응시가 가능한 로스쿨에 비해 고졸도 응시 가능한 사법시험이 훨씬 평등한 제도라는 주장이었다. 하지만 사법시험도 법학과목을 35학점 이상 이수해야만 응시가 가능했다. 더욱이 2005년 이후 사법시험이 폐지된 2017년까지 고졸 출신으로 사법시험에 합격한 사람은 단 3명에 불과했다. 사실상 사법시험도 고졸에게 쉽게 문을 열어주지는 않았던 것이다.[18]

●●●

16 뉴스엔 2012.4.16. 「KBS '당신뿐이야 로스쿨 비하? 문제 제기하고자 한 것」 해명」

17 머니투데이 2017.1.27. 「[the L 리포트] 드라마 '피고인' 로스쿨 비하 논란 … 변호사들 뿔났다」

18 아주경제 2017.4.13. 「홍준표, 「사법시험 폐지, 부의 세습시대로 가자는 것」 … 고시생모임 '문재인, 당선되려면 사시 존치해야'」

사법시험 폐지를 막기 위한 헌법 소원

2016년, 법과대학에 재학 중이거나 사법시험을 준비하는 수험생으로 구성된 11명의 청구인은 사법시험의 폐지가 자신들의 직업 선택의 자유 등을 침해했다며 헌법 소원을 제기했다. 그들은 저소득층이 비싼 등록금 등 많은 비용이 요구되는 로스쿨에 입학하여 법조인이 되는 것은 현실적으로 불가능하다고 주장했다. 또한 현행 법학전문대학원에 의한 법조인 양성제도는 입학 전형의 불투명성, 법학전문대학원의 재정난으로 인한 비용 상승, 부실한 교육 등 많은 문제점을 노출하고 있다는 비판을 더했다. 사법시험은 경제력 유무와 상관없이 누구나 법조인이 될 수 있는 통로이기 때문에 로스쿨을 졸업한 사람에게만 변호사 자격 취득의 기회를 부여하는 것은 직업 선택의 자유, 공무담임권 및 행복추구권을 침해하고, 경제적 이유로 차별하여 평등권을 침해한다고 주장했다. 대부분 그동안 제기되어왔던 로스쿨에 대한 비난과 비슷한 주장이었다.

그러나 헌법재판소는 이미 로스쿨에는 취약계층 특별전형 등 경제적 자력이 없는 사람을 위한 제도가 마련되어 있다며 경제적 이유에 따른 차별을 인정하지 않았다. 그리고 로스쿨과 함께 사법시험을 병행하면서 사법시험 합격자를 다수 배출하면 로스쿨을 도입한 취지가 크게 훼손되고 반대로 사법시험에서 합격자를 소수 배출하면 사법시험을 존치할 이유가 없다며 사법시험 존치의 당위성도 부인했다. 오랫동안 사법시험을 준비해온 수험생들을 위해 8년간의 유예 기간을 두었다며 더 이상 보호할 이익이 없다고 판단했다. 이에 더해 사법시험을 존치하는 경우 오히려 사법시험의 폐지를 전제로 로스쿨에 입학했거나 입학을 준비하고 있는 사람 또는 로스쿨을 인가받아 운영하고 있는 교육기관의 신뢰가 훼손된다고 반박했다.

로스쿨은 국가가 법조인을 배출하는 제도다. 따라서 국가가 특정인에게 자격을 부여하는 데에는 비교적 넓은 재량권이 부여될 수 있다. 자격을 취득하기 위한 전제 조건으로 대졸 이상의 학력을 요구하는 것 역시 국가의 재량권 내에 포함된다고 보아야 한다. 게다가 독점적 법률대리권이라는 매우 전문적 역할을 수행하는 변호사 자격을 부여하는 데 대학 졸업 이상의 학력을 요구하는 것이 지나친 제약이라고 보기도 어려웠다. 한 가지 문제가 될 수 있었던 점은 이미 사법시험을 목표로 준비를 해왔던 이들에 대한 보호였다. 하지만 이 역시 헌법재판소는 사법시험을 8년에 걸쳐 단계적으로 폐지했기 때문에 큰 문제는 없다고 판단했다.

흔해진 변호사와 다양한 변호사

2017년 마지막 시험을 끝으로 사법시험은 폐지되었다. 매년 1,500여 명의 신규 변호사가 로스쿨을 통해서만 배출되기 시작했다. 로스쿨 도입에 따른 단계적 축소 이전에 사법시험을 통한 법조인의 배출 규모가 연간 1,000명 정도였던 점에 비하면 50퍼센트가량 늘었다. 변호사가 증가하자 시장은 즉각 반응했다. 특히 공공부문에서 두드러졌다. 지금까지 지자체에서는 변호사를 주로 5급으로 채용했다. 하지만 로스쿨에서 변호사가 배출되기 시작하면서 채용직급은 점차 낮아져 6급에 이어 7급에까지 이르렀다.[19]

• • •
19 한겨레 2013.2.6. 「시세 떨어진 변호사 … 이번엔 7급공무원 채용?」

7급 변호사가 나타나자 법조인의 위상이 추락했다며 다시 로스쿨을 우회적으로 비난하는 이들도 있었다. 그러나 변호사의 공무원 채용 직급이 낮아진 것은 오히려 국민에게 바람직한 현상으로 보아야 한다. 민원인이 간부급 공직자로 분류되는 5급 이상 공무원을 직접 접하게 되는 경우는 거의 없다. 반면 실무를 담당하는 6~7급 공무원은 민원인과 직·간접적으로 관련된 업무를 수행한다. 그렇기에 국민에 대한 서비스 측면에서 변호사의 채용 직급이 낮아진 것은 오히려 반길 만한 일이다.

특히 변호사의 증가는 지역 곳곳으로 법조인이 흘러들어가게 만들었다. 지금까지는 대부분 법원이 있는 도시에 몰렸기 때문에 지방 소도시에는 변호사가 한 명도 없는 이른바 '무변촌'이 많았다. 로스쿨의 도입으로 법조인이 증가하자 예전에는 쳐다보지도 않았던 지방 소도시에도 변호사가 찾아가기 시작했다. 간단한 법률상담을 받기 위해서 대도시까지 나가야 했던 지역주민들에게 단 한 명의 변호사라도 있는 것은 법률 서비스 측면에서 엄청난 개선이었다.[20]

로스쿨은 법조인의 다양성 측면에서도 크게 기여했다. 사법시험 체제에서 법조인은 대부분 법학과 출신이거나 타과 출신이더라도 학과 공부보다는 사법시험 공부에만 집중한 이들이었다. 더욱이 거의 대부분 대학 입학과 동시에 사법시험 준비에 매달렸기 때문에 경험이 다양한 법조인을 구성한다는 것은 상당히 어려웠다. 그러나 전문지식을 묻지 않는 법학적성시험 점수, 졸업 평점, 영어 성적 등만으로 평가하여 입학 여부를 결정하는 로스쿨은 사법시험에 비해 진입장벽이 낮다. 따라서 로스쿨에는 비법학과 졸업생, 사회에서 여러 활동을 경험한 뒤 법조인의 길을 선

●●●
20 세계일보 2017.5.3. 「'무변촌' 강화도에 상주 변호사 생겼다」

택한 사람 등 다방면의 지원자가 있다. 이는 로스쿨 출신 변호사가 사법시험 출신 변호사는 고려하지 않았던 영역을 선택하여 시민사회단체 등 사회의 여러 분야에 진출하는 결과로 이어졌다.

지금까지 법조계는 변호사 배출 규모를 인위적으로 통제하여 기득권을 유지해왔다. 5급 미만의 공직에는 지원하지 않았고 법원이 없는 지방에는 찾아가지 않았다. 인원이 통제되다 보니 당연히 사법시험에 합격하기도 어려워 법학 이외 다른 공부를 하는 것은 어려웠다. 특히 다양한 사회 경험을 하다 사법시험을 준비하는 것은 극히 드물었다. 하지만 로스쿨이 도입되어 연간 1,500여 명으로 변호사 배출 규모가 늘어나고 다양한 인적자원이 모여들자 법조계의 모습도 변화되어갔다. 이것만으로도 로스쿨의 도입은 의미가 있다. 그러므로 사법고시 폐지에 대한 위헌 주장은 아무래도 정당성을 얻기 어렵다.

로스쿨이 남긴 과제

로스쿨의 도입은 법조인 수를 늘리는 것에서부터 시작되었다. 이에 더해 십여 년, 길게는 수십 년을 사법고시에만 매달리는 고시 낭인의 사회적 문제에 대한 해결요구도 컸다. 하지만 로스쿨이 도입되었음에도 이두 문제는 해결되지 않았다. 로스쿨 도입 초기에 정부뿐만 아니라 법조계를 포함한 전반적인 생각은 로스쿨을 졸업할 수준이면 대부분 변호사시험에 합격하도록 하겠다는 것이었다. 합격률이 90퍼센트가 넘는 의사나 한의사 고시와 비슷한 개념이었다. 그러나 로스쿨 도입 후 법조계의 지속적인 압력에 변호사시험의 합격인원은 입학 정원 대비 75퍼센트로 고정되었다. 입학 정원이 2,000명이니 매년 1,500명만 합격시키겠다는 것이다. 사법시험의 가장 큰 문제점이었던 합격 정원의 통제, 즉 정원제가 로스쿨 체제에서도 그대로 운영되고 있다. 다만 로스쿨은 졸업 후 5년 내에 변호사시험에 합격하지 못하면 더 이상 응시 기회가 부여되지 않아 사법고시처럼 수십 년 동안 시험에 매달리는 것은 원천적으로 불가능하다. 그렇다고 해도 로스쿨 재학 3년과 이후 다섯 차례의 시험 응시 기회를 고려하면 결국 8년 간 변호사시험에 매달릴 수 있다는 계산이 나온다. 이 역시 '고시 낭인'의 또 다른 모습일 수 있다.

변호사시험 합격인원의 통제는 로스쿨 학생들만의 문제는 아니다. 법무부는 2017년 4월 22일 로스쿨별 변호사시험 합격률을 공개했다. 서울대와 연세대, 고려대의 소위 스카이라 불리는 세 학교만이 합격률 70퍼센트를 넘겼다. 지방대 중에서는 영남대가 유일하게 50퍼센트를 넘겼을 뿐 나머지 대학은 모두 절반 이하의 합격률을 기록했다. 특히 제주대, 전북대, 원광대는 20퍼센트대로 매우 저조했는데, 그중 가장 낮은 원광대는 24퍼센트에 불과했다.[21] 원광대 로스쿨 정원이 60명이니 한 학년에 15명만 변호사시험에 합격하고 45명은 떨어지는 것이다. 이 정도면 사실상 로스쿨의 운영이 불가능한 수치다. 실제로 우리나라와 같이 변호사시험 합격인원을 통제한 일본 로스쿨은 점차 낮아지는 합격률에 심각한 어려움을 겪다 도입 15년 만에 절반이 문을 닫는 사태에 이르렀다.[22] 따라서 로스쿨을 졸업하면 모두 합격할 수 있는 자격시험이 되게 할 필요가 있다. 이를 위해서는 당연히 로스쿨이 졸업생의 능력을 보장할 수 있을 정도의 교육과 평가 시스템을 확보해야 한다.

●●●

21 경향신문 2018.4.22. 「로스쿨별 변호사시험 합격률 첫 공개 '20~70%대 큰 차이'」
22 법률저널 2018.6.18. 「도입 15년차 일본 로스쿨, 절반 문 닫아」

귀족학교라는 오명은 어쩌면 로스쿨의 가장 큰 문제일 수도 있다. 연간 등록금이 2,000만 원이라면 졸업할 때까지 3년, 등록금으로만 6,000만 원이 필요하다. 등록금 외에 교재비와 생활비 등을 고려하면 변호사가 되기 위해 1억 원은 있어야 한다는 이야기가 결코 과장된 것만은 아니다. 아무리 취약계층을 위한 특별전형이 있다고 해도 국민의 눈에는 '돈 스쿨'로 비춰지는 것이 현실이고, 이에 더해 1억 원을 들여 변호사가 된 이들이 고소득보다 인권옹호자의 길을 택하기란 무척 어려운 일이다.

로스쿨 등록금이 비싼 이유는 법조인 양성 과정을 시장에 맡겼기 때문이다. 로스쿨이 도입되면서 변호사 양성기관은 사법연수원이라는 공적 영역에서 대학이라는 사적 영역으로 넘어갔다. 국립대학이라고 하더라도 재원의 가장 많은 부분을 학생들의 등록금에 의지하는 것은 마찬가지다. 이처럼 법률대리권이라는 막강한 권한을 독점한 법조인의 양성기관을 전적으로 시장에 맡기는 것은 결코 바람직한 선택이 아니었다. 결국 각 대학은 경쟁적으로 높은 등록금을 책정했다가 돈 스쿨이라는 비난이 쏟아지자 그제야 등록금 인상을 주춤했다.

여러 난관을 뚫고 힘들게 도입된 로스쿨이지만 이를 통해 해결하고자 했던 우리사회의 모순은 아직 남아있다. 이 문제를 해결하지 못한다면 로스쿨은 언제든 다시 폐지 요구에 맞닥뜨릴 것이다.

피청구인
대통령 박근혜를 파면한다

18 피청구인
대통령 박근혜를 파면한다

● 헌법재판소 2017.3.10. 2016헌나1 결정

헌법재판소 결정 주문

피청구인 대통령 박근혜를 파면한다.

비선 실세의 존재

2014년 11월 28일 〈세계일보〉는 청와대 공직기강비서관실이 2014년 1월 6일 작성한 '靑비서실장 교체설 등 VIP 측근(정윤회) 동향'이라는 감찰보고서를 근거로 단독 보도기사를 실었다. 타이틀은 "정윤회 '국정 개입'은 사실", 내용은 당시 아무런 직함도 없던 정윤회가 이른바 '문고리 3인방(이재만 총무비서관, 정호성 제1부속비서관, 안봉근 제2부속비서관)'을 비롯한 청와대 내부인사 6명 및 정치권에서 활동하는 외부인사 4명과 매월 두 차례 정기적으로 모이며 사실상 청와대 인사를 좌지우지했다는 것이었다.[1]

이렇게 비선 실세로 지목된 정윤회는 즉각 사실이 아니라며 반박했다. 그는 "통화 기록이든 CCTV든 나에 관한 모든 것을 수사하라.", "하나라도 잘못이 나오면 감옥에 가겠지만 허위로 밝혀지면 공격자들이 책

• • •

1 세계일보 2014.11.28. 「[단독] 정윤회 '국정 개입'은 사실」

임져야 한다."라며 기사의 날조를 주장했다.[2] 하지만 감찰보고서 작성을 지시했던 것으로 알려진 조응천 전 청와대 공직기강비서관은 해당 문건이 맞을 가능성이 60~70퍼센트쯤이고 김기춘 비서실장에게도 보고된 내용이라며 기사의 진실성에 힘을 실어주었다.[3] 이에 더해 문건의 작성자로 알려진 박관천 전 청와대 공직기강비서관실 행정관은 문건 유출 관련 수사 도중 대한민국 권력 서열은 "최순실(정윤회의 전 부인)이 1위, 정윤회가 2위이며 박근혜 대통령은 3위에 불과하다."라는 주장도 한 것으로 알려졌다.[4]

청와대 비선 실세 문건은 청와대 공직기강비서관실에 파견되어 행정관으로 근무하던 현직 경찰이 작성했고 공직비서관이 신뢰성을 확인해주었음에도 허무맹랑한 소리로 치부되었다. 그만큼 일개 민간인이 한 나라의 일을 쥐락펴락했다는 이야기는 믿기 어려운 일이었다. 그때까지만 해도 이 터무니없는 소리가 몇 년 후 대통령 탄핵이라는 헌정사상 초유의 사태의 발단이 되리라고는 아무도 예측하지 못했다.

연이은 사건 속 공통된 인물

이화여대 최경희 교수는 2014년 8월 총장에 취임한 이래 2016년에는 인문역량강화CORE 사업[5]과 역대 최대 재정지원 사업이라 불린 산업연

• • •

2 중앙일보 2014.12.1. 「정윤회 '하나라도 잘못 있으면 감방 가겠다'」
3 세계일보 2014.12.2. 「조응천 前비서관 '세계일보 보도 문건 신빙성 60% 이상, 김 실장에게도 보고'」
4 동아일보 2015.1.7. 「[단독] 박관천의 황당한 '권력서열' 강의」
5 아시아경제 2016.3.17. 「서울대 등 대학 인문역량 강화사업에 600억원 지원」

계교육활성화선도대학 PRIME 사업[6] 등 정부지원 사업을 연이어 따내며 뛰어난 운영능력을 인정받았다. 대학의 특성을 고려하지 않고 무조건 사업만 받아낸다는 비판도 있었지만 대개는 최경희 총장의 능력을 긍정적으로 평가했다. 그러나 2016년 7월 평생교육 단과대학 지원 사업에 선정되어 직장인을 대상으로 하는 미용, 건강 관련 단과대학인 미래라이프대학을 추진하면서부터 상황은 정반대로 바뀌었다.[7]

미래라이프대학을 추진하는 데에는 대학정원 감축 등 직접적인 구조조정이 필요했음에도 최경희 총장은 선정이 될 때까지 밀실처리되었다고 할 만큼 소통없이 진행해나갔다. 학생들도 이화여대가 평생교육 단과대학 지원 사업에 선정되었다는 사실을 언론 보도를 통해서 알았다. 이에 학생들은 미래라이프대학 설립을 논의하기 위해 소집된 대학평의원회에 찾아가 격하게 항의를 하며 설립 계획의 폐기를 요구했다. 학교 측이 요구를 받아들이지 않자 학생들은 회의에 참석했던 교수와 직원 5명을 본관 밖으로 나가지 못하게 막고 농성에 돌입했다.[8] 교수와 직원들은 학생들이 농성에 돌입한지 46시간 만에 학교 측 요청으로 투입된 경찰에 의해 빠져나올 수 있었다. 당시 교내에는 1,600명이라는 엄청난 수의 경찰을 투입했지만 학생들의 저항까지 잠재우지는 못했다. 학생들은 대학본관 1층과 계단을 점거하고 시위를 이어갔다. 시위대의 규모도 계속 증가해 한때 경찰 추산 700명에까지 이르렀다.[9] 사태가 악화되자 결국 최경희 총장은 미래라이프대학 설립 중단을 발표했다.[10]

● ● ●

6 노컷뉴스 2016.5.3. 「'프라임 대학' 21곳 최종선정 … 3년간 6천억 지원」

7 아주경제 2016.7.15. 「이대·동국대 등 4곳 평생교육단과대 지원 사업 추가 선정」

8 MBN 2016.8.4. 「이대, 평생교육 단과대 백지화 결정 … 최경희 총장 사퇴론 새 불씨」

9 동아일보 2016.8.1. 「[영상] '직장인 단과대 설립 반대' 이대 학생 700여 명, '학위 장사' 5일 … 」

10 경향신문 2016.8.1. 「이화여대 총장 '평생교육 단과대학 설립 일정 중단'」

이화여대 사태는 정부 사업 수주에 과욕을 부린 최경희 총장의 개인적 일탈로 끝나는 듯했다. 그런데 2016년 9월 26일 〈한겨레〉 단독 보도로 상황은 전혀 다른 양상으로 흐르기 시작했다. 〈한겨레〉는 2014년 국정 개입 문건의 주인공 정윤회의 딸인 정유라가 이화여대에 재학하면서 온갖 특혜를 받았다는 사실을 폭로했다. 기사에는 정유라의 어머니이자 정윤회의 전 부인인 최순실이라는 새로운 인물도 등장했다. 〈한겨레〉는 최순실을 박근혜 정권 최대 비선 실세로 지목했다.[11] 마침 국정감사 기간에 기사가 보도되었기 때문에 국회 교육문화체육관광위원회교문위 야당 의원들은 정유라의 학점 취득 의혹 등을 조사하겠다며 이화여대를 찾았다.[12] 이를 계기로 미래라이프대학 사태는 정유라의 부정 입학 및 학사 특혜, 이에 따른 정부의 이화여대 특혜 지원이라는 권력형 비리 사건으로 걷잡을 수 없이 확장되었다.

이화여대 미래라이프대학 문제가 불거지던 무렵인 2016년 7월, TV조선은 박근혜 정부에 대한 또 다른 의혹을 제기했다. '미르'라는 문화재단이 설립 두 달 만에 여러 대기업으로부터 500억 원 가까운 돈을 모았는데, 이 과정에 안종범 청와대 정책조정수석이 깊숙이 개입했다는 내용이었다.[13] 미르재단은 삼성, 현대자동차, SK, LG, 포스코, 롯데, GS, 한화, KT, LS, 한진, CJ, 금호아시아나, 두산, 대림, 아모레퍼시픽 등 16개 그룹으로부터 486억 원을 출연받은 것으로 밝혀졌다.[14] 이에 더해 미르와 비슷한 시기에 설립된 케이스포츠 재단 역시 설립되자마자 대기업들로부

• • •

11 한겨레 2016.9.26. 「[단독] 딸 지도교수까지 바꾼 '최순실의 힘'」

12 한겨레 2016.9.28. 「야당 교문위원들 '최순실 딸 학점 취득 의혹' 이대 현장조사 나서」

13 TV조선 2016.7.26. 「[TV조선 단독] 청와대 안종범 수석, '문화재단 미르' 500억 모금 지원」

14 SBS 뉴스 「[취재파일] 미르재단 486억 기부금은 삼성, 현대, SK, LG 순」

터 380억여 원을 모금한 것이 드러났다.[15] 두 신생 재단이 900억 원 가까운 자금을 끌어모으는 데 관여한 안종범 수석 뒤에는 바로 최순실이 있었다는 의혹이 이어서 터져나왔다.[16]

결국 검찰은 조사를 통해 이화여대와 미르, 케이스포츠 재단 등 일련의 사건을 둘러싼 의혹 대부분을 사실로 판단하고 최순실, 안종범 등 관련자를 기소했다. 게다가 박근혜까지 공범으로 판단해 현직 대통령을 범죄 피의자로 입건하는 초유의 사태가 발생했다.

최순실에게 농단당한 국정, 분노한 국민

국정 개입 사건, 이화여대의 미래라이프대학 사건, 미르·케이스포츠 재단 사건 등 일련의 사건 뒤에는 최순실이라는 공통분모가 있다는 의문이 제기되었다. 최순실은 박근혜 대통령의 연설문을 임의로 수정했다거나 고위 공무원 인사에 개입하는 등 국정에도 매우 깊숙이 관여했다는 의혹이 있었다. 그러던 중 2016년 10월 19일 최순실이 운영하던 비밀회사 더블루케이의 전 이사 고영태의 인터뷰가 〈JTBC〉를 통해 단독으로 보도되었다. 고영태는 최순실이 박근혜 대통령의 연설문 고치는 일을 가장 좋아했다며 국정농단이 사실임을 증언했다.[17]

최순실은 박근혜 대통령의 후견인을 자처했던 고故 최태민 목사의 딸로 젊은 시절부터 박근혜와 매우 친밀한 사이인 것으로 알려졌다. 그러

• • •

15 TV조선 2016.8.9. 「[TV조선 단독] 380억 모금 체육재단 이사진 미스터리」

16 경향신문 2016.10.17. 「[최순실 게이트] K스포츠재단, 지속적 스폰서로 재벌에게 '빨대' 꽂으려 했다」

17 jtbc 2016.10.19. 「[단독] 최측근의 증언 '최순실, 대통령 연설문 고치기도'」

나 대통령과 아무리 막역해도 민간인이 대통령의 연설문을 임의로 고쳐 왔다는 보도는 상당히 충격적이었다. 연설문 문제 외에도 해외 대사 선임 등 고위 공직자 인선과 평창올림픽 이권 개입 등 최순실과 관련된 의혹은 연이어 터져나왔다. 갖가지 의혹은 검찰의 조사를 통해 대부분 사실이거나 구체적 타당성이 있는 것으로 밝혀졌고, 국민은 최순실이라는 한 민간인의 국정농단 행위에 분노를 감추지 못했다.

박근혜·최순실 게이트의 진실이 점차 드러나면서 정치권은 박근혜 대통령의 하야를 요구하기 시작했다. 야3당민주당, 국민의당, 정의당은 최순실 국정 농단 사태에 대한 국정조사와 특별법에 따른 특별검사 도입을 병행 추진키로 합의했다.[18] 정의당을 시작으로 국민의당과 민주당까지 박근혜 대통령의 퇴진을 당론으로 정했다. 하지만 박근혜 대통령은 정치권의 탄핵 요구를 철저하게 무시해버렸다. 모든 의혹에 부인과 무시로 일관하는 태도를 보이자 국민의 여론은 더욱 나빠졌다. 결국 여당이었던 새누리당마저 탄핵은 수용할 수 없지만 개헌을 통해 박근혜 대통령의 임기를 단축시키겠다고 나서는 상황에 이르렀다.[19]

대통령을 끌어내린 촛불 민심

정치권의 거듭된 하야 요구에도 박근혜 대통령이 묵묵부답으로 일관하자 국민은 직접 대통령을 끌어내리겠다며 거리로 나섰다. 서강대와 이화여대를 시작으로 대학생들의 시국선언도 연달았는데, 100개교 이상이

• • •

18 경향신문 2016.11.1. 「[최순실 국정농단] 야 3당, 국조·별도특검 합의」
19 자유한국당 2016.11.18. 「[보도자료] 원내대책회의 주요 내용」

참여했다. 이 중에는 미국 캘리포니아주에 있는 유시UC 버클리대학 등 외국 대학의 한인 유학생들도 있었다.[20]

2016년 10월 29일을 기점으로 전국 각지에서 퇴진 시위가 벌어지기 시작했다. 서울 청계광장에는 2만여 명의 인원이 박근혜 대통령의 퇴진을 외치기 위해 모여들었다.[21] 이는 23차례나 계속된 박근혜 대통령 퇴진 촛불집회의 시작에 불과했다. 집회는 매주 이어졌고, 11월 12일에는 '박근혜 정권 퇴진! 2016 민중총궐기'로 주최 측 추산 85만 명의 시민들이 운집해 이명박 정부 시절 미국산 쇠고기 수입 반대 촛불시위 기록인 70만 명을 넘어섰다.[22] 국민의 탄핵 요구는 여기서 그치지 않았다. 국회에서 탄핵안이 통과된 이후에도 시위를 멈추지 않았다. 박근혜 대통령 취임 4주년이기도 했던 2017년 2월 25일에는 추운 날씨에도 100만 명이 넘는 시민들이 광화문 광장에 운집해 대통령 탄핵을 외쳤다.[23] 국민의 분노가 치솟을수록 반대로 박근혜 대통령의 지지율은 끊임없이 하락해 2016년 11월에는 5퍼센트로 역대 대통령 지지율 중 최저치를 기록했다.[24] 심지어 20대와 호남에서는 0퍼센트였다.[25] 사실상 대통령으로서의 통치 능력을 상실했다.

박근혜 대통령이 헌법재판소 심판으로 탄핵될 때까지 23차례나 열린 촛불집회에는 주최 측 추산 1,685만 2,360명의 시민들이 참여했고, 2016년 12월 3일 열린 6차 촛불집회에는 서울 170만 명, 지방 62만 명

●●●

20 한겨레 2016.11.2. 「시국선언 대학 100곳 돌파 … 해외 유학생도 동참」
21 tbs 2016.10.2. 「'분노한 민심' … 서울 도심 '박근혜 하야' 촉구 대규모 집회」
22 이데일리 2016.11.12. 「[11·12 촛불집회] 최순실 촛불, 광우병 촛불 넘었다 … 주최측 85만·경찰 22만」
23 헤럴드경제 2017.2.25. 「[17차 촛불집회] 탄핵임박 촛불 100만명 몰렸다 … '탄핵의 봄' 외쳤다」
24 경향신문 2016.11.4. 「[속보] 박근혜 대통령 지지율 5% … 한국갤럽 조사서 역대 대통령 최저치」
25 오마이뉴스 2016.11.12. 「20대 민심은 박근혜를 떠났다 … 지지도 0%」

으로 총 232만 명이 참여해 대한민국 건국 이래 최대 규모 집회로 기록되었다. '박근혜정권퇴진비상국민행동_{퇴진행동}'에 합류한 시민단체만 2,300여 개에 달했으며, 이들은 청와대로부터 불과 30미터밖에 떨어지지 않은 청와대 앞 분수대까지 행진했다. 퇴진행동이 집회 주최 비용으로 1억 원가량의 빚이 있다는 소식이 알려지자 며칠 만에 그 몇 배의 금액이 모금되기도 했다. 박근혜 대통령 퇴진에 대한 국민의 여론은 그만큼 열광적이었다.

헌정사상 최초로 탄핵된 대통령, 박근혜

촛불집회로 대변된 국민의 탄핵 요구에 힘입어 국회는 2016년 12월 8일 대통령 탄핵소추안을 본회의에 보고하고 다음 날 9일 표결에 들어가, 투표자 299명 중 찬성 234명, 반대 56명, 기권 2명, 무효 7명으로 가결시켰다.[26] 이로써 박근혜 대통령은 취임 1,384일(3년 10개월) 만에 직무를 정지당했다. 대통령 권한대행은 헌법에 따라 황교안 국무총리가 맡았다.[27]

탄핵소추안의 내용 중 박근혜 대통령의 헌법 위반 사항은 국민주권주의(제1조), 대의민주주의(제67조 제1항), 국무회의에 관한 규정(제88조, 제89조), 대통령의 헌법 수호 및 헌법 준수 의무(제66조 제2항, 제69조), 직업공무원 제도(제7조), 대통령의 공무원 임면권(제78조), 평등원칙(제11조), 재산권 보장(제23조 제1항), 직업선택의 자유(제15조), 기본적 인권보장

• • •
26 경향신문 2016.12.9. 「[속보] 박근혜 대통령 탄핵소추안 가결 ··· 찬성 234 · 반대 56 · 무효 7 · 기권 ··· 」
27 위클리 뉴스 2016.12.9. 「[탄핵 가결] 박근혜 대통령 1384일 만에 직무정지」

의무(제10조), 시장경제질서(제119조 제1항), 언론의 자유(제21조 제1항), 생명권 보장(제10조) 등이었다. 또 법률 위배 행위는 재단법인 미르, 재단법인 케이스포츠 설립 모금 관련 범죄, 롯데그룹 추가 출연금 관련 범죄, 케이디코퍼레이션 관련 「특정범죄 가중처벌 등에 관한 법률」 위반(뇌물)죄와 플레이그라운드·주식회사 포스코·주식회사 KT·그랜드코리아레저 관련 직권남용권리행사방해죄, 문서 유출 및 공무상 취득한 비밀 누설 관련 범죄 등으로 일일이 언급하기 어려울 정도였다.

대통령의 탄핵 절차는 국회의 탄핵소추와 헌법재판소의 탄핵 심판으로 확정된다. 따라서 국회에서 탄핵소추안이 가결되었다고 해도 헌법재판소가 대통령을 파면하지 않으면 대통령직에 복귀할 수 있었다. 헌법재판소는 탄핵소추안이 가결되자 사건번호(2016헌나1)를 부여하고 심판에 들어갔다. 탄핵소추위원은 새누리당 3명, 민주당 3명, 국민의당 2명, 정의당 1명으로 구성되었고 소추위원장은 새누리당 권성동 국회 법제사법위원장이 맡았다.[28]

헌법재판소는 12월 9일 소추서를 접수받고 그 즉시 주심으로 강일원 헌법재판관을 배정하여 12월 16일이 기한인 답변 요구서를 박근혜 대통령 측에 송달했다. 곧이어 탄핵이 부당하다는 답변서를 받음으로써 헌법재판소의 박근혜 대통령 탄핵을 둘러싼 심판이 본격적으로 시작되었다.

12월 22일 1차 변론 준비 절차에서는 박근혜 대통령의 헌법과 법률 위배 혐의 소추 사유를 ① 비선조직 운영으로 국민주권주의와 법치주의 위배, ② 대통령 권한남용, ③ 언론 자유 침해, ④ 세월호 참사 관련 생명권 보호 의무 위반, ⑤ 뇌물 수수와 관련한 각종 위배 행위의 다섯 가지로

28 광주일보 2016.12.16. 「국회, 탄핵심판소추위원단 9명 구성」

압축시켰다.[29] 2017년 1월 3일 열린 첫 변론은 피청구인 측의 불참으로 9분 만에 끝났고 2차 변론에서부터 양측의 공방이 벌어졌다.[30]

　법리적으로 치열할 것으로 예상되었던 법정 공방은 정작 뚜껑을 열어 보니 법리가 아닌 신경전으로 가득했다. 박근혜 측 변호인단은 헌법재판소를 자극하며 시간끌기에만 몰두하는 듯 했다. 심지어 변호인단은 법정을 모독하는 행위도 서슴지 않았다. 심판 막바지에 이른 제15차 변론에서 김평우 변호사는 "제가 당뇨가 있고 어지럼증이 있어 음식을 먹어야 하는데 그럴 시간을 달라"며 점심 식사 후 변론을 하겠다는 황당한 요구를 했다. 이에 이정미 헌법재판소장 권한대행이 "다음 기일에 변론 기회를 충분히 드리겠다"며 재판을 끝내려 하자 김평우 변호사는 "왜 함부로 재판을 진행하느냐!"라며 고성을 지르는 상상도 못 할 상황이 발생했다.[31] 이에 그치지 않고 김평우 변호사는 제16차 변론에서 "(그러면 재판부가) 청구인의 수석대리인이 되는 거예요. 그러면 법관이 아니에요 이거는."이라며 재판부를 원색적으로 비난했다.[32] 이에 더해 공동변호인단인 서석구 변호사는 법정에서 태극기를 펼치다 제지당하는 웃지 못 할 상황까지 만들었다.[33]

　탄핵 심판 선고일인 2017년 3월 10일 오전 11시, 전국민의 눈과 귀는 이정미 재판관에게로 쏠렸다. 사건번호 2016헌나1 박근혜 대통령 탄핵 심판 사건 개시 선언을 시작으로 헌법재판소 결정 주문을 읽어나가는 중 오전 11시 20분에 이르러 "재판관 전원의 일치된 의견으로 주문을 선

● ● ●
29　내외뉴스통신 2016.12.2.「헌재, 박 대통령 탄핵소추 사유 5가지로 압축」
30　MBC 뉴스 2017.1.5.「대통령 탄핵 심판」헌재 변론 첫 격돌, 공방 치열」
31　동아일보 2017.2.21.「헌재 '재판은 우리가 한다' … 대통령 측 '왜 함부로 재판하나'」
32　jtbc 2017.3.1.「영상 속 '대리인단 막말' … 이정미 대행, 뒷목 잡기도」
33　YTN 2017.2.14.「대통령 측 서석구 변호사, 헌재 심판정서 태극기 펼쳐」

고합니다. 피청구인 대통령 박근혜를 파면한다."라는 헌법재판소의 결정이 마침내 내려졌다. 국정농단 의혹으로 시작된 130여 일간의 박근혜 대통령 탄핵 정국에 마침표가 찍히는 순간이었다. 헌법재판소는 "피청구인은 최서원최순실의 국정 개입 사실을 철저히 숨기며 의혹 제기를 비난했다. 이로 인해 국회 등 헌법기관에 의한 견제나 언론에 의한 감시장치가 제대로 작동될 수 없었다. 또한 피청구인은 미르와 케이스포츠의 설립, 플레이그라운드와 더블루케이 및 케이디코퍼레이션 지원 등과 같은 최서원최순실의 사익 추구에 관여하고 지원했다. 피청구인의 헌법과 법률 위배 행위는 재임 기간 전반에 걸쳐 지속적으로 이루어졌고, 국회와 언론의 지적에도 불구하고 오히려 사실을 은폐하고 관련자를 단속해 왔다. 그 결과 피청구인의 지시에 따른 사람들이 부패 범죄 혐의로 구속 기소되는 중대한 사태에 이르렀다. 이러한 피청구인의 위헌·위법 행위는 대의민주제의 원리와 법치주의 정신을 훼손한 것이다. 대국민 담화에서 진상 규명에 최대한 협조하겠다고 했으나 검찰과 특별 조사에 응하지 않고, 청와대 압수수색마저 거부한 피청구인의 언행을 보면 법 위배 행위가 반복되지 않도록 하여야 할 헌법 수호 의지가 드러나지 않는다. 결국 피청구인의 위헌·위법 행위는 국민의 신임을 배반한 것으로, 헌법 수호의 관점에서 용납될 수 없는 중대한 법 위배 행위이다. 피청구인의 법 위배 행위가 헌법 질서에 미치는 영향과 파급 효과가 중대하므로, 피청구인을 파면함으로써 얻는 헌법 수호의 이익이 압도적으로 크다."라고 파면 이유를 밝혔다. 이로써 박근혜는 대한민국 헌정사상 최초로 탄핵된 대통령으로 기록되었다.

'박근혜-최순실 게이트'로 불리는 국정농단 사태는 국회가 박근혜 대통령에 대한 탄핵소추안을 의결한 2016년 12월 9일부터 탄핵 심판 선고

일인 2017년 3월 10일까지 92일간 헌법재판소에서 스물한 번의 재판이 진행되었고, 탄핵 심판 법정에는 헌법재판소가 맡은 사건 중 최다 기록인 25명이 증인으로 나왔으며, 대리인단도 국회 측 16명, 대통령 측 20명, 총 36명에 달하는 역대 최대 규모였다. 또한 박근혜 대통령 탄핵을 요구하는 촛불집회에 참여한 시민이 1,700만 명에 이르는 등 대한민국을 발칵 뒤집어놓은 사건에 걸맞게 수많은 기록을 남겼다.

박근혜 대통령은 비선 실세 의혹과 국정농단 사태에 대한 진실을 요구하는 사람들에게 그저 감추고 무시해버리는 전략으로 일관했다. 이에 온 국민은 실망을 넘어 분노했고, 그렇게 하나둘 광장으로 몰려나와 불을 밝혔다. 박근혜 대통령을 두둔하는 누군가는 '촛불은 바람 불면 꺼진다'라고 했던가? 하지만 그 촛불이 모여 수개월 동안 광장에서 민주주의를 지키고 올바른 세상을 만들고자 했다. 여린 촛불이 꺼지지 않도록 수많은 사람들이 모여 둘러쌌고, 그 촛불은 마침내 이어진 사람들 속에서 들불이 되어 번져 굴복하지 않고 꺼지지 않은 채 정의가 반드시 승리한다는 것을 보여주었다.

헌법재판소는 결정문에서 "탄핵제도는 누구도 법 위에 있지 않다는 법의 지배 원리를 구현하고 헌법을 수호하기 위한 제도이다. 국민에 의하여 직접 선출된 대통령을 파면하는 경우 상당한 정치적 혼란이 발생할 수 있지만 이는 국가공동체가 자유민주적 기본 질서를 지키기 위하여 불가피하게 치러야 하는 민주주의의 비용이다."라고 했다. 우리는 그 비용을 치르며 대한민국의 주권은 국민에게 있고, 모든 권력은 국민으로부터 나온다는 준엄한 사실을 재확인했다.

박근혜 대통령 탄핵 결정은 비폭력 평화 집회를 통해 후퇴하는 민주주의의 시계를 다시 되돌린 국민 모두의 힘이 모여서 만든 결과다.

촛불이 끌어내린 대통령, 촛불을 이어받은 대통령

2017년 3월 10일 박근혜 대통령이 탄핵되자 중앙선거관리위원회는 5월 9일을 대통령 선거일로 확정했다. "대통령이 궐위된 때 또는 대통령 당선자가 사망하거나 판결 기타의 사유로 그 자격을 상실한 때에는 60일 이내 후임자를 선거한다."라는 헌법 제68조 제2항에 따른 조치였다. 각 정당은 숨가쁘게 달려온 탄핵 정국이 끝나자마자 곧바로 대선 정국에 돌입했다. 대선 경쟁에 뛰어든 주요 정당만 해도 더불어민주당, 새누리당에서 당명을 바꾼 자유한국당, 정의당, 국민의당 그리고 박근혜 탄핵을 강하게 주장하며 새누리당을 탈당한 의원들이 창당한 바른정당 등 5곳이었다.

대선의 향방은 일찌감치 촛불 정국을 주도한 더불어민주당에 맞춰졌다. 더불어민주당에서는 이재명 성남시장, 최성 고양시장, 문재인 전 대표, 안희정 충남지사 등 4명이 경선에 참여했고, 경선결과 문재인 후보가 57퍼센트로 과반을 차지해 결선투표 없이 대선 후보로 확정되었다.[34] 자유한국당, 국민의당, 바른정당, 정의당도 각각 홍준표, 안철수, 유승민, 심상정을 대선 후보로 선출했다.

후보는 많았지만 더불어민주당 문재인 후보의 당선이 쉽게 예상되는 선거였다. '어대문어차피 대통령은 문재인'이라는 말까지 나돌았고,[35] 오히려 관심이 쏠린 쪽은 누가 2등이 되느냐였다. 홍준표 후보는 대선 출마 시 경남도지사 사퇴 시기 문제로 논란이 있으나 정통 보수를 내세우며 영남지역에 확고한 지지기반을 두었고, 안철수 후보는 국민의당을

● ● ●

34 연합뉴스 2017.4.3. 「문재인, 민주당 대선후보로 대권 재도전 ⋯ 경선 득표율 57%(종합)」

35 국민일보 2017.5.9. 「"어대문" 이변은 없었다 ⋯ 시민들은 카페에서, 펍에서 개표상황 지켜봐」

창당해 호남지역에서 큰 지지를 받고 있었다. 오랜 진보정당 활동을 해온 심상정 후보는 매번 진보정당 후보가 중도 사퇴한 것과 달리 이번에는 반드시 완주하고 두 자릿수 득표율을 기록하겠다고 공언했다.[36] 유승민 후보 역시 새로운 보수를 내세우며 선전을 다짐했다. 모두 경쟁력 있는 후보였기에 과연 누가 2위를 차지할 것인지 예측하기가 쉽지 않았다.

투표 결과 예상했던 대로 문재인 후보가 41.1퍼센트를 얻어 무난히 대한민국 제19대 대통령에 당선되었다. 유승민과 심상정 후보는 각각 6.8퍼센트와 6.2퍼센트를 얻어 기대에 못 미치는 성적을 거두었다. 안철수 후보는 21.4퍼센트를 얻었다. 그런데 박근혜 대통령을 배출 하기도 했고, 탄핵의 직접적 책임을 부담한 자유한국당 홍준표 후보가 24퍼센트를 얻으며 2위에 오른 것은 뜻밖이었다.[37] 박근혜 대통령의 탄핵에 찬성한 여론이 81퍼센트였던 점을 고려한다면 탄핵에 반대하거나 응답하지 않은 비율보다 높은 득표율이었다.[38]

박근혜를 탄핵한 국민은 대통령을 끌어내린 민심을 가장 잘 받들 수 있는 인물로 문재인 후보를 선택했다. 촛불정신 계승의 책임을 안고 대통령에 당선된 문재인 후보는 과반에 미치지 못하는 득표율과 더불어 국민의 24퍼센트가 박근혜의 유산을 직접 이어받은 자유한국당 홍준표 후보를 지지하고 있다는 결코 쉽지 않은 여론 지형 속에서 대통령 업무를 시작해야 했다. 그럼에도 문재인 정부는 출범 초기부터 적폐 청산을 국정 운영의 주요 목표로 내세우고 박근혜 정권뿐만 아니라 그 전 정권인 이명박 정부에서 발생한 문제까지 바로잡는 과업을 수행하기 시작했다.

• • •

36 조선일보 2017.2.24. 「심상정 '이번 대선 꼭 완주 … 두 자릿수 지지율 얻겠다'」
37 광주일보 2017.5.11. 「19대 대선 최종 득표율 문재인 41.1% 홍준표 24.0% 안철수 21.4%」
38 스포츠경향 2016.12.9. 「박근혜 대통령 탄핵 찬성' 81%로 압도적」

이 과정에서 박근혜와 이명박 두 전직 대통령을 포함해 당시 정권의 실세였던 여러 인물들이 검찰의 수사를 받고 일부는 처벌을 면치 못했다. 이를 두고 지난 두 정권에서 한 배를 탔던 무리는 적폐 청산을 권력에 의한 정치 보복이라 비난하고 있다. 문재인 정부가 국민의 촛불정신을 제대로 계승했는지, 적폐 청산이 정치 보복인지 아니면 국민의 뜻을 받들어 새로운 대한민국을 건설하는 밑거름인지는 다시 5년이 지나 새로운 대통령을 선출할 때 국민이 평가해줄 것이다.

양심적 병역거부는
국방의 의무 회피인가

19 양심적 병역거부는 국방의 의무 회피인가

● 헌법재판소 2018.6.28. 2011헌바379 결정

헌법재판소 결정 주문

1. 구 「병역법」(2000.12.26. 법률 제6290호로 개정되고, 2006.3.24. 법률 제7897호로 개정되기 전의 것) 제5조 제1항, 구 「병역법」(2006.3.24. 법률 제7897호로 개정되고, 2009.6.9. 법률 제9754호로 개정되기 전의 것) 제5조 제1항, 구 「병역법」(2009.6.9. 법률 제9754호로 개정되고, 2010.1.25. 법률 제9955호로 개정되기 전의 것) 제5조 제1항, 구 「병역법」(2010.1.25. 법률 제9955호로 개정되고, 2013.6.4. 법률 제11849호로 개정되기 전의 것) 제5조 제1항, 구 「병역법」(2013.6.4. 법률 제11849호로 개정되고, 2016.1.19. 법률 제13778호로 개정되기 전의 것) 제5조 제1항, 구 「병역법」(2016.1.19. 법률 제13778호로 개정되고, 2016.5.29. 법률 제14183호로 개정되기 전의 것) 제5조 제1항, 「병역법」(2016.5.29. 법률 제14183호로 개정된 것) 제5조 제1항은 모두 헌법에 합치되지 아니한다. 위 조항들은 2019.12.31.을 시한으로 입법자가 개정할 때까지 계속 적용된다.

2. 구 「병역법」(2004.12.31. 법률 제7272호로 개정되고, 2009.6.9. 법률 제9754호로 개정되기 전의 것) 제88조 제1항 본문 제1호, 구 「병역법」(2009.6.9. 법률 제9754호로 개정되고, 2016.5.29. 법률 제14183호로 개정되기 전의 것) 제88조 제1항 본문 제1호, 「병역법」(2016.5.29. 법률 제14183호로 개정된 것) 제88조 제1항 본문 제1호, 구 「병역법」(1999.2.5. 법률 제5757호로 개정되고, 2009.6.9. 법률 제9754호로 개정되기 전의 것) 제88조 제1항 본문 제2호, 구 「병역법」(2009.6.9. 법률 제9754호로 개정되고, 2013.6.4. 법률 제11849호로 개정되기 전의 것) 제88조 제1항 본문 제2호는 모두 헌법에 위반되지 아니한다.

한때는 독립운동이었던 양심적 병역거부

조선 총독부 고등법원 검찰국 사상부가 발행한 『사상휘보』 제24호에는 '조선중대사상사건 경과표'가 실려 있다. 이에 따르면 경성 지역에서만 총 31명의 여호와의 증인 신도가 검거되었다고 한다. 이들의 검거 이유는 병역거부였다. 그 무렵 러일전쟁에서 승리한 일본은 본격적으로 제국주의적 야욕에 불타올랐다. 1931년 만주를 점령하고 차례로 상하이와 난징을 침략하며 동아시아를 전쟁의 수렁으로 몰아넣었다. 그러나 단기간에 끝날 것 같았던 중국과의 전쟁은 예상과 달리 장기전으로 흘렀다. 동시에 일본은 인도차이나를 점령하고 동남아시아에 통제력을 강화하면서 당시 필리핀을 점령한 미국과 갈등이 고조되었다. 전쟁의 장기화와 미국과의 갈등으로 더 많은 군사력이 필요해진 일본은 본토와 식민지에서 광범위한 병력 징집에 나선 터였다. 1939년 1월 일본에서는 여호와의 증인 신도 청년 2명이 양심적 병역거부를 선언하고 투옥되는 사건이 발생했다. 이를 계기로 일본은 대대적인 체포에 나섰다. 병역거부로 체포된 단체 구성원은 모두 38명이었고, 당시 여호와의 증인 신도 중 병역 대상자 대부분이 포함되었다. 투옥된 38명 중 5명은 옥사했고 나머지도 해방이 되어서야 출소할 수 있었다. 여호와의 증인은 양심을 지키기 위한 행동이었다고 주장했다. 이것이 바로 일제강점기에 주요한 저항 중 하나인 '등대사 사건'이다. '등대사'는 여호와의 증인의 당시 명칭으로, 이 사건은 독립운동의 한 부분으로 평가되어 그들의 예심종결결정문豫審終結決定文은 독립운동사 자료집에도 실려 있다.

종교적 양심에 따라 병역을 거부했고, 이로 인해 옥살이를 해야 했던 여호와의 증인 신도는 해방 후 이승만 정권이 들어서고 나서야 국가와 큰 갈등 없이 지낼 수 있었다. 그러나 평화는 오래가지 못했다. 일본 육군사관학교 출신인 박정희가 집권하면서 여호와의 증인 신도에 대한 탄압이 다시 시작되었다. 박정희 군사정권은 병역 기피자를 철저히 단속했고, 그 결과 여호와의 증인 신도는 또다시 옥살이를 해야만 했다.

병역거부로 징역을 살고 나면 다시 입영 영장이 발부되지 않는 지금과 달리 당시에는 징역 후에도 계속 영장이 발부되었다. 그래서 여호와의 증인 신도는 병역을 거부하는 한 반복해서 감옥에 갈 수밖에 없었다. 심하게는 병무청 직원이 교도소 문 앞에서 기다렸다가 출소하는 그들에게 총을 건네면서 거부하면 즉시 재판에 회부하기까지 했다. 또한 입영을 한 뒤에도 집총을 거부하는 이들에게 무차별 폭행을 하기도 했다.

경상남도 거제 출신 이춘길이라는 청년은 집총을 거부한다는 이유로 영창에 수감되어 있던 1976년 3월 19일 39사단 헌병대에서 구타를 당해 비장 파열로 사망했다. 비슷한 시기 김종식이라는 청년도 집총을 거부하

다가 논산훈련소에서 맞아 죽었다.[1]

병무청은 2016년 『병역법』을 개정해 병역거부자의 인적 사항을 공개하고 있다. 2016년 말 237명의 병역거부자 명단을 공개했는데, 이 중 160명 이상이 여호와의 증인 신도인 것으로 파악되었다.[2] 민주화가 진척되면서 종교가 아닌 다른 신념에 따른 양심적 병역거부자의 출현으로 병역거부자 중 여호와의 증인 신도가 차지하는 비율이 줄어든 것이 이 정도다. 국민의 병역의무가 강조되던 과거 군사정권에서의 비율은 거의 절대적이었다. 양심적 병역거부를 이야기할 때 여호와의 증인을 빼놓을 수 없는 이유다.

UN 권고도 무시한 정부

1966년 UN에서 채택한 '시민적·정치적 권리에 관한 국제규약 International Covenant on Civil and Political Rights. 자유권 규약' 제18조는 사상, 양심, 종교의 자유를 보장하고 있다. 1993년 자유권 규약 위원회 Human Rights Committee는 사상, 양심, 종교의 자유에 관한 일반 의견 제22호를 통해 자유권 규약 제18조에서 양심적 병역거부권이 도출될 수 있다고 했다. 우리나라는 1990년 자유권 규약 제18조에 대한 어떠한 유보(국내 여건상 해당 조항은 즉시 적용할 수 없어 일정한 시간 후에 적용 여부 입장을 표명하는 것)도 없이 가입했다.

국제연합 인권위원회United Nations Commission on Human Rights는 1989년 제59호 결의에서 양심적 병역거부권을 자유권 규약 제18조에

• • •
1 한겨레21 2004.5.27. 「여호와의 증인' 앞에서 부끄럽다」
2 뉴스1 2017.3.28. 「시민단체 '병무청 병역기피자 신상공개는 인권 침해」

규정된 사상, 양심, 종교의 자유의 정당한 권리 행사로 인정했고, 1998년 제77호 결의에서는 양심적 병역거부 행위의 진정성을 판단할 독립적이고 공정한 결정기관의 설립, 비전투적 또는 민간적 성격을 띤 대체복무제의 도입, 양심적 병역거부자에 대한 구금 및 반복적 형벌 부과 금지 등을 각국에 요청했다. 이 외에도 위원회에서는 여러 차례의 결의를 통해서 앞의 내용을 재확인했다. 또한 2006년부터 국제연합 인권위원회를 대신하게 된 국제연합 인권이사회United Nations Human Rights Council에서는 2013년 9월 27일 양심적 병역거부에 관한 결의를 통해 앞서 살펴본 인권위원회의 결의 내용들을 다시 언급하면서, 양심적 병역거부자에 대한 처벌을 중단하고 현재 수감 중인 자를 석방할 것과 대체복무제를 도입할 것 등을 각국에 촉구했다.

유럽연합의회는 2000년 12월 7일 채택한 '유럽연합 기본권 헌장 Charter of Fundamental Rights of the European Union'에서 "양심적 병역거부권은 인정되며, 그 권리의 행사는 각국의 국내법에 따른다."(제10조 제2항)라고 규정하여 양심적 병역거부권을 인정하고 있다. 이 기본권 헌장은 2009년 12월 1일 발효된 새로운 유럽연합조약Treaty on European Union 제6조 제1항에 따라 유럽연합 회원국에 대해 법적 구속력을 가진다. 그리고 유럽인권재판소는 2011년 7월 7일 양심적 병역거부가 유럽인권협약 제9조에 의하여 보장된다고 판단하면서, 진지한 종교적 신념을 이유로 병역의무를 거부하는 사람에게 대체복무를 부과하지 않고 형사 처벌을 하는 것은 민주사회에서 필요한 제한이라고 볼 수 없어 유럽인권협약 제9조를 위반한 것이라고 판단하기도 했다.[3]

• • •

3 Bayatyan v. Armenia (Application no. 23459/03)

자유권 규약 위원회는 2006년 자유권 규약 관련 대한민국 제3차 국가보고서에 대한 최종 견해에서 양심적 병역거부자가 형사 처벌을 받고 국가기관 및 공공기관의 채용에서 배제되며 전과자의 낙인을 안고 살아가는 것에 대해 우려를 표하면서, 양심적 병역거부자를 군복무에서 면제하고 자유권 규약 제18조에 부합하는 입법 조치를 취할 것을 권고했다. 2015년에는 대한민국 제4차 국가보고서에 대한 최종 견해를 통하여 양심적 병역거부자를 석방하고, 그들의 전과 기록을 말소한 다음 적절한 보상을 하며, 민간적 성격의 대체복무제를 도입하라는 권고를 반복했다. 그리고 자유권 규약 위원회는 처벌 조항에 따라 유죄 확정 판결을 받은 여호와의 증인인 대한민국 국민 2명이 제기한 개인통보[4]에 대해 2006년 11월 3일 채택한 견해에서, 대한민국이 자유권 규약 제18조 제1항을 위반했으며, 대한민국은 이 국민들에게 효과적인 구제조치를 하고 유사한 위반이 장래에 또 발생하지 않도록 할 의무가 있다고 했다. 그 후 자유권 규약 위원회는 양심적 병역거부와 관련해서 우리나라 국민이 제기한 모든 개인통보 사건에서 같은 취지의 견해를 채택했다.

이처럼 관련된 거의 모든 국제인권 규약과 기관이 양심적 병역거부에 대한 처벌을 반대하고 대체복무제도 등 적절한 대안의 도입을 권고해 왔음에도 우리 정부는 계속해서 양심적 병역거부를 인정하지 않았다.

· · ·

4 「21세기 정치학대사전」 참조—개인 등이 국제인권기준 또는 인권조약에 의해 인정된 권리와 기본적 자유가 국가에 의해 침해되었다는 취지를 국제적 기관(인권조약의 실시기관이나 국제연합 기관 등)에 통보하고 국제적 기관에서의 검토를 통하여 인권침해에 관한 권리구제를 도모하는 제도이다.

양심의 자유와 병역거부

헌법 제39조는 군 복무를 신성한 의무로 규정하고 있다. 그렇기 때문에 신성한 국방의 의무를 저버리는 병역거부자를 처벌하는 것은 당연하다는 주장도 있다. 그러나 헌법 제19조에는 "모든 국민은 양심의 자유를 가진다."라는 규정이 있다.

양심의 자유는 크게 내심의 자유인 '양심 형성의 자유'와 양심적 결정을 표현하고 실현하는 '양심 실현의 자유'로 구분한다. 양심 형성의 자유는 외부의 부당한 간섭이나 강제를 받지 않고 개인이 내심 영역에서 양심을 형성하고 이에 따라 결정을 내리는 자유를 뜻한다. 양심 실현의 자유는 형성된 양심을 외부로 표명하고 양심에 따라 살아가는 자유를 뜻한다. 구체적으로 양심을 표명하거나 또는 표명하도록 강요받지 않을 자유, 양심에 반하는 행동을 강요받지 않을 자유, 양심에 따른 행동을 할 자유를 모두 포함한다.[5]

여호와의 증인 신도에게 총을 잡도록 강요하는 것은 병역을 거부하는 그들의 양심을 밖으로 드러내도록 강요하는 것이다. 자신의 양심을 표명하도록 강요받지 않을 권리, 즉 양심 표명의 자유 침해다. 동시에 양심에 반하는 행동을 강요받지 않을 자유의 침해이기도 하다. 문제는 여기서 그치지 않는다. 앞서 살펴보았듯 병무청은 2016년 「병역법」 개정에 따라 병역거부자의 인적 사항을 공개하고 있다. 양심을 표명하도록 강요할 뿐만 아니라 나아가 이를 강제로 공개하는 형국이다.

2011년 헌법재판소는 입영을 거부하다 구속당할 처지에 놓인 이 모 씨

• • •
5 헌재 2004.8.26. 2002헌가1

가 대체복무를 규정하지 않은 현행 「병역법」이 헌법에 어긋난다며 신청한 청구에 대해 "대체복무를 도입할 경우 발생할 수 있는 병력 손실이 남북 대치라는 대한민국의 특수한 상황을 고려해볼 때 공익에 중대한 손실을 입힐 가능성을 배제할 수 없다."며 기각했다.[6] 그러나 헌법재판소의 결정 후 불과 5년 만에 항소심에서 뜻밖의 결과가 나왔다. 2016년 10월 18일 광주지방법원 항소부는 양심적 병역거부자에게 무죄를 선고한 것이다. 그동안 지방법원(1심)에서 무죄가 선고된 사례는 있었지만 항소심(2심)으로는 최초였다. 재판부는 "헌법은 조화적으로 해석해야 한다. 두 가치가 있을 때 하나만 인정하고 다른 하나는 인정하지 않는다면 이는 헌법의 가치와 맞지 않는다", "2004년과 2007년에 시기상조를 이유로 대법원의 유죄 판결이 있었으나 그 이후로 국제사회에 많은 변화가 있었다", "UN은 병역거부자 투옥을 자의적 구금으로 규정하고 즉각 석방을 요구했고, 외국은 병역거부자를 난민으로 받아들이고 있다."며 무죄 이유를 설명했다.

또한 병력 손실이라는 헌법재판소의 주장 또한 근거가 무색해졌다. 병역의무 대상자가 점차 증가하면서 입대를 위해 1년 이상 대기해야 하는 상황이 발생한 것이다. 입영대상자를 모두 현역으로 수용할 수 없어 자연스럽게 사회복무요원으로 분류되는 입영 인원이 증가했다. 그러자 이번에는 사회복무요원의 소집 적체가 발생했다. 결국 2018년 정부는 병무청, 국무조정실, 기획재정부, 행정안전부, 보건복지부, 경찰청, 소방청 등 7개 부처 공동으로 사회복무요원 소집 적체 해소를 추진하기로 했다. 3년간 안전, 사회복지 분야에 사회복무요원 1만 5,000명을 추가로 배치한다는 내용이었다.[7]

● ● ●

6 헌재 2011.8.30. 2008헌가22
7 서울신문 2018.9.7. 「사회복무요원 소집에 15개월 대기? 왜 이리 많아졌지?」

양심적 병역거부와 국방의 의무

2014년 예능인으로 인기를 누리던 한 피부과 의사가 "여자는 국방의 의무를 지지 않으니 4분의 3만 권리를 행사해야 한다."라는 발언으로 여론의 뭇매를 맞고 결국 모든 프로그램에서 하차하는 사건이 발생했다.[8] 이는 국민의 권리가 의무 이행의 정도에 따라 제한될 수 있다는 주장으로 모든 국민이 평등하다는 민주주의 이념에 어긋나는 발언이다. 하지만 더욱 문제가 된 것은 국방의 의무를 병역의무에 한정해 병역의무를 수행하지 않은 사람은 2등 국민으로 치부해 버린다는 해석이 가능하다는 위험성이었다. 하지만 이는 국방의 의무를 크게 잘못 해석한 것이다.

헌법 제39조 제1항은 "모든 국민은 법률이 정하는 바에 의하여 국방의 의무를 진다."라고 명백히 밝히고 있다. 그렇다면 의무 복무를 하지 않는 여성이나 병역의무를 면제받은 장애인 등은 헌법이 규정한 국방의 의무를 어기고 있는 것일까? 그렇지 않다. 병역의무는 국방의 의무 중 한 가지에 불과하다. 군대에 가지 않고도 다양한 방식으로 국방의 의무를 수행할 수 있다. 사회복무요원 제도가 그중 하나이다. 군대가 아닌 각종 공공시설에서 병역의무를 대신하는 사회복무요원은 그 공공시설에서 활동함으로써 대한민국 국방에 기여하고 있는 것이다.

이처럼 병역은 국방의 의무의 중요 부분이기는 하지만 병역이 곧 국방의 의무는 아니다. 어떠한 활동이든 대한민국 국방이, 세부적으로는 군대가 잘 유지될 수 있도록 기여한다면 국방의 의무를 다하는 것이다. 대

• • •

8 경인일보 2014.3.20. 「'자기야' 함익병 하차, 부적절한 인터뷰 발언 논란 구설수로 결국 마무리」

한민국 국민으로서 성실히 세금을 납부하는 것 역시 넓은 의미에서 국방의 의무를 수행하는 셈이다.

그렇다면 양심적 병역거부자도 사회복무요원으로 활동하면 문제가 없다고 생각할 수 있다. 하지만 현행 사회복무요원 제도에는 30일 이내의 군사훈련이 포함되어 있다. 자신의 양심에 따라 군대에 갈 수 없다는 양심적 병역거부자는 단기간이라 하더라도 군사훈련 받기를 거부한다. 따라서 사회복무요원 제도는 그들에게 대안이 될 수 없다.

그들의 주장은 국방의 의무를 면제해달라는 것이 아니다. 양심에 따라 군대에 갈 수 없으니 군대 대신 국가에 이바지할 수 있는 다른 방법을 마련해 줄 것을 요구한다. 하지만 우리 정부는 이처럼 단순하고도 명확한 요구를 무시한 채 70년이 넘도록 그들을 처벌해왔다. 일제강점기 황해도 사리원에 살았던 대대로 여호와의 증인 신도인 옥씨 가족은 할아버지, 아버지에 이어 3대째 옥고를 치러야만 했다.[9] 만약 2018년 헌법재판소가 양심적 병역거부를 허용하지 않는 「병역법」이 헌법에 합치되지 않는다는 결정을 내리지 않았다면 병역을 거부한다는 이유로 옥씨 가족의 증손자 또한 감옥에 가야 하는 비극이 발생했을 것이다.

논란에 휩싸인 대체복무제도

헌법재판소가 헌법에 합치되지 않는다고 결정한 것은 양심적 병역거부의 처벌이 아니라 대체복무제도를 병역의 종류로 규정하지 않은 「병역법」

●●●

9 한겨레21 2007.3.29. 「일제도 해방도 남도 북도 가리지 않았네」

제5조다. 헌법재판소는 입법자로 하여금 늦어도 2019년 12월 31일까지는 대체복무제를 도입하는 내용의 개선 입법을 하도록 명했다. 정부는 즉각 대체복무제도 도입을 위한 준비에 들어갔다.

헌법재판소의 결정이 내려졌지만 대체복무제를 반대하는 여론도 만만치 않았다. 여기에 국방부의 모호한 태도는 그런 여론에 불을 붙였다. 2019년 1월 대체복무제의 도입을 논의하면서 국방부는 "대체복무제 용어를 둘러싼 불필요한 논란을 최소화하고 국민적 우려를 해소하기 위해 앞으로 '양심', '신념', '양심적' 등과 같은 용어는 사용하지 않을 것"이라며 '양심적' 병역거부라는 용어 대신 '종교적 신앙'에 따른 병역거부라는 용어를 사용하겠다고 발표한 것이다. 헌법재판소의 결정 이후 "그럼 군대에 간 나는 비양심적인 것이냐."라는 식의 비난 여론을 의식했다고 본다.

여호와의 증인 신도처럼 종교적 신념에 따라 병역을 거부하기도 하지만 양심적 병역거부자가 모두 종교적 신념 때문은 아니다. 더욱이 이들도 그 결정이 오롯이 종교적 신념에 따른 것이며 개인적 양심은 작용하지 않았다고 할 수도 없었다. 더 나아가 종교적 신념과 개인의 양심을 명확하게 구분하는 것은 가능하지도 않다. 국가인권위원회도 즉각 이 문제에 대해 우려를 표명했다. 국방부의 태도가 "대체복무제에 관한 국제 인권 기준과 헌법재판소 결정 및 대법원 판결 취지에 부합하지 않을 뿐 아니라 병역거부 행위가 개인이 가진 양심의 보호와 실현이 아닌 종교적 신념과 가치에 따른 행위로 비칠 소지가 있다"는 것이었다.[10]

'대체복무 신청 시기에 제한을 둘지 여부', '대체복무 심사기구를 국방부나 병무청과 분리할지 여부', '복무 영역을 교정 분야 외 사회복지나 안

• • •
10 중앙일보 2019.1.9. 「대체복무서 '양심적' 뺀 국방부 … 인권위 '헌법·국제기준에 위배'」

전관리 등 공익 분야로 확대할지 여부', '대체복무 기간을 현역 군복무 기간 대비 얼마나 할지', '기존 양심적 병역거부 형 확정자 사면과 복권, 전과 기록 말소' 등 여러 면에서 논란은 그치지 않고 발생했다.

대체복무제도는 대다수의 남성이 이행하는 병역의무를 대신할 수 있는 새로운 제도를 도입하는 것으로서 그 과정에서 시행착오와 다양한 논란이 발생하는 것은 어쩌면 당연하다고 할 수 있다. 그러나 이러한 논란 중에는 굳이 겪지 않아도 되는 일을 병무청이나 국방부가 조장한 측면도 없지 않았다. 특히 병무청은 헌법재판소의 헌법 불합치 결정에도 병역거부를 범죄로 대하는 태도를 바꾸지 않아 문제를 일으키기도 했다. 더욱이 헌법재판소의 결정 이후 대법원도 무죄를 선고함으로써 더 이상 양심적 병역거부가 범죄에 해당하지 않는다는 것을 사실상 선언한 상태였기에 병무청의 이러한 태도는 다툼의 소지가 컸다.[11]

헌법재판소 결정의 청구인 중 한 명이었던 김 모씨는 2012년 「병역법」 위반 혐의로 기소되어 "「병역법」의 위헌성에 관해 헌재 판단을 구해달라"고 법원에 요청한 지 5년여 만에 "대체복무제를 규정하지 않은 「병역법」 조항이 헌법에 합치되지 않는다"는 결정을 이끌어냈다. 2018년 11월 대법원은 김 모씨의 사건을 무죄 취지로 파기환송했다. 그는 그제야 오랫동안 미뤄왔던 신혼여행을 계획했다. 그러나 신혼여행을 가기 위해 공항을 찾은 그는 출국 게이트를 넘지 못했다. 병역기피 사유로 출국이 금지되어 있었기 때문이다. 대법원의 파기환송으로 아직 재판 중이었지만 이미 법원으로부터 여행 허가까지 받은 상태였다. 헌법재판소와 대법원의 판단에도 병무청 입장에는 변화가 없었던 것이다.[12]

● ● ●
11 대법원 2018.11.1. 선고 2016도10912 전원합의체 판결
12 한겨레 2019.6.10. 「양심적 병역거부 결정에도 병무청 출국 불허 … '신혼여행도 못가'」

2018년 12월 28일 정부는 양심적 병역거부자에 대한 대체복무제도 최종안을 발표했다. 복무 기간은 36개월로 육군 현역 복무 기간인 18개월의 2배로 책정되었다. 근무 방법은 교정시설에서의 합숙 형태이고, 대체복무 심사위원회는 국방부에 설치하기로 했다. 대체복무 기간이 현역병의 1.5배를 넘지 않아야 하고 심사위원회는 국방부나 병무청과 분리된 별도의 심사기구에 두어야 한다는 국가인권위원회의 권고는 반영되지 않았다.[13] 다만 국방부는 징벌적 성격의 대체복무제라는 논란을 의식했는지 향후 제도가 정착되는 과정에서 복무 기간을 단축하고 복무 분야를 다양화할 수 있도록 노력하며 대체복무자를 심사하는 기구는 국방부 산하로 설치하되, 국방부 · 법무부 · 국가인권위원회 등이 위원을 추천하도록 하겠다고 밝혔다.[14]

이로써 강력하고 진지한 마음의 소리, 절박하고 구체적인 '양심'을 지키기 위해 병역을 거부했던 사람들에게 70년이 넘게 강제되었던 옥살이와 더불어 대체복무 없는 「병역법」에 대한 해묵은 논쟁에 마침표를 찍었다. 그러나 군필 남성의 상대적 박탈감과 양심을 이유로 의무를 저버리는 데 면죄부를 주는 것 아니냐는 국민적 반감 여론은 대체복무제도를 시행해 가면서 슬기롭게 해결해나가야 할 숙제로 남았다.

---

13 서울경제 2019.3.22. 「인권위 '대체복무 기간 현역병 1.5배 넘지 않아야'」
14 경향신문 2018.12.28. 「정부, 대체복무 최종안 발표 … 36개월 · 교정시설 · 합숙근무」

임신한 여성의 자기결정권과
태아의 생명권 사이

20 임신한 여성의 자기결정권과 태아의 생명권 사이

● 헌법재판소 2019.4.11. 2017헌바127 결정

헌법재판소 결정 주문

「형법」(1995.12.29. 법률 제5057호로 개정된 것) 제269조 제1항, 제270조 제1항 중 '의사'에 관한 부분은 모두 헌법에 합치되지 아니한다. 위 조항들은 2020.12.31.을 시한으로 입법자가 개정할 때까지 계속 적용된다.

여성의 자기결정권과 태아의 생명권

낸시 사보카 감독의 영화 〈더 월 : If these walls could talk〉(1996)은 낙태를 주제로 한 세 편의 시대별 이야기를 옴니버스 형식으로 보여주는 작품이다. 감독은 영화를 통해 1950년대, 1970년대, 1990년대 미국의 시대상 속에서 낙태에 대한 인식과 여성의 지위 변화를 담담하게 풀어내고 있다.

1952년 편의 주인공 클레어는 어디에서도 합법적인 수단으로 낙태 시술을 받을 수 없었다. 낙태를 죄악시하는 사회에서 도움을 요청할만한 사람은 찾지 못했다. 22년 후 1974년 편의 주인공 바브라는 자신의 결정에 따라 병원에서 낙태 시술을 받을 수 있었다. 여전히 조심스럽지만 주위 사람들과 낙태에 대한 고민을 나눌 수도 있었다. 다시 22년이라는 세월이 흘러 1996년 편의 주인공 크리스틴은 주위 사람들에게 떳떳하게 낙태에 대한 고민을 털어놓을 수도, 위생적인 병원에서 안전하게 낙태 시술을 받을 수도 있게 되었다.

1952년의 주인공 클레어는 낙태 시술을 받기 위해 목숨을 걸어야 했고, 1996년의 주인공 크리스틴은 위생적인 병원에서 합법적으로 낙태 시술을 받을 수 있게 되었지만 낙태 시술을 받는 것 그리고 하는 것 모두 목숨을 걸어야 하는 것에는 변함이 없었다. 40년의 시간 동안 낙태에 대한 사회 인식과 여성의 지위는 크게 변화했지만 낙태를 반대하는 사람들의 주장은 달라지지 않았다.

영화는 미국을 배경으로 하고 있지만 우리나라를 비롯한 대부분의 나라에서 낙태를 둘러싼 찬·반 대립은 여전히 날카롭고 뜨겁다.

낙태에 대한 국가의 이중적 태도

낙태는 오래전부터 이루어져 온 것으로 보인다. 선사시대에도 인구를 조절하려는 시도가 있었다고 한다. 원시 종족마저도 성교 절제 기간, 낙태, 영아 살해 등 생식을 감소시키거나 제거하는 관습이 있었다는 것이다. 고대 그리스인은 합법적인 상속자가 적을수록 가문의 재산 손실을 막고 가족 체계가 적절히 기능한다고 생각해서 가계를 이어갈 한 명의 아들과 다른 가족과의 결혼 관계를 공고히 해줄 한 명의 딸을 갖는 것이 이상적이라고 보았다. 이러한 목적으로 낙태나 영아 살해, 유기 등이 자행되었다. 중세 시대에는 노인이나 임산부의 쾌락을 위한 성교가 금지되었다. 교회는 낙태와 피임을 단죄했고 이 문제에 관한 교회의 입장은 현재까지도 변하지 않았다. 근대에 이르러서는 페미니즘의 영향으로 여성도 남성과 똑같은 자연권(인간이 태어날 때부터 자연적으로 가지는 천부天賦의 권리)을 가지고 있다는 사실을 주장하기 시작했다. 페미니즘 초기의 영국이나 미국에서는 낙태가 규제받지 않았지만 이후 낙태가 금지되고 페미니즘 사상이 발전하면서 낙태의 권리는 여성 자신의 몸에 대한 자연권의 일부이며 낙태 금지는 자연권을 위배하는 것이라고 보고 낙태 합법화 투쟁을 벌여나갔다. 그 결과 현재 대부분의 법률 선진국에서는 낙태를 허용하고 있다.

우리나라는 「형법」에서 낙태를 금지하고 있다. 낙태를 하면 1년 이하의 징역 또는 200만 원 이하의 벌금에 처하도록 규정하고 있다(제269조 제1항). 낙태를 시술한 의사도 2년 이하의 징역에 처한다(제270조 제1항). 그런데 「모자보건법」은 낙태를 엄격하게 금지하는 「형법」과 다르게 낙태가 허용될 수 있는 예외적 사유를 규정하고 있다. '본인이나 배우자에게 우생학적 또는 유전학적 정신장애나 신체질환이 있는 경우', '본인이나 배우자에게 전염성 질환이 있는 경우', '강간 또는 준강간에 의하여 임신된 경우', '법률상 혼인할 수 없는 혈족 또는 인척 간에 임신된 경우' 그리고 '임신의 지속이 보건의학적 이유로 모체의 건강을 심각하게 해치고 있거나 해칠 우려가 있는 경우'에 한해 예외적으로 낙태를 허용하는 것이다(제14조). 「모자보건법」의 예외 규정 때문에 그동안 우리나라에서는 사실상 불법 낙태가 공공연하게 이루어져왔다. 정부 역시 낙태를 감독하거나 관리하기보다는 방관한다는 비판을 받아온 것이 사실이다.[1]

우리나라에서 낙태 현황을 공식적으로 조사한 결과는 드물다. 「모자보건법」이 시행됨에 따라 실질적으로는 낙태가 허용되었지만 「모자보건법」보다 상위법인 「형법」에서 낙태를 죄로 규정하고 있어 통계를 낼 수 없기 때문이다. 1994년 조선일보와 한국갤럽의 조사 결과로는 연간 150만 건

● ● ●

1 쿠키뉴스 2009.11.22. 「태아 죽이는 의사? 낙태전문 산부인과 불필요' 최안나 의사」

이라는 기록이 있다. 2005년 보건복지부가 발표한 〈인공임신중절 실태 조사 및 종합대책 수립〉 보고서에는 연간 34만 2,000여 건의 낙태 시술 중 1만 4,900여 건(4.4%)만이 유전 질환 등 법적인 허용 조건을 갖추었고, 나머지 33만 건은 불법 시술인 것으로 나타나기도 했다.

법률의 규정과 이를 집행하는 국가의 태도는 시대와 정치적 상황에 따라 바뀌어왔다. 일제 강점기 전에는 낙태죄라는 개념이 없었다. 조선 형법은 낙태죄를 타태죄墮胎罪로 표현함으로써 행위의 주체를 임신부가 아닌 타인으로 여겼다. 그러나 1912년 개정된 일제 의용 형법에서는 "잉태한 부녀가 약물을 쓰거나 또는 기타의 방법으로 타태墮胎한 경우에는 1년 이하의 징역에 처한다."라는 낙태죄 규정이 도입되었다. 낙태의 주체를 임신부로 본 것이다.

독립 후 1947년에 조직된 법전편찬위원회는 전쟁 후 산아 제한보다 인구 증가의 필요성을 중요하게 여김으로써 1953년 「형법」에 낙태죄를 존립시켰다. 하지만 인구 증가와 식량 부족과 더불어 여성의 권리가 신장되면서 낙태를 부분적 또는 전면적으로 허용하는 세계 각국의 흐름을 따르기 시작했다. 특히 1973년 1월 22일에는 미국연방대법원이 '로우 대 웨이드Roe vs. Wade' 사건에서 낙태 여부 결정권을 여성의 사적 권리로 허용했다. 우리나라도 1973년 2월 8일에 비상입법 절차를 통해 「모자보건법」을 제정함으로써 인구 조절 방법의 일환으로 합법적인 낙태의 길을 열었다.[2]

그러나 낙태 시술은 「모자보건법」이 도입되기 이전, 즉 낙태가 원천적으로 불법인 시기에도 공공연하게 행해졌다. 심지어 정부가 비용을 지원

●●●
2 조희원, 「여성의 몸과 낙태」, 여성연구논총 9, 47∼74쪽, 2011

대한민국을 발칵 뒤집은 헌법재판소 결정 20

362

해주며 낙태를 권장하기까지 했다. 우리나라는 1961년 인구정책의 일환으로 '가족계획사업'을 도입했다. 1961년 4월 1일 사단법인 '대한가족계획협회'가 창립되었고 같은 해 6월 30일 '국제가족계획연맹(현재: 국제인구보건복지연맹 IPPF)'에 가입했다. 다음 해에 본격적으로 가족계획사업 10개년 계획을 수립하여 그 당시 추정된 인구증가율 2.9퍼센트를 제1차 경제개발 5개년 계획(1962~1966년)이 끝날 때까지 2.5퍼센트로, 제2차 5개년 계획(1967~1971년)이 끝날 때는 2.0퍼센트로 내리겠다는 목표를 세워 전국에 가족계획 상담소를 설치하고 면面마다 1명 이상의 가족계획 요원을 배치하는 등 가족계획에 대한 지도 계몽 및 봉사를 실시했다.

이처럼 우리나라에서 시행된 가족계획은 주로 산아 제한에 집중되었고 이러한 시대적 분위기 속에서 1962년 이래 인공임신중절 시술은 원하지 않는 임신을 출산으로 연결시키지 않기 위한 수단이 되어왔다. 이에 더해 정부에서는 인구 증가를 억제하기 위한 방안으로 임신 초기에 인공임신중절을 원하는 부인에게 '월경조절술'[3]이라는 이름으로 시술비를 지원하기도 했다. 이러한 인구 억제 정책으로 인공임신중절 시술은 크게 성행했다. 당시 낙태 현황은 정부기관에서 공식적으로 조사하지는 않았고 개인 논문에서 확인할 수 있었는데 1961년 서울시 서대문구 신촌동 일대의 적령기 기혼 여성 472명 중 163명인 34.5퍼센트가 낙태를 1회 이상 경험한 것으로 나타났다. 서울대학교 보건대학원에서 행한 조사에서는 1,058명의 기혼여성 중 33.2퍼센트가 낙태 시술을 받은 경험이 있다고 보고되었다.[4]

• • •

3 한겨레 2018.9.3. 「[왜냐면] 법무부는 보사부와 가족계획협회를 조사하라」—월경조절술이라는 이름은 낙태라는 단어가 불러오는 부정적 의미를 피하기 위해 붙인 완곡어법으로, 확실한 임신 검사가 가능한 시기 이전에 수술이 시행되기 때문에 임신이 확인된 후 시행하는 소파수술과 다르다.

4 전효숙 · 서홍관. 「해방 이후 우리나라의 낙태의 실태와 과제」, 의사학 제12권 2호, 2003

정부의 이러한 기조는 1980년대까지 계속 이어졌다. 정부는 '대한가족계획협회'를 통해 산아 제한 정책을 시행했고, 시대별 표어를 보면 시간이 흐를수록 산아 제한 정책이 더욱 강화되었다는 것을 알 수 있다. 1960년대 초 "알맞게 낳아 훌륭하게 기르자."로 시작된 가족계획 표어는 1970년대 들어 "딸 아들 구별 말고 둘만 낳아 잘 기르자."로 바뀌었다. 1980년대에는 남아 선호사상에 따라 아들을 낳을 때까지 계속 출산하는 문제를 고려해 "잘 키운 딸 하나 열 아들 부럽지 않다."는 구호가 등장했다. 이와 함께 "하나씩만 낳아도 삼천리는 초만원", "무서운 핵폭발 더 무서운 인구폭발" 등 가구당 한 명의 자녀도 많다는 식의 표어까지 등장했다.[5] 이와 같은 강력한 산아 제한 정책 속에서 낙태 시술이 공공연하게 이루어진 것은 당연했고 월경조정술이라는 이름으로 국가의 낙태 시술 지원 또한 계속되었다. 1976년 가족계획원이 밝힌 자료에 의하면 정부는 1975년 한 해 동안 월경조정술 지원자 목표를 4,000명으로 잡고 적극 권장해 이 중 총 3,877명(96.9%)이 시술을 받도록 했다고 한다.[6]

우리나라는 인구 증가가 필요할 때는 낙태 시술을 범죄시하여 출산을 유도했고 인구 억제가 필요해지자 낙태 시술을 장려하는 등 모순된 태도를 취해왔다. 더욱이 낙태를 통한 산아 억제 정책은 1973년 「모자보건법」에서 낙태가 예외적으로 합법화되기 이전에도 광범위하게 실행되어 왔다. 국가가 「형법」의 낙태죄를 사실상 무력화시킨 셈이다.

• • •

5 동아일보 1983.7.28. 「핵폭 앞지르는 4천만의 공포 29일밤 10시 51분 28초 … '인구시계' 4천만 돌파」

6 동아일보 1976.7.8. 「작년 한 해의 가족계획사업 이용도 가장 높은 루우프 장치, 먹는 피임약」

협박 수단으로 전락한 낙태죄

1960~1980년대까지 정부가 주도적으로 낙태 시술을 장려했던 것에서 알 수 있듯 낙태죄는 사실상 사문화死文化된 법이었다. 낙태 시술을 권장하는 주체가 낙태 시술을 받는 국민을 처벌할 수는 없었기 때문이다. 그러나 1990년대 들어 인구 감소가 사회문제로 대두되면서 사문화되었던 낙태죄는 다시 적용되기 시작했다. 대표적인 사건이 2010년 2월 '프로라이프 의사회 사건'이다.

낙태를 반대하는 의사들이 모여 설립한 프로라이프는 2010년 1월 '낙태구조 · 제보센터'를 만들고 낙태 사례를 수집했다. 이렇게 수집한 자료로 같은 해 2월 사안이 심각하다고 판단되는 산부인과 세 곳을 서울중앙지방검찰청에 고발했다.[7] 그때까지 낙태죄로 고발되는 사례는 거의 없었고 간혹 고발되는 경우도 연인 사이에서 아이의 출산을 두고 다툼을 벌이다 남자친구가 고발하는 경우가 대부분이었다.[8] 실제로 2005년부터 2009년 8월 말까지 낙태 혐의로 입건된 사례는 총 260건이었지만 이 중 32건만 기소되었다. 낙태 혐의 의료기관이 한 번에 세 곳이나 고발되는 경우도 드물었을 뿐만 아니라 고발인이 의사라는 점에서 사건은 더 주목되었다. 곧 낙태는 큰 이슈로 떠올랐다. 두 달 후 검찰은 불법 낙태 혐의로 산부인과 사무장 한 명을 구속하고 두 명의 병원장을 벌금 200만 원에 약식기소했다.[9]

낙태 혐의로 병원장이 기소되는 상황이 발생하자 전국의 산부인과에

●●●

7 머니투데이 2010.2.3. 「산부인과 의사모임, 불법 낙태 산부인과 3곳 고발」
8 세계일보 2010.1.19. 「'불법 낙태' 산부인과 의사 · 수술 의뢰자 입건」
9 경향신문 2010.4.7. 「불법 낙태 시술 병원 사무장 구속」

서는 너 나 할 것 없이 낙태 시술을 중단했다. 그러자 시술을 받으려던 임신부들이 중국과 일본 등으로 원정을 떠나는 상황이 되었다. 중국 병원에서는 환자가 몰리자 한국어를 구사할 수 있는 상담사를 채용해 적극적으로 영업에 나서는 진풍경까지 벌어졌다.[10]

프로라이프 사건은 낙태를 처벌하는 것이 낙태를 줄이는 효과가 있는지에 대한 논란으로 이어졌다. 이에 더해 낙태를 금지하는 것이 여성의 권리를 침해한다는 반론도 제기되었다. 그럼에도 낙태에 대한 정부의 입장은 완고했다. 보건복지부는 2011년 8월부터 129콜센터에 '불법 인공임신중절 의료기관 신고센터'를 설치해 운영하기 시작했다. 2011년 2월 말까지 신고센터에 신고나 상담 등으로 접수된 건수는 무려 1,600여 건에 이르렀다. 같은 해 3월에는 공공기관이 의료기관을 낙태 혐의로 고발하는 최초의 사건이 발생했다. 부산 등 2개 지방자치단체 보건소가 불법으로 낙태 시술을 한 관내 산부인과를 관할 경찰서에 「의료법」 위반 혐의로 고발한 것이다. 그때까지 프로라이프 등 사적 영역에서 낙태 혐의의 고발이 이루어진 적은 있지만 공공기관이 고발한 사례는 처음이었다.[11]

그러나 프로라이프의 병·의원 고발과 뒤이은 지방자치단체 보건소의 고발 후 채 1년도 지나지 않아 낙태에 대한 논란은 거짓말처럼 수그러들었다. 낙태 시술을 중단했던 의료기관들도 차츰 수술을 재개했다. 의료기관들이 낙태 시술을 기피하면서 천정부지로 치솟았던 수술비용 또한 적정한 수준으로 내려갔다. 낙태죄 처벌도 거의 이루어지지 않았다. 2014년에는 임신 20주의 태아를 낙태한 의사에게 항소심 법원이 선고유예를 선고했다. 선고유예는 2년이 지나면 선고 자체가 사라져 사실상 무

• • •

10 동아일보 2010.4.8. 「불법 시술 단속 강화에 '풍선효과' 中-日로 '낙태 원정' 간다」
11 경향신문 2011.3.9. 「불법 낙태 병원 첫 고발 … 공공기관이 나섰다」

죄에 가까웠다. 사실상 법원도 낙태죄를 처벌하겠다는 의지를 보이지 않았던 것이다.[12] 이처럼 법원마저 낙태죄 처벌에 회의적인 태도를 보이게 된 이유는 점차 목소리가 높아진 낙태죄에 대한 위헌 문제 때문이었던 것으로 보인다. 위헌 시비가 있고 조만간 위헌 결정이 내려질 가능성이 높은 형벌에 대해 판결을 내리기는 법원으로서도 부담스러웠을 것이다.

2013년 한국여성민우회의 발표에 따르면 낙태 관련 상담 중 83퍼센트가 남성의 고소·협박에 대한 것이었다고 한다.[13] 이처럼 낙태죄는 사귀고 있거나 헤어진 연인 사이에서 남성의 협박 수단으로 전락해가고 있었다.

'낙태죄는 헌법에 합치된다'

2010년 1월 임신 6주된 한 임신부가 부산에서 2년 째 조산원을 운영해오던 한 조산사에게 낙태를 요청했다. 조산사는 진공기를 임신부의 자궁 안으로 넣어 태아를 인위적으로 배출시켜 낙태시켰다. 낙태 시술 사실이 적발되어 재판을 받던 조산사는 낙태죄가 헌법에 위배된다며 위헌법률 심판(법원에서 재판이 계속 진행 중일 때 그 재판과 관련된 법률이 헌법에 반하는지의 여부를 판단하는 것) 제청 신청을 했다. 2012년 헌법재판소는 찬반 의견이 상당히 팽팽했지만 낙태죄는 헌법에 합치된다고 결정을 내렸다.[14]

낙태죄가 헌법에 합치된다고 본 가장 큰 이유는 태아에게도 생명권이 인정된다는 것이었다. 헌법재판소는 "태아가 비록 그 생명의 유지를 위

● ● ●

12 경향신문 2014.9.17. 「임신 20주 여성에 낙태 시술 의사 2심서 선고유예」
13 한겨레 2013.11.7. 「낙태 상담 12건 중 10건 남성의 고소·협박 관련」
14 헌법재판소 2012.8.23. 2010헌바402 결정

하여 모母에게 의존해야 하지만, 그 자체로 모母와 별개의 생명체이고 특별한 사정이 없는 한 인간으로 성장할 가능성이 크므로 태아에게도 생명권이 인정되어야 하며, 태아가 독자적 생존 능력을 갖추었는지 여부를 그에 대한 낙태 허용의 판단 기준으로 삼을 수는 없다."라고 판단했다.

다수 의견과 반대 의견은 태아의 생명권 보호와 이로 인해 제한되는 임신부의 자기결정권 사이의 법익 균형성이 충족되느냐 침해되느냐에 대해서는 생각이 달랐지만 태아의 생명권이 인정되어야 한다는 점에서는 생각이 같았다. 반대 및 보충 의견은 태아의 성장 상태에 따라 임신 시기를 구분한 후, 임신 초기(임신 1~12주)에는 임신부의 자기결정권을 존중하여 낙태를 허용해야 한다고 주장했다. 이에 따르면 태아의 독자적 생존 능력은 임신 24주 이후에 인정되고, 임신 1주에서 12주까지 태아는 신경생리학적 구조나 기능을 갖추지 못해 지각을 형성할 수 없어 고통을 느끼지 못한다. 게다가 임신 초기의 낙태는 시술 방법이 간단하여 비교적 임신부에게 안전하고 실제로 낙태로 인한 합병증이나 모성 사망률이 현저히 낮다. 따라서 「형법」 제269조 제1항(자기낙태죄 조항)이 '임신 12주 이내의 낙태'까지 포함한다면 위헌이라는 것이다.

그러나 다수 의견은 헌법이 태아의 생명을 보호하는 것은 태아가 인간으로 될 예정인 생명체라는 이유 때문이지, 독립하여 생존할 능력이 있다거나 사고능력, 자아 인식 등 정신능력이 있는 생명체라는 이유 때문이 아니므로, 임신 기간과 상관없이 낙태를 금지해야 한다고 보았다. 그러나 우생학적 또는 유전학적 사유 등으로 불가피한 경우에는 임신부의 생명·건강 보호를 위해 임신 24주 이내의 낙태를 허용할 뿐이라는 것이었다(「모자보건법」 제14조, 「모자보건법 시행령」 제15조).

결국 다수 의견이든 반대·보충 의견이든 원칙적으로 낙태를 금지하면서도 어느 정도(임신 12주 또는 임신 24주) 낙태를 허용한다는 점에서는 유사했다. 차이는 다수 의견의 경우 낙태 허용 사유를 우생학적 또는 유전학적 사유에 제한하는 반면, 반대 · 보충 의견의 경우 어떠한 사유로든 임신 12주 내의 낙태는 허용한다는 데 있다. 따라서 다수 의견과 반대 의견이 충돌하는 경우는 임신 12주의 임신부가 사회적 · 경제적 사유로 낙태하고자 할 때에 한정된다.[15]

헌법재판소의 바뀐 태도, 낙태죄는 위헌이다

낙태죄는 얼마 지나지 않아 다시 헌법재판을 받게 되었다. 광주광역시에서 병원을 운영하던 한 산부인과 의사는 2013년 11월 1일부터 2015년 7월 3일까지 총 69회에 걸쳐 낙태 시술을 한 혐의로 입건되어 재판을 앞두고 있었다. 이 의사는 제1심 재판 중 낙태죄가 헌법에 어긋난다며 위헌법률 심판 제청 신청을 했다. 하지만 낙태죄가 헌법에 합치된다는 헌법재판소 결정이 내려진 지 얼마 되지 않은 시점이었기 때문에 의사의 신청은 기각되었다. 그러자 의사는 2017년 2월 직접 낙태죄의 위헌 여부를 따지겠다며 헌법 소원 심판을 청구했다. 그리고 2019년, 헌법재판소는 낙태죄에 대해 헌법 불합치 결정을 내렸다.

청구인이 조산사에서 의사로 바뀌었지만 낙태죄의 위헌 여부를 가려달라는 내용은 동일했다. 헌법재판소가 2012년에 낙태죄가 헌법에 합치된다고 판단한 결정적 논거는 태아에게도 생명권이 보장되어야 한다는

• • •
15 전해정, 「낙태죄 규정의 위헌성 여부」 이화젠더법학, 5(1), 99~108쪽, 2013

것이었다. 그렇다고 2019년에 태아의 생명권을 부정했기 때문에 다른 결론이 도출된 것은 아니다. 헌법재판소는 "인간의 생명은 고귀하고, 이 세상에서 무엇과도 바꿀 수 없는 존엄한 인간 존재의 근원이며, 생명권은 비록 헌법에 명문의 규정이 없다 하더라도 인간의 생존본능과 존재목적에 바탕을 둔 선험적이고 자연법적인 권리로서 헌법에 규정된 모든 기본권의 전제로서 기능하는 기본권 중의 기본권이라는 점은 논란의 여지없이 자명하다. 모든 인간은 헌법상 생명권의 주체가 되며, 형성 중의 생명인 태아에게도 생명에 대한 권리가 인정되어야 한다. 태아가 비록 그 생명의 유지를 위하여 모母에게 의존해야 하지만, 그 자체로 모母와 별개의 생명체이고 특별한 사정이 없는 한 인간으로 성장할 가능성이 크기 때문이다. 따라서 태아도 헌법상 생명권의 주체가 되며, 국가는 태아의 생명을 보호할 의무가 있다."라며 태아 또한 생명권의 주체라는 기존 견해를 이어갔다.

생명권은 일부 제한이 불가능한 권리다. 그러므로 권리 간의 타협점을 찾는 비교 형량을 논할 수 없다. 낙태를 고민하는 임신부의 고민과 생명권을 보장받아야 하는 태아의 고민에서 중간점은 없다. 그런데도 헌법재판소는 태아의 생명권과 그것을 제한하는 낙태가 공존할 수 있다는 결정을 내렸다.

낙태죄가 헌법에 위배된다는 가장 중요한 근거는 여성의 자기결정권이었다. 헌법재판소는 "임신 · 출산 · 육아는 여성의 삶에 근본적이고 결정적인 영향을 미칠 수 있는 중요한 문제이므로, 임신한 여성이 임신을 유지 또는 종결할 것인지 여부를 결정하는 것은 스스로 선택한 인생관 · 사회관을 바탕으로 자신이 처한 신체적 · 심리적 · 사회적 · 경제적 상황에 대한 깊은 고민을 한 결과를 반영하는 전인적全人的 결정이다."라고 보았다. 따라서 낙태죄는 임신한 여성이 임신의 유지 또는 종결 여부를 결정할 수 있는 결정권을 절대적으로 제한하기 때문에 헌법에 어긋난다는 논리였다. 이에 대하여는 헌법재판관 전원이 일치된 의견을 보였다.

낙태 금지가 임신한 여성의 선택권을 제한한다면 둘은 공존할 수 없다. 같은 의미에서 태아의 생명권과 임신한 여성의 선택권 역시 공존할 수 없다. 헌법재판소는 이러한 모순을 '숙고할 수 있는 시간'이라는 다소 궁색한 논리로 해결했다. "현 시점에서 최선의 의료 기술과 의료 인력이 뒷받침될 경우 태아는 임신 22주 내외부터 독자적인 생존이 가능하다고 한다. 한편 자기결정권이 보장되려면 임신한 여성이 임신 유지와 출산 여부에 관하여 전인적 결정을 하고 그 결정을 실행함에 있어서 충분한 시간이 확보되어야 한다. 이러한 점들을 고려하면, 태아가 모체를 떠난 상태에서 독자적으로 생존할 수 있는 시점인 임신 22주 내외에 도달하기 전이면서 동시에 임신 유지와 출산 여부에 관한 자기결정권을 행사하기에 충분한 시간이 보장되는 시기까지의 낙태에 대해서는 국가가 생명 보호의 수단 및 정도를 달리 정할 수 있다고 봄이 타당하다."라며 태아의 생명권 제한과 임신한 여성의 자기결정권 제한이라는 양립되는 사안을 처리해버렸다.

임신 22주 이전까지 태아는 모체에 절대적으로 의존해야 한다. 즉, 최신 의료 기술의 지원을 받는다고 하더라도 임신 22주 이전 태아는 모체 밖에서 독자적으로 생존할 수 없다. 또한 임신한 여성이 임신을 유지할지 여부를 결정하는 자기결정권을 행사하는 데 22주 정도의 시간이 보장된다면 충분하다고 보았다. 따라서 헌법재판소가 명확히 표현하지 않았지만 모체 밖 독자 생존이 불가능한 임신 22주 이전 태아는 생명권의 제한이 가능하다고 판단한 것이다. 동시에 22주 동안 숙고하고 임신을 유지하기로 결정했다면 그 이후에는 임신한 여성의 자기결정권이 제한되어도 된다는 논리다. 결과적으로 현행 낙태죄는 모든 시기의 낙태를 금지하고 있기 때문에 임신한 여성의 자기결정권을 절대적으로 침해하므로 헌법에 위반된다는 결정이었다.

여전히 남는 논란

낙태를 금지하는 가장 큰 이유는 태아의 생명권 보호를 위해서다. 헌법이 보장하는 생명권은 '인간의 생명권'이다. 이는 앞서 살펴보았듯 헌법재판소가 태아의 생명권을 주장하는 대목에서도 확인할 수 있다. 태아는 장차 인간으로 성장해나갈 가능성이 크므로 태아의 생명권도 인정해야 한다는 논리다.

그러나 이와 같은 헌법재판소의 논리에는 심각한 오류가 있다. 태아가 생명권의 주체가 되기 위해서는 태아와 인간이 같은 존재여야 한다. 단지 인간으로 성장할 가능성이 크다는 것만으로는 근거가 부족하다. 헌법재판소가 태아를 '특별한 사정이 없는 한 인간으로 성장할 가능성'이 큰 존재라고 규정한 것 자체가 태아와 인간이 다르다는 것을 전제로 하고 있다. 따라서 태아는 생명권의 주체가 될 수 없는 것이 논리적으로 타당하다. 더 나아가 태아가 보호되어야 하는, 즉 낙태가 금지되어야 하는 시기를 임신 22주 내외, 태아가 모체 밖에서 독립적으로 존재할 수 있는 시기로 판단한다면 헌법재판소 스스로 인간으로 성장할 가능성에 따라 태아가 가진 생명권의 중요성이 달라진다는 것을 인정하는 꼴이다. 그런데 생명권은 절대적 권리이기 때문에 임신 시기에 따라 상대적으로 평가될 수 없다. 그것이 생명권이라면 임신 1주인 태아와 임신 38주인 태아의 가치는 동일해야 한다.

따라서 태아에게 권리가 있다면 그것은 생명권과 유사한 권리는 될 수 있어도 생명권이 될 수는 없다. 이렇게 규정할 때만 임신한 여성의 자기결정권과 태아의 권리 간 비교 형량이 가능해진다. 예컨대 임신 22주까지는 낙태의 선택을 자유롭게 보장하되 그 이후부터는 임신한 여성의 자기결정권보다 태아의 권리를 더욱 보호해야 할 필요성이 있어 낙태를 금지하는 방식이다. 임신한 여성의 자기결정권은 임신 기간이 늘어날수록 제한하고 태아의 권리는 반대로 강화하는 방식으로 두 권리의 균형점을 찾는 것이다.

헌법재판소는 낙태죄에 대해 단순 위헌 결정을 내리지 않았다. 헌법 불합치 결정을 내리면서 입법자로 하여금 2020년 12월 31일까지 위헌적 요소가 개선된 새로운 입법을 하도록 했다. 헌법 불합치 결정을 내린 이유에 대해 헌법재판소는 "단순 위헌 결정을 할 경우, 임신 기간 전체에 걸쳐 행해진 모든 낙태를 처벌할 수 없게 됨으로써 용인하기 어려운 법적 공백이 생기게 된다. 더욱이 입법자는 결정가능 기간을 어떻게 정하고 결정가능 기간의 종기를 언제까지로 할 것인지, 결정가능 기간 중 일정한 시기까지는 사회적·경제적 사유에 대한 확인을 요구하지 않을 것인지 여부까지를 포함하여 결정가능 기간과 사회적·경제적 사유를 구체적으로 어떻게 조합할 것인지, 상담 요건이나 숙려 기간 등과 같은 일정한 절차적 요건을 추가할 것인지 여부 등에 관하여 앞서 헌법재판소가 설시한 한계 내에서 입법 재량을" 가지기 때문이라고 밝혔다.

하지만 앞서 살펴보았듯 낙태죄는 이미 사문화된 법에 가깝다. 헌법재판소 역시 자기낙태죄 조항은 우리나라 현실에서 거의 적용되지 않는 사문화된 조항으로 인식되고 있다고 밝힌 바 있다. 이러한 상황에서 단순 위헌 결정을 내리는 것이 사회에 어떤 혼란을 가져온다는 것인지 이해하기 어렵다. 그렇기 때문에 헌법재판소가 낙태죄에 대해 단순 위헌 결정이 아닌 헌법 불합치 결정을 내린 것은 아쉬울 수밖에 없다.

1953년 낙태죄를 범죄로 규정한 지 66년 만에 낙태죄는 폐지가 아닌 개정의 운명을 맞게 되었다. 헌법재판소의 결정을 두고 여성계에서는 여성 삶의 맥락에서 낙태죄를 재해석했다는 점에서 의미를 두었고, 종교계와 일부 의료계에서는 낙태를 하지 않을 자기결정권도 보호해야 한다고 지적했다. 현재 낙태죄 개정을 앞두고 각 정당을 중심으로 입법 논의가 이어지고 있다. 논의의 핵심 쟁점은 역시나 낙태 허용 기간이다.

헌법재판소가 단순 위헌 결정을 하지 못한 이유 중 큰 부분은 '태아의 생명권' 때문인 것으로 보인다. 결국 '태아도 생명권의 주체가 될 수 있는지'에 대한 논의는 우리 사회가 답을 찾아야 할 물음이 되었다. 그 물음에 완벽한 답을 내놓기 전까지 낙태죄는 언제든 논란의 대상이 될 수 있다.

대한민국헌법

대한민국헌법

1987년 10월 29일
전문 개정 공포

전 문

제1장 총 강 ······························ 1조~9조
제2장 국민의 권리와 의무 ················· 10~39
제3장 국 회 ······························· 40~65
제4장 정 부
제1절 대통령 ······························ 66~85
제2절 행정부
제1관 국무총리와 국무위원 ················ 86~87
제2관 국무회의 ··························· 88~93
제3관 행정각부 ··························· 94~96
제4관 감사 ······························ 97~100
제5장 법 원 ···························· 101~110
제6장 헌법재판소 ······················ 111~113
제7장 선거관리 ························· 114~116
제8장 지방자치 ························· 117~118
제9장 경 제 ···························· 119~127
제10장 헌법개정 ······················· 128~130
부 칙

전 문

유구한 역사와 전통에 빛나는 우리 대한국민은 3·1운동으로 건립된 대한민국임시정부의 법통과 불의에 항거한 4·19민주이념을 계승하고, 조국의 민주개혁과 평화적 통일의 사명에 입각하여 정의·인도와 동포애로써 민족의 단결을 공고히 하고, 모든 사회적 폐습과 불의를 타파하며, 자율과 조화를 바탕으로 자유민주적 기본질서를 더욱 확고히 하여 정치·경제·사회·문화의 모든 영역에 있어서 각인의 기회를 균등히 하고, 능력을 최고도로 발휘하게 하며, 자유와 권리에 따르는 책임과 의무를 완수하게 하여, 안으로는 국민생활의 균등한 향상을 기하고 밖으로는 항구적인 세계평화와 인류공영에 이바지함으로써 우리들과 우리들의 자손의 안전과 자유와 행복을 영원히 확보할 것을 다짐하면서 1948년 7월 12일에 제정되고 8차에 걸쳐 개정된 헌법을 이제 국회의 의결을 거쳐 국민투표에 의하여 개정한다.

제1장 총 강

제1조 ① 대한민국은 민주공화국이다.
② 대한민국의 주권은 국민에게 있고, 모든 권력은 국민으로부터 나온다.
제2조 ① 대한민국의 국민이 되는 요건은 법률로 정한다.
② 국가는 법률이 정하는 바에 의하여 재외국민을 보호할 의무를 진다.
제3조 대한민국의 영토는 한반도와 그 부속도서(附屬島嶼)로 한다.
제4조 대한민국은 통일을 지향하며, 자유민주적 기본질서에 입각한 평화적 통일 정책을 수립하고 이를 추진한다.
제5조 ① 대한민국은 국제평화의 유지에 노력하고 침략적 전쟁을 부인한다.
② 국군은 국가의 안전보장과 국토방위의 신성한 의무를 수행함을 사명으로 하며, 그 정치적 중립성은 준수된다.
제6조 ① 헌법에 의하여 체결·공포된 조약과 일반적으로 승인된 국제법규는 국내법과 같은 효력을 가진다.
② 외국인은 국제법과 조약이 정하는 바에 의하여 그 지위가 보장된다.
제7조 ① 공무원은 국민전체에 대한 봉사자이며, 국민에 대하여 책임을 진다.

② 공무원의 신분과 정치적 중립성은 법률이 정하는 바에 의하여 보장된다.

제8조 ① 정당의 설립은 자유이며, 복수정당제는 보장된다.

② 정당은 그 목적·조직과 활동이 민주적이어야 하며, 국민의 정치적 의사형성에 참여하는데 필요한 조직을 가져야 한다.

③ 정당은 법률이 정하는 바에 의하여 국가의 보호를 받으며, 국가는 법률이 정하는 바에 의하여 정당운영에 필요한 자금을 보조할 수 있다.

④ 정당의 목적이나 활동이 민주적 기본질서에 위배될 때에는 정부는 헌법재판소에 그 해산을 제소할 수 있고, 정당은 헌법재판소의 심판에 의하여 해산된다.

제9조 국가는 전통문화의 계승·발전과 민족문화의 창달에 노력하여야 한다.

제2장 국민의 권리와 의무

제10조 모든 국민은 인간으로서의 존엄과 가치를 가지며, 행복을 추구할 권리를 가진다. 국가는 개인이 가지는 불가침의 기본적 인권을 확인하고 이를 보장할 의무를 진다.

제11조 ① 모든 국민은 법 앞에 평등하다. 누구든지 성별·종교 또는 사회적 신분에 의하여 정치적·경제적·사회적·문화적 생활의 모든 영역에 있어서 차별을 받지 아니한다.

② 사회적 특수계급의 제도는 인정되지 아니하며, 어떠한 형태로도 이를 창설할 수 없다.

③ 훈장등의 영전은 이를 받은 자에게만 효력이 있고, 어떠한 특권도 이에 따르지 아니한다.

제12조 ① 모든 국민은 신체의 자유를 가진다. 누구든지 법률에 의하지 아니하고는 체포·구속·압수·수색 또는 심문을 받지 아니하며, 법률과 적법한 절차에 의하지 아니하고는 처벌·보안처분 또는 강제노역을 받지 아니한다.

② 모든 국민은 고문을 받지 아니하며, 형사상 자기에게 불리한 진술을 강요당하지 아니한다.

③ 체포·구속·압수 또는 수색을 할 때에는 적법한 절차에 따라 검사의 신청에 의하여 법관이 발부한 영장을 제시하여야 한다. 다만, 현행범인인 경우와 장기 3년 이상의 형에 해당하는 죄를 범하고 도피 또는 증거인멸의 염려가 있을 때에는 사후에 영장을 청구할 수 있다.

④ 누구든지 체포 또는 구속을 당한 때에는 즉시 변호인의 조력을 받을 권리를 가진다. 다만, 형사피고인이 스스로 변호인을 구할 수 없을 때에는 법률이 정하는 바에 의하여 국가가 변호인을 붙인다.

⑤ 누구든지 체포 또는 구속의 이유와 변호인의 조력을 받을 권리가 있음을 고지받지 아니하고는 체포 또는 구속을 당하지 아니한다. 체포 또는 구속을 당한 자의 가족등 법률이 정하는 자에게는 그 이유와 일시·장소가 지체없이 통지되어야 한다.

⑥ 누구든지 체포 또는 구속을 당한 때에는 적부(適否)의 심사를 법원에 청구할 권리를 가진다.

⑦ 피고인의 자백이 고문·폭행·협박·구속의 부당한 장기화 또는 기망 기타의 방법에 의하여 자의로 진술된 것이 아니라고 인정될 때 또는 정식재판에 있어서 피고인의 자백이 그에게 불리한

유일한 증거일 때에는 이를 유죄의 증거로 삼거나 이를 이유로 처벌할 수 없다.

제13조 ① 모든 국민은 행위시의 법률에 의하여 범죄를 구성하지 아니하는 행위로 소추되지 아니하며, 동일한 범죄에 대하여 거듭 처벌받지 아니한다.

② 모든 국민은 소급입법에 의하여 참정권의 제한을 받거나 재산권을 박탈당하지 아니한다.

③ 모든 국민은 자기의 행위가 아닌 친족의 행위로 인하여 불이익한 처우를 받지 아니한다.

제14조 모든 국민은 거주·이전의 자유를 가진다.

제15조 모든 국민은 직업선택의 자유를 가진다.

제16조 모든 국민은 주거의 자유를 침해받지 아니한다. 주거에 대한 압수나 수색을 할 때에는 검사의 신청에 의하여 법관이 발부한 영장을 제시하여야 한다.

제17조 모든 국민은 사생활의 비밀과 자유를 침해받지 아니한다.

제18조 모든 국민은 통신의 비밀을 침해받지 아니한다.

제19조 모든 국민은 양심의 자유를 가진다.

제20조 ① 모든 국민은 종교의 자유를 가진다.

② 국교는 인정되지 아니하며, 종교와 정치는 분리된다.

제21조 ① 모든 국민은 언론·출판의 자유와 집회·결사의 자유를 가진다.

② 언론·출판에 대한 허가나 검열과 집회·결사에 대한 허가는 인정되지 아니한다.

③ 통신·방송의 시설기준과 신문의 기능을 보장하기 위하여 필요한 사항은 법률로 정한다.

④ 언론·출판은 타인의 명예나 권리 또는 공중도덕이나 사회윤리를 침해하여서는 아니된다. 언론·출판이 타인의 명예나 권리를 침해한 때에는 피해자는 이에 대한 피해의 배상을 청구할 수 있다.

제22조 ① 모든 국민은 학문과 예술의 자유를 가진다.

② 저작자·발명가·과학기술자와 예술가의 권리는 법률로써 보호한다.

제23조 ① 모든 국민의 재산권은 보장된다. 그 내용과 한계는 법률로 정한다.

② 재산권의 행사는 공공복리에 적합하도록 하여야 한다.

③ 공공필요에 의한 재산권의 수용·사용 또는 제한 및 그에 대한 보상은 법률로써 하되, 정당한 보상을 지급하여야 한다.

제24조 모든 국민은 법률이 정하는 바에 의하여 선거권을 가진다.

제25조 모든 국민은 법률이 정하는 바에 의하여 공무담임권을 가진다.

제26조 ① 모든 국민은 법률이 정하는 바에 의하여 국가기관에 문서로 청원할 권리를 가진다.

② 국가는 청원에 대하여 심사할 의무를 진다.

제27조 ① 모든 국민은 헌법과 법률이 정한 법관에 의하여 법률에 의한 재판을 받을 권리를 가진다.

② 군인 또는 군무원이 아닌 국민은 대한민국의 영역 안에서는 중대한 군사상 기밀·초병(哨兵)·초소(哨所)·유독음식물공급·포로·군용물에 관한 죄중 법률이 정한 경우와 비상계엄이 선포된 경우를 제외하고는 군사법원의 재판을 받지 아니한다.

③ 모든 국민은 신속한 재판을 받을 권리를 가진다. 형사피고인은 상당한 이유

가 없는 한 지체없이 공개재판을 받을 권리를 가진다.

④ 형사피고인은 유죄의 판결이 확정될 때까지는 무죄로 추정된다.

⑤ 형사피해자는 법률이 정하는 바에 의하여 당해 사건의 재판절차에서 진술할 수 있다.

제28조　형사피의자 또는 형사피고인으로서 구금되었던 자가 법률이 정하는 불기소처분을 받거나 무죄판결을 받은 때에는 법률이 정하는 바에 의하여 국가에 정당한 보상을 청구할 수 있다.

제29조　① 공무원의 직무상 불법행위로 손해를 받은 국민은 법률이 정하는 바에 의하여 국가 또는 공공단체에 정당한 배상을 청구할 수 있다. 이 경우 공무원 자신의 책임은 면제되지 아니한다.

② 군인·군무원·경찰공무원 기타 법률이 정하는 자가 전투·훈련등 직무집행과 관련하여 받은 손해에 대하여는 법률이 정하는 보상외에 국가 또는 공공단체에 공무원의 직무상 불법행위로 인한 배상은 청구할 수 없다.

제30조　타인의 범죄행위로 인하여 생명·신체에 대한 피해를 받은 국민은 법률이 정하는 바에 의하여 국가로부터 구조를 받을 수 있다.

제31조　① 모든 국민은 능력에 따라 균등하게 교육을 받을 권리를 가진다.

② 모든 국민은 그 보호하는 자녀에게 적어도 초등교육과 법률이 정하는 교육을 받게 할 의무를 진다.

③ 의무교육은 무상으로 한다.

④ 교육의 자주성·전문성·정치적 중립성 및 대학의 자율성은 법률이 정하는 바에 의하여 보장된다.

⑤ 국가는 평생교육을 진흥하여야 한다.

⑥ 학교교육 및 평생교육을 포함한 교육제도와 그 운영, 교육재정 및 교원의 지위에 관한 기본적인 사항은 법률로 정한다.

제32조　① 모든 국민은 근로의 권리를 가진다. 국가는 사회적·경제적 방법으로 근로자의 고용의 증진과 적정임금의 보장에 노력하여야 하며, 법률이 정하는 바에 의하여 최저임금제를 시행하여야 한다.

② 모든 국민은 근로의 의무를 진다. 국가는 근로의 의무의 내용과 조건을 민주주의원칙에 따라 법률로 정한다.

③ 근로조건의 기준은 인간의 존엄성을 보장하도록 법률로 정한다.

④ 여자의 근로는 특별한 보호를 받으며, 고용·임금 및 근로조건에 있어서 부당한 차별을 받지 아니한다.

⑤ 연소자의 근로는 특별한 보호를 받는다.

⑥ 국가유공자·상이군경 및 전몰군경의 유가족은 법률이 정하는 바에 의하여 우선적으로 근로의 기회를 부여받는다.

제33조　① 근로자는 근로조건의 향상을 위하여 자주적인 단결권·단체교섭권 및 단체행동권을 가진다.

② 공무원인 근로자는 법률이 정하는 자에 한하여 단결권·단체교섭권 및 단체행동권을 가진다.

③ 법률이 정하는 주요방위산업체에 종사하는 근로자의 단체행동권은 법률이 정하는 바에 의하여 이를 제한하거나 인정하지 아니할 수 있다.

제34조　① 모든 국민은 인간다운 생활을 할 권리를 가진다.

② 국가는 사회보장·사회복지의 증진에 노력할 의무를 진다.

③ 국가는 여자의 복지와 권익의 향상을 위하여 노력하여야 한다.

④ 국가는 노인과 청소년의 복지향상을 위한 정책을 실시할 의무를 진다.

⑤ 신체장애자 및 질병·노령 기타의 사유로 생활능력이 없는 국민은 법률이 정하는 바에 의하여 국가의 보호를 받는다.

⑥ 국가는 재해를 예방하고 그 위험으로부터 국민을 보호하기 위하여 노력하여야 한다.

제35조 ① 모든 국민은 건강하고 쾌적한 환경에서 생활할 권리를 가지며, 국가와 국민은 환경보전을 위하여 노력하여야 한다.

② 환경권의 내용과 행사에 관하여는 법률로 정한다.

③ 국가는 주택개발정책등을 통하여 모든 국민이 쾌적한 주거생활을 할 수 있도록 노력하여야 한다.

제36조 ① 혼인과 가족생활은 개인의 존엄과 양성의 평등을 기초로 성립되고 유지되어야 하며, 국가는 이를 보장한다.

② 국가는 모성의 보호를 위하여 노력하여야 한다.

③ 모든 국민은 보건에 관하여 국가의 보호를 받는다.

제37조 ① 국민의 자유와 권리는 헌법에 열거되지 아니한 이유로 경시되지 아니한다.

② 국민의 모든 자유와 권리는 국가안전보장·질서유지 또는 공공복리를 위하여 필요한 경우에 한하여 법률로써 제한할 수 있으며, 제한하는 경우에도 자유와 권리의 본질적인 내용을 침해할 수 없다.

제38조 모든 국민은 법률이 정하는 바에 의하여 납세의 의무를 진다.

제39조 ① 모든 국민은 법률이 정하는 바에 의하여 국방의 의무를 진다.

② 누구든지 병역의무의 이행으로 인하여 불이익한 처우를 받지 아니한다.

제3장 국 회

제40조 입법권은 국회에 속한다.

제41조 ① 국회는 국민의 보통·평등·직접·비밀선거에 의하여 선출된 국회의원으로 구성한다.

② 국회의원의 수는 법률로 정하되, 200인 이상으로 한다.

③ 국회의원의 선거구와 비례대표제 기타 선거에 관한 사항은 법률로 정한다.

제42조 국회의원의 임기는 4년으로 한다.

제43조 국회의원은 법률이 정하는 직을 겸할 수 없다.

제44조 ① 국회의원은 현행범인인 경우를 제외하고는 회기중 국회의 동의없이 체포 또는 구금되지 아니한다.

② 국회의원이 회기전에 체포 또는 구금된 때에는 현행범인이 아닌 한 국회의 요구가 있으면 회기중 석방된다.

제45조 국회의원은 국회에서 직무상 행한 발언과 표결에 관하여 국회외에서 책임을 지지 아니한다.

제46조 ① 국회의원은 청렴의 의무가 있다.

② 국회의원은 국가이익을 우선하여 양심에 따라 직무를 행한다.

③ 국회의원은 그 지위를 남용하여 국가·공공단체 또는 기업체와의 계약이나 그 처분에 의하여 재산상의 권리·이익 또는 직위를 취득하거나 타인을 위하여 그 취득을 알선할 수 없다.

제47조 ① 국회의 정기회는 법률이 정하는 바에 의하여 매년 1회 집회되며, 국회의 임시회는 대통령 또는 국회재적의원 4분의 1이상의 요구에 의하여 집회된다.

② 정기회의 회기는 100일을, 임시회의 회기는 30일을 초과할 수 없다.

③ 대통령이 임시회의 집회를 요구할 때에는 기간과 집회요구의 이유를 명시하여야 한다.

제48조 국회는 의장 1인과 부의장 2인을 선출한다.

제49조 국회는 헌법 또는 법률에 특별한 규정이 없는 한 재적의원 과반수의 출석과 출석의원 과반수의 찬성으로 의결한다. 가부동수인 때에는 부결된 것으로 본다.

제50조 ① 국회의 회의는 공개한다. 다만, 출석의원 과반수의 찬성이 있거나 의장이 국가의 안전보장을 위하여 필요하다고 인정할 때에는 공개하지 아니할 수 있다.

② 공개하지 아니한 회의내용의 공표에 관하여는 법률이 정하는 바에 의한다.

제51조 국회에 제출된 법률안 기타의 의안은 회기중에 의결되지 못한 이유로 폐기되지 아니한다. 다만, 국회의원의 임기가 만료된 때에는 그러하지 아니하다.

제52조 국회의원과 정부는 법률안을 제출할 수 있다.

제53조 ① 국회에서 의결된 법률안은 정부에 이송되어 15일 이내에 대통령이 공포한다.

② 법률안에 이의가 있을 때에는 대통령은 제1항의 기간내에 이의서를 붙여 국회로 환부하고, 그 재의를 요구할 수 있다. 국회의 폐회중에도 또한 같다.

③ 대통령은 법률안의 일부에 대하여 또는 법률안을 수정하여 재의를 요구할 수 없다.

④ 재의의 요구가 있을 때에는 국회는 재의에 붙이고, 재적의원과반수의 출석과 출석의원 3분의 2 이상의 찬성으로 전과 같은 의결을 하면 그 법률안은 법률로서 확정된다.

⑤ 대통령이 제1항의 기간내에 공포나 재의의 요구를 하지 아니한 때에도 그 법률안은 법률로서 확정된다.

⑥ 대통령은 제4항과 제5항의 규정에 의하여 확정된 법률을 지체없이 공포하여야 한다. 제5항에 의하여 법률이 확정된 후 또는 제4항에 의한 확정법률이 정부에 이송된 후 5일 이내에 대통령이 공포하지 아니할 때에는 국회의장이 이를 공포한다.

⑦ 법률은 특별한 규정이 없는 한 공포한 날로부터 20일을 경과함으로써 효력을 발생한다.

제54조 ① 국회는 국가의 예산안을 심의·확정한다.

② 정부는 회계연도마다 예산안을 편성하여 회계연도 개시 90일전까지 국회에 제출하고, 국회는 회계연도 개시 30일전까지 이를 의결하여야 한다.

③ 새로운 회계연도가 개시될 때까지 예산안이 의결되지 못한 때에는 정부는 국회에서 예산안이 의결될 때까지 다음의 목적을 위한 경비는 전년도 예산에 준하여 집행할 수 있다.

1. 헌법이나 법률에 의하여 설치된 기관 또는 시설의 유지·운영

2. 법률상 지출의무의 이행

3. 이미 예산으로 승인된 사업의 계속

제55조 ① 한 회계연도를 넘어 계속하여 지출할 필요가 있을 때에는 정부는 연한을 정하여 계속비로서 국회의 의결을 얻어야 한다.

② 예비비는 총액으로 국회의 의결을 얻어야 한다. 예비비의 지출은 차기국회의 승인을 얻어야 한다.

제56조 정부는 예산에 변경을 가할 필요가 있을 때에는 추가경정예산안을 편성하여 국회에 제출할 수 있다.

제57조 국회는 정부의 동의없이 정부가 제출한 지출예산 각항의 금액을 증가하거나 새 비목(費目)을 설치할 수 없다.

제58조 국채를 모집하거나 예산외에 국가의 부담이 될 계약을 체결하려 할 때에는 정부는 미리 국회의 의결을 얻어야 한다.

제59조 조세의 종목과 세율은 법률로 정한다.

제60조 ① 국회는 상호원조 또는 안전보장에 관한 조약, 중요한 국제조직에 관한 조약, 우호통상항해조약, 주권의 제약에 관한 조약, 강화조약, 국가나 국민에게 중대한 재정적 부담을 지우는 조약 또는 입법사항에 관한 조약의 체결·비준에 대한 동의권을 가진다.

② 국회는 선전포고, 국군의 외국에의 파견 또는 외국군대의 대한민국 영역안에서의 주류(駐留)에 대한 동의권을 가진다.

제61조 ① 국회는 국정을 감사하거나 특정한 국정사안에 대하여 조사할 수 있으며, 이에 필요한 서류의 제출 또는 증인의 출석과 증언이나 의견의 진술을 요구할 수 있다.

② 국정감사 및 조사에 관한 절차 기타 필요한 사항은 법률로 정한다.

제62조 ① 국무총리·국무위원 또는 정부위원은 국회나 그 위원회에 출석하여 국정처리상황을 보고하거나 의견을 진술하고 질문에 응답할 수 있다.

② 국회나 그 위원회의 요구가 있을 때에는 국무총리·국무위원 또는 정부위원은 출석·답변하여야 하며, 국무총리 또는 국무위원이 출석요구를 받은 때에는 국무위원 또는 정부위원으로 하여금 출석·답변하게 할 수 있다.

제63조 ① 국회는 국무총리 또는 국무위원의 해임을 대통령에게 건의할 수 있다.

② 제1항의 해임건의는 국회재적의원 3분의 1 이상의 발의에 의하여 국회재적의원 과반수의 찬성이 있어야 한다.

제64조 ① 국회는 법률에 저촉되지 아니하는 범위안에서 의사와 내부규율에 관한 규칙을 제정할 수 있다.

② 국회는 의원의 자격을 심사하며, 의원을 징계할 수 있다.

③ 의원을 제명하려면 국회재적의원 3분의 2 이상의 찬성이 있어야 한다.

④ 제2항과 제3항의 처분에 대하여는 법원에 제소할 수 없다.

제65조 ① 대통령·국무총리·국무위원·행정각부의 장·헌법재판소 재판관·법관·중앙선거관리위원회 위원·감사원장·감사위원 기타 법률이 정한 공무원이 그 직무집행에 있어서 헌법이나 법률을 위배한 때에는 국회는 탄핵의 소추를 의결할 수 있다.

② 제1항의 탄핵소추는 국회재적의원 3분의 1이상의 발의가 있어야 하며, 그 의결은 국회재적의원 과반수의 찬성이 있어야 한다. 다만, 대통령에 대한 탄핵

소추는 국회재적의원 과반수의 발의와 국회재적의원 3분의 2이상의 찬성이 있어야 한다.

③ 탄핵소추의 의결을 받은 자는 탄핵심판이 있을 때까지 그 권한행사가 정지된다.

④ 탄핵결정은 공직으로부터 파면함에 그친다. 그러나, 이에 의하여 민사상이나 형사상의 책임이 면제되지는 아니한다.

제4장 정 부

제1절 대통령

제66조 ① 대통령은 국가의 원수이며, 외국에 대하여 국가를 대표한다.

② 대통령은 국가의 독립·영토의 보전·국가의 계속성과 헌법을 수호할 책무를 진다.

③ 대통령은 조국의 평화적 통일을 위한 성실한 의무를 진다.

④ 행정권은 대통령을 수반(首班)으로 하는 정부에 속한다.

제67조 ① 대통령은 국민의 보통·평등·직접·비밀선거에 의하여 선출한다.

② 제1항의 선거에 있어서 최고득표자가 2인 이상인 때에는 국회의 재적의원 과반수가 출석한 공개회의에서 다수표를 얻은 자를 당선자로 한다.

③ 대통령후보자가 1인일 때에는 그 득표수가 선거권자 총수의 3분의 1 이상이 아니면 대통령으로 당선될 수 없다.

④ 대통령으로 선거될 수 있는 자는 국회의원의 피선거권이 있고 선거일 현재 40세에 달하여야 한다.

⑤ 대통령의 선거에 관한 사항은 법률로 정한다.

제68조 ① 대통령의 임기가 만료되는 때에는 임기만료 70일 내지 40일전에 후임자를 선거한다.

② 대통령이 궐위된 때 또는 대통령 당선자가 사망하거나 판결 기타의 사유로 그 자격을 상실한 때에는 60일 이내에 후임자를 선거한다.

제69조 대통령은 취임에 즈음하여 다음의 선서를 한다.

"나는 헌법을 준수하고 국가를 보위하며 조국의 평화적 통일과 국민의 자유와 복리의 증진 및 민족문화의 창달에 노력하여 대통령으로서의 직책을 성실히 수행할 것을 국민 앞에 엄숙히 선서합니다."

제70조 대통령의 임기는 5년으로 하며, 중임(重任)할 수 없다.

제71조 대통령이 궐위되거나 사고로 인하여 직무를 수행할 수 없을 때에는 국무총리, 법률이 정한 국무위원의 순서로 그 권한을 대행한다.

제72조 대통령은 필요하다고 인정할 때에는 외교·국방·통일 기타 국가안위에 관한 중요정책을 국민투표에 붙일 수 있다.

제73조 대통령은 조약을 체결·비준하고, 외교사절을 신임·접수 또는 파견하며, 선전포고와 강화를 한다.

제74조 ① 대통령은 헌법과 법률이 정하는 바에 의하여 국군을 통수한다.

② 국군의 조직과 편성은 법률로 정한다.

제75조 대통령은 법률에서 구체적으로 범위를 정하여 위임받은 사항과 법률을 집행하기 위하여 필요한 사항에 관하여 대통령령을 발할 수 있다.

제76조 ① 대통령은 내우·외환·천재·지변 또는 중대한 재정·경제상의 위기

에 있어서 국가의 안전보장 또는 공공의 안녕질서를 유지하기 위하여 긴급한 조치가 필요하고 국회의 집회를 기다릴 여유가 없을 때에 한하여 최소한으로 필요한 재정·경제상의 처분을 하거나 이에 관하여 법률의 효력을 가지는 명령을 발할 수 있다.

② 대통령은 국가의 안위에 관계되는 중대한 교전상태에 있어서 국가를 보위하기 위하여 긴급한 조치가 필요하고 국회의 집회가 불가능한 때에 한하여 법률의 효력을 가지는 명령을 발할 수 있다.

③ 대통령은 제1항과 제2항의 처분 또는 명령을 한 때에는 지체없이 국회에 보고하여 그 승인을 얻어야 한다.

④ 제3항의 승인을 얻지 못한 때에는 그 처분 또는 명령은 그때부터 효력을 상실한다. 이 경우 그 명령에 의하여 개정 또는 폐지되었던 법률은 그 명령이 승인을 얻지 못한 때부터 당연히 효력을 회복한다.

⑤ 대통령은 제3항과 제4항의 사유를 지체없이 공포하여야 한다.

제77조 ① 대통령은 전시·사변 또는 이에 준하는 국가비상사태에 있어서 병력으로써 군사상의 필요에 응하거나 공공의 안녕질서를 유지할 필요가 있을 때에는 법률이 정하는 바에 의하여 계엄을 선포할 수 있다.

② 계엄은 비상계엄과 경비계엄으로 한다.

③ 비상계엄이 선포된 때에는 법률이 정하는 바에 의하여 영장제도, 언론·출판·집회·결사의 자유, 정부나 법원의 권한에 관하여 특별한 조치를 할 수 있다.

④ 계엄을 선포한 때에는 대통령은 지체없이 국회에 통고하여야 한다.

⑤ 국회가 재적의원 과반수의 찬성으로 계엄의 해제를 요구한 때에는 대통령은 이를 해제하여야 한다.

제78조 대통령은 헌법과 법률이 정하는 바에 의하여 공무원을 임면한다.

제79조 ① 대통령은 법률이 정하는 바에 의하여 사면·감형 또는 복권을 명할 수 있다.

② 일반사면을 명하려면 국회의 동의를 얻어야 한다.

③ 사면·감형 및 복권에 관한 사항은 법률로 정한다.

제80조 대통령은 법률이 정하는 바에 의하여 훈장 기타의 영전을 수여한다.

제81조 대통령은 국회에 출석하여 발언하거나 서한(書翰)으로 의견을 표시할 수 있다.

제82조 대통령의 국법상 행위는 문서로써 하며, 이 문서에는 국무총리와 관계 국무위원이 부서한다. 군사에 관한 것도 또한 같다.

제83조 대통령은 국무총리·국무위원·행정각부의 장 기타 법률이 정하는 공사의 직을 겸할 수 없다.

제84조 대통령은 내란 또는 외환의 죄를 범한 경우를 제외하고는 재직중 형사상의 소추를 받지 아니한다.

제85조 전직대통령의 신분과 예우에 관하여는 법률로 정한다.

제2절 행정부

제1관 국무총리와 국무위원

제86조 ① 국무총리는 국회의 동의를 얻어 대통령이 임명한다.

② 국무총리는 대통령을 보좌하며, 행정에 관하여 대통령의 명을 받아 행정각부를 통할한다.
③ 군인은 현역을 면한 후가 아니면 국무총리로 임명될 수 없다.
제87조 ① 국무위원은 국무총리의 제청으로 대통령이 임명한다.
② 국무위원은 국정에 관하여 대통령을 보좌하며, 국무회의의 구성원으로서 국정을 심의한다.
③ 국무총리는 국무위원의 해임을 대통령에게 건의할 수 있다.
④ 군인은 현역을 면한 후가 아니면 국무위원으로 임명될 수 없다.

제2관 국무회의

제88조 ① 국무회의는 정부의 권한에 속하는 중요한 정책을 심의한다.
② 국무회의는 대통령·국무총리와 15인 이상 30인 이하의 국무위원으로 구성한다.
③ 대통령은 국무회의의 의장이 되고, 국무총리는 부의장이 된다.
제89조 다음 사항은 국무회의의 심의를 거쳐야 한다.
1. 국정의 기본계획과 정부의 일반정책
2. 선전·강화 기타 중요한 대외정책
3. 헌법개정안·국민투표안·조약안·법률안 및 대통령령안
4. 예산안·결산·국유재산처분의 기본계획·국가의 부담이 될 계약 기타 재정에 관한 중요사항
5. 대통령의 긴급명령·긴급재정경제처분 및 명령 또는 계엄과 그 해제
6. 군사에 관한 중요사항
7. 국회의 임시회 집회의 요구
8. 영전수여
9. 사면·감형과 복권
10. 행정각부간의 권한의 획정
11. 정부안의 권한의 위임 또는 배정에 관한 기본계획
12. 국정처리상황의 평가·분석
13. 행정각부의 중요한 정책의 수립과 조정
14. 정당해산의 제소
15. 정부에 제출 또는 회부된 정부의 정책에 관계되는 청원의 심사
16. 검찰총장·합동참모의장·각군참모총장·국립대학교총장·대사 기타 법률이 정한 공무원과 국영기업체관리자의 임명
17. 기타 대통령·국무총리 또는 국무위원이 제출한 사항
제90조 ① 국정의 중요한 사항에 관한 대통령의 자문에 응하기 위하여 국가원로로 구성되는 국가원로자문회의를 둘 수 있다.
② 국가원로자문회의의 의장은 직전대통령이 된다. 다만, 직전대통령이 없을 때에는 대통령이 지명한다.
③ 국가원로자문회의의 조직·직무범위 기타 필요한 사항은 법률로 정한다.
제91조 ① 국가안전보장에 관련되는 대외정책·군사정책과 국내정책의 수립에 관하여 국무회의의 심의에 앞서 대통령의 자문에 응하기 위하여 국가안전보장회의를 둔다.
② 국가안전보장회의는 대통령이 주재한다.
③ 국가안전보장회의의 조직·직무범위 기타 필요한 사항은 법률로 정한다.
제92조 ① 평화통일정책의 수립에 관한 대통령의 자문에 응하기 위하여 민주평화통일자문회의를 둘 수 있다.
② 민주평화통일자문회의의 조직·직무범위 기타 필요한 사항은 법률로 정한다.

제93조 ① 국민경제의 발전을 위한 중요정책의 수립에 관하여 대통령의 자문에 응하기 위하여 국민경제자문회의를 둘 수 있다.
② 국민경제자문회의의 조직·직무범위 기타 필요한 사항은 법률로 정한다.

제3관 행정각부

제94조 행정각부의 장은 국무위원 중에서 국무총리의 제청으로 대통령이 임명한다.
제95조 국무총리 또는 행정각부의 장은 소관사무에 관하여 법률이나 대통령령의 위임 또는 직권으로 총리령 또는 부령을 발할 수 있다.
제96조 행정각부의 설치·조직과 직무범위는 법률로 정한다.

제4관 감사원

제97조 국가의 세입·세출의 결산, 국가 및 법률이 정한 단체의 회계검사와 행정기관 및 공무원의 직무에 관한 감찰을 하기 위하여 대통령 소속하에 감사원을 둔다.
제98조 ① 감사원은 원장을 포함한 5인 이상 11인 이하의 감사위원으로 구성한다.
② 원장은 국회의 동의를 얻어 대통령이 임명하고, 그 임기는 4년으로 하며, 1차에 한하여 중임할 수 있다.
③ 감사위원은 원장의 제청으로 대통령이 임명하고, 그 임기는 4년으로 하며, 1차에 한하여 중임할 수 있다.
제99조 감사원은 세입·세출의 결산을 매년 검사하여 대통령과 차년도국회에 그 결과를 보고하여야 한다.

제100조 감사원의 조직·직무범위·감사위원의 자격·감사대상공무원의 범위 기타 필요한 사항은 법률로 정한다.

제5장 법 원

제101조 ① 사법권은 법관으로 구성된 법원에 속한다.
② 법원은 최고법원인 대법원과 각급법원으로 조직된다.
③ 법관의 자격은 법률로 정한다.
제102조 ① 대법원에 부를 둘 수 있다.
② 대법원에 대법관을 둔다. 다만, 법률이 정하는 바에 의하여 대법관이 아닌 법관을 둘 수 있다.
③ 대법원과 각급법원의 조직은 법률로 정한다.
제103조 법관은 헌법과 법률에 의하여 그 양심에 따라 독립하여 심판한다.
제104조 ① 대법원장은 국회의 동의를 얻어 대통령이 임명한다.
② 대법관은 대법원장의 제청으로 국회의 동의를 얻어 대통령이 임명한다.
③ 대법원장과 대법관이 아닌 법관은 대법관회의의 동의를 얻어 대법원장이 임명한다.
제105조 ① 대법원장의 임기는 6년으로 하며, 중임할 수 없다.
② 대법관의 임기는 6년으로 하며, 법률이 정하는 바에 의하여 연임(連任)할 수 있다.
③ 대법원장과 대법관이 아닌 법관의 임기는 10년으로 하며, 법률이 정하는 바에 의하여 연임할 수 있다.
④ 법관의 정년은 법률로 정한다.
제106조 ① 법관은 탄핵 또는 금고 이상의 형의 선고에 의하지 아니하고는 파

면되지 아니하며, 징계처분에 의하지 아니하고는 정직·감봉 기타 불리한 처분을 받지 아니한다.

② 법관이 중대한 심신상의 장해로 직무를 수행할 수 없을 때에는 법률이 정하는 바에 의하여 퇴직하게 할 수 있다.

제107조 ① 법률이 헌법에 위반되는 여부가 재판의 전제가 된 경우에는 법원은 헌법재판소에 제청하여 그 심판에 의하여 재판한다.

② 명령·규칙 또는 처분이 헌법이나 법률에 위반되는 여부가 재판의 전제가 된 경우에는 대법원은 이를 최종적으로 심사할 권한을 가진다.

③ 재판의 전심절차로서 행정심판을 할 수 있다. 행정심판의 절차는 법률로 정하되, 사법절차가 준용되어야 한다.

제108조 대법원은 법률에서 저촉되지 아니하는 범위안에서 소송에 관한 절차, 법원의 내부규율과 사무처리에 관한 규칙을 제정할 수 있다.

제109조 재판의 심리와 판결은 공개한다. 다만, 심리는 국가의 안전보장 또는 안녕질서를 방해하거나 선량한 풍속을 해할 염려가 있을 때에는 법원의 결정으로 공개하지 아니할 수 있다.

제110조 ① 군사재판을 관할하기 위하여 특별법원으로서 군사법원을 둘 수 있다.

② 군사법원의 상고심은 대법원에서 관할한다.

③ 군사법원의 조직·권한 및 재판관의 자격은 법률로 정한다.

④ 비상계엄하의 군사재판은 군인·군무원의 범죄나 군사에 관한 간첩죄의 경우와 초병·초소·유독음식물공급·포로에 관한 죄중 법률이 정한 경우에 한하여 단심으로 할 수 있다. 다만, 사형

을 선고한 경우에는 그러하지 아니하다.

제6장 헌법재판소

제111조 ① 헌법재판소는 다음 사항을 관장한다.

1. 법원의 제청에 의한 법률의 위헌여부 심판

2. 탄핵의 심판

3. 정당의 해산 심판

4. 국가기관 상호간, 국가기관과 지방자치단체간 및 지방자치단체 상호간의 권한쟁의에 관한 심판

5. 법률이 정하는 헌법소원에 관한 심판

② 헌법재판소는 법관의 자격을 가진 9인의 재판관으로 구성하며, 재판관은 대통령이 임명한다.

③ 제2항의 재판관중 3인은 국회에서 선출하는 자를, 3인은 대법원장이 지명하는 자를 임명한다.

④ 헌법재판소의 장은 국회의 동의를 얻어 재판관중에서 대통령이 임명한다.

제112조 ① 헌법재판소 재판관의 임기는 6년으로 하며, 법률이 정하는 바에 의하여 연임할 수 있다.

② 헌법재판소 재판관은 정당에 가입하거나 정치에 관여할 수 없다.

③ 헌법재판소 재판관은 탄핵 또는 금고 이상의 형의 선고에 의하지 아니하고는 파면되지 아니한다.

제113조 ① 헌법재판소에서 법률의 위헌결정, 탄핵의 결정, 정당해산의 결정 또는 헌법소원에 관한 인용결정을 할 때에는 재판관 6인 이상의 찬성이 있어야 한다.

② 헌법재판소는 법률에 저촉되지 아니하는 범위안에서 심판에 관한 절차, 내부규율과 사무처리에 관한 규칙을 제정할 수 있다.

③ 헌법재판소의 조직과 운영 기타 필요한 사항은 법률로 정한다.

제7장 선거관리

제114조 ① 선거와 국민투표의 공정한 관리 및 정당에 관한 사무를 처리하기 위하여 선거관리위원회를 둔다.

② 중앙선거관리위원회는 대통령이 임명하는 3인, 국회에서 선출하는 3인과 대법원장이 지명하는 3인의 위원으로 구성한다. 위원장은 위원중에서 호선한다.

③ 위원의 임기는 6년으로 한다.

④ 위원은 정당에 가입하거나 정치에 관여할 수 없다.

⑤ 위원은 탄핵 또는 금고 이상의 형의 선고에 의하지 아니하고는 파면되지 아니한다.

⑥ 중앙선거관리위원회는 법령의 범위안에서 선거관리·국민투표관리 또는 정당사무에 관한 규칙을 제정할 수 있으며, 법률에 저촉되지 아니하는 범위안에서 내부규율에 관한 규칙을 제정할 수 있다.

⑦ 각급 선거관리위원회의 조직·직무범위 기타 필요한 사항은 법률로 정한다.

제115조 ① 각급 선거관리위원회는 선거인명부의 작성등 선거사무와 국민투표사무에 관하여 관계 행정기관에 필요한 지시를 할 수 있다.

② 제1항의 지시를 받은 당해 행정기관은 이에 응하여야 한다.

제116조 ① 선거운동은 각급 선거관리위원회의 관리하에 법률이 정하는 범위안에서 하되, 균등한 기회가 보장되어야 한다.

② 선거에 관한 경비는 법률이 정하는 경우를 제외하고는 정당 또는 후보자에게 부담시킬 수 없다.

제8장 지방자치

제117조 ① 지방자치단체는 주민의 복리에 관한 사무를 처리하고 재산을 관리하며, 법령의 범위안에서 자치에 관한 규정을 제정할 수 있다.

② 지방자치단체의 종류는 법률로 정한다.

제118조 ① 지방자치단체에 의회를 둔다.

② 지방의회의 조직·권한·의원선거와 지방자치단체의 장의 선임방법 기타 지방자치단체의 조직과 운영에 관한 사항은 법률로 정한다.

제9장 경 제

제119조 ① 대한민국의 경제질서는 개인과 기업의 경제상의 자유와 창의를 존중함을 기본으로 한다.

② 국가는 균형있는 국민경제의 성장 및 안정과 적정한 소득의 분배를 유지하고, 시장의 지배와 경제력의 남용을 방지하며, 경제주체간의 조화를 통한 경제의 민주화를 위하여 경제에 관한 규제와 조정을 할 수 있다.

제120조 ① 광물 기타 중요한 지하자원·수산자원·수력과 경제상 이용할 수 있는 자연력은 법률이 정하는 바에 의하여 일정한 기간 그 채취·개발 또는 이용을 특허할 수 있다.

② 국토와 자원은 국가의 보호를 받으며, 국가는 그 균형있는 개발과 이용을 위하여 필요한 계획을 수립한다.

제121조 ① 국가는 농지에 관하여 경자유전의 원칙이 달성될 수 있도록 노력하여야 하며, 농지의 소작제도는 금지된다.

② 농업생산성의 제고와 농지의 합리적인 이용을 위하거나 불가피한 사정으로 발생하는 농지의 임대차와 위탁경영은 법률이 정하는 바에 의하여 인정된다.

제122조 국가는 국민 모두의 생산 및 생활의 기반이 되는 국토의 효율적이고 균형있는 이용·개발과 보전을 위하여 법률이 정하는 바에 의하여 그에 관한 필요한 제한과 의무를 과할 수 있다.

제123조 ① 국가는 농업 및 어업을 보호·육성하기 위하여 농·어촌종합개발과 그 지원등 필요한 계획을 수립·시행하여야 한다.

② 국가는 지역간의 균형있는 발전을 위하여 지역경제를 육성할 의무를 진다.

③ 국가는 중소기업을 보호·육성하여야 한다.

④ 국가는 농수산물의 수급균형과 유통구조의 개선에 노력하여 가격안정을 도모함으로써 농·어민의 이익을 보호한다.

⑤ 국가는 농·어민과 중소기업의 자조조직을 육성하여야 하며, 그 자율적 활동과 발전을 보장한다.

제124조 국가는 건전한 소비행위를 계도하고 생산품의 품질향상을 촉구하기 위한 소비자보호운동을 법률이 정하는 바에 의하여 보장한다.

제125조 국가는 대외무역을 육성하며, 이를 규제·조정할 수 있다.

제126조 국방상 또는 국민경제상 긴절한 필요로 인하여 법률이 정하는 경우를 제외하고는, 사영기업을 국유 또는 공유로 이전하거나 그 경영을 통제 또는 관리할 수 없다.

제127조 ① 국가는 과학기술의 혁신과 정보 및 인력의 개발을 통하여 국민경제의 발전에 노력하여야 한다.

② 국가는 국가표준제도를 확립한다.

③ 대통령은 제1항의 목적을 달성하기 위하여 필요한 자문기구를 둘 수 있다.

제10장 헌법개정

제128조 ① 헌법개정은 국회재적의원 과반수 또는 대통령의 발의로 제안된다.

② 대통령의 임기연장 또는 중임변경을 위한 헌법개정은 그 헌법개정 제안 당시의 대통령에 대하여는 효력이 없다.

제129조 제안된 헌법개정안은 대통령이 20일 이상의 기간 이를 공고하여야 한다.

제130조 ① 국회는 헌법개정안이 공고된 날로부터 60일 이내에 의결하여야 하며, 국회의 의결은 재적의원 3분의 2 이상의 찬성을 얻어야 한다.

② 헌법개정안은 국회가 의결한 후 30일 이내에 국민투표에 붙여 국회의원선거권자 과반수의 투표와 투표자 과반수의 찬성을 얻어야 한다.

③ 헌법개정안이 제2항의 찬성을 얻은 때에는 헌법개정은 확정되며, 대통령은 즉시 이를 공포하여야 한다.

부 칙

제1조 이 헌법은 1988년 2월 25일부터 시행한다. 다만, 이 헌법을 시행하기 위

하여 필요한 법률의 제정·개정과 이 헌법에 의한 대통령 및 국회의원의 선거 기타 이 헌법시행에 관한 준비는 이 헌법시행 전에 할 수 있다.

제2조 ① 이 헌법에 의한 최초의 대통령선거는 이 헌법시행일 40일 전까지 실시한다.

② 이 헌법에 의한 최초의 대통령의 임기는 이 헌법시행일로부터 개시한다.

제3조 ① 이 헌법에 의한 최초의 국회의원선거는 이 헌법공포일로부터 6월 이내에 실시하며, 이 헌법에 의하여 선출된 최초의 국회의원의 임기는 국회의원선거후 이 헌법에 의한 국회의 최초의 집회일로부터 개시한다.

② 이 헌법공포 당시의 국회의원의 임기는 제1항에 의한 국회의 최초의 집회일 전일까지로 한다.

제4조 ① 이 헌법시행 당시의 공무원과 정부가 임명한 기업체의 임원은 이 헌법에 의하여 임명된 것으로 본다. 다만, 이 헌법에 의하여 선임방법이나 임명권자가 변경된 공무원과 대법원장 및 감사원장은 이 헌법에 의하여 후임자가 선임될 때까지 그 직무를 행하며, 이 경우 전임자인 공무원의 임기는 후임자가 선임되는 전일까지로 한다.

② 이 헌법시행 당시의 대법원장과 대법원판사가 아닌 법관은 제1항 단서의 규정에 불구하고 이 헌법에 의하여 임명된 것으로 본다.

③ 이 헌법중 공무원의 임기 또는 중임제한에 관한 규정은 이 헌법에 의하여 그 공무원이 최초로 선출 또는 임명된 때로부터 적용한다.

제5조 이 헌법시행 당시의 법령과 조약은 이 헌법에 위배되지 아니하는 한 그 효력을 지속한다.

제6조 이 헌법시행 당시에 이 헌법에 의하여 새로 설치될 기관의 권한에 속하는 직무를 행하고 있는 기관은 이 헌법에 의하여 새로운 기관이 설치될 때까지 존속하며 그 직무를 행한다.